Heibonsha Library

戸坂潤セレクシ

平凡社ライブラリー

Heibonsha Library

戸坂潤セレクション

林淑美編

平凡社

本書は、平凡社ライブラリー・オリジナル編集です。

目次

凡例

本書は、戸坂潤の代表的な論考を集成した。各論文の底本には、当該論文の初めて収録された単行本を用い、単行本に収録されていない場合には、初出誌を用いた。底本は表題の下に記した。配列は、単行本の刊行順・発表順とした。

明らかな誤植を訂正し、読みやすさを考慮して以下の変更をほどこしたほかは、原態を保存した。

○漢字は旧字体を新字体に変え、仮名遣いを新仮名遣いに直した。適宜、振り仮名を加えた。

○カタカナの表記を以下のように変えた。

ヱ　→　ウェ　　ヷ　→　ヴァ　　ヸ　→　ヴィ　　（語頭の）ヲ　→　ウォ

○繰り返し記号「〱」「ゝ」を開いたほか、現行の慣用に従って繰り返し記号を開いた。

馬鹿々々しい　→　馬鹿馬鹿しい　　民主々義　→　民主主義

○書籍・新聞・雑誌を示す「　」を『　』とした。

○なお、［　］に括ってあるのは編者による挿入である。

「性格」概念の理論的使命――一つの計画に就いて

『イデオロギーの論理学』、一九三〇年六月

性格の概念は個性の夫《そ》れと似ているかのように見えるであろう、併《しか》し二つは全くその成立を異《こと》にした二つの概念である。初めにこのことを決めてかかろう。

吾々が欲すると否とに関《かかわ》らず現に吾々が相続している理論的遺産に於て、最も遍在し最も有力な根本概念は、第一に普遍者の概念であろう。蓋《けだ》し一般に理論の構造を形式的に――何か論理的に――見るならば、この概念が中心的な勢力を占めることは当然である。というのは理論の一切の内容はただ普遍者と関係することによってのみ論理的であり得るのである。理論の実際的な方法の上での順序は何であるとしても、論理の秩序から云うならば、まず第一に普遍者が掲げられ、之《これ》から普遍者ならぬものが引き出される、という形式が具《そな》わっている。普遍者に対する普遍者ならぬもの、之は形式的に――何か論理的に――特殊者乃至《ないし》個別者である。＊特殊者乃至個別者は、理論的遺産の形式から見て、第二に有力な根本概念であろう。併し特殊者乃

至個別者は如何《いか》にして普遍者から引き出されるか。

＊ 人々はすぐ様ヘーゲルを聯想してはならない。ヘーゲルの論理学は、従ってその普遍者と特殊乃至個別者は吾々にとって、より根本的な特別の関心を要求する。

弁証法によるか演繹法によるか、それとも問題提出の仕方を全く逆にして、帰納法によるか、などを決めようとするのではない。そのような方法は、論理に関する理論の又は単に理論の、手続きに属するから、前に示された通り、今の問題とは関係がない。そうではなくして、論理の——理論のではない——秩序に於て、普遍者から特殊者乃至個別者がどのようにして引き出されるか、を吾々は問うている。之を引き出す機能をもつ媒介者は個別化原理に外《ほか》ならない。＊普遍者はそれ自身が個別化——之に加え又は之から差し引く——されることによって特殊者乃至個別者となる、と云うのである。個別化が目的とする終点は個物又はそれがもつ個性と呼ばれる。個物（個性）の概念は、第三の根本概念として普遍者に対して反対的に働きつつ、従来の理論一般を形式的に支配しているであろう。

＊ 個別化原理が時間であるとか空間であるとかは今は顧みない。之を形式的に理解すべきである。例えばドゥンス・スコトゥスのそれ。

論理家とも呼ばれるべき傾向の人々にとっては普遍者が、之に反して所謂《いわゆる》生命哲学者達にとっては個性が、尊敬すべく愛着すべき根本概念であるかのように見える。前者にとっては普遍者は疑うべからざる課題であり、後者にとっては個性が凡《すべ》ての問題の解決を約束する合言葉であるかのように見える。蓋し両者は理論に於ける好話柄であるように見える。或る人々は如何なる思想家の思想に就いても普遍者を、他の人々は如何なる思想家の思想に就いても個性を、専《もっぱ》らテーマとしようと欲する。かくして例えばプラトンは普遍者の、アリストテレスは個性の、宗家であるかのように解釈せられる、等々。この場合、普遍者は個性に関係づけられ、又個性は普遍者に関係づけられ、そして、ただそうしてのみ人々の問題となるのである。特に、個性は、ただ個性と普遍者との関係に於てのみ、問われ得るのである。個性概念は従って常に個別化原理と共に——普遍者への関係に於て——理解されなければならないものである。

個別化原理が事実、時間乃至空間として与えられ得たことを吾々は注意しよう。この場合時間乃至空間を一般的に云うならば、観念的であるにせよ現実的であるにせよ何か一般に外延的なるものにぞくすることを、夫《それ》は意味するに外ならない。この外延的なるもの——それは連続であるが——の上に於て、即ち之を一つの原理として、限定されたものが、恰《あたか》も個物（個性）の最初の規定を云い表わす。この場合個物（個性）は連続的なる外延者の限定として、限界を有《も》つものとして、現われる。個物はこの限界によって他の個物から区別せられ、この限界に於て他の個物に連続している。事実人々は或る事物を個物として知ろうと欲する時、即ちそれがもつ個性を多少なりとも明らかにしようとする時、その事物と他の事物との連続を仮定した上で、最初に両者の限界を見出し、かくて両者の区別を与えることによって目的の第一歩を達したものとするであろう。個物（個性）は常に限界を与え得られることを以て、その最初の概念規定とするのである。次に、仮りにこの個別化原理が、個物と個物との間隙を埋めていた当の連続を否定したとして見よう。残るものは断続的な原子である。個別化原理は原子に到って働きを停止する。原子（A-tom）は分割し得ざるもの、もはや個別化し得ざるものを意味し、そしてこれこそが個物（In-dividuum）であるのである。かくて個別化原理の終点に於て、個物（個性）の概念は原子として、分つべからざる単一者として（時には又モナッドとして）窮極的に現われる。

個物の概念が、従って又個物のもつ個性の概念が、常に個別化原理と共に――普遍者への関係に於て――しか理解されない所以《ゆえん》が之である。個別化の原理に於て、個物（個性）は他との限界を持つものとしてまずあり、そして窮極に於ては原子としてある。性格の概念は然《しか》るに、個別化原理とは独立な成立を有っている処《ところ》にその特色を示している。今それを明らかにしよう。

二つの事物の限界が与えられない時に於ても、二つの事物の性格は夫々《それぞれ》明らかであることが出来る。植物と動物との限界は決して正確に与えられ得ないにも拘《かかわ》らず、即ち両者を区別するに充分な徴標が見出し難いにも拘らず、それを理由にして動物と植物との夫々の特色が不明であると云うならば、それは少なくとも常識の忠実な告白ではないであろう。吾々は事実、両者の性格を夫々——常識的に*——知っており、又その限り両者の区別を、云うならば概略に於て知っているのであって、日常生活にとってはこの概略さで充分であり、又この概略さに止《とど》まらなければ日常生活は支えられないであろう。ただこのように概略に於て性格を理解することによっては、動物と植物との限界が少しも与えられないというまでである。（実は与えられる必要がないのである。）動物と植物との関係に於てはそれにしても一旦限界が問題となることが出来たが、之と異《こと》なって全く限界が問題となることとの出来ない場合に於ても亦《また》性格は明らかにされ得るであろう。例えば欧州文明に於けるギリシヤ思想とヘブライ思想との夫々の性格の如きがそれである。或る見方からすれば全文明がギリシヤ的性格をもち、又他の見方からすればこの同じ全文明が又ヘブライ的性格をもつであろう。性格は限界——この幾何学的なる規定——を有つことなくして、云わば力学的に、否、個性—モナッド—も亦力学的であると云うならば、化学的に、機能することが出来る。性格は相互に浸透する。（この意味に於て又性格は、領域とは関係がない。尤《もっと》もモナッドも亦そうである。**）性格概念が限界の概念とは無関係であることが明らかとなったであろう。すでに一般に限界と無関係であるから、性格が最後の限界としての単一者として現われなければならない動機は何処《どこ》にも存在しない筈である。分割出来ないという性質を持ち出しても、それによっては性格概念の解明に何の変化も起こされないであろう。かくて性格は限界や分割とは何の関係をもつものでもない。そして限界や分割は個別化原理に帰するのであった、故に性格概念は個別化原理からは独立な概念成立の動機を有っているのでなければならない。

＊　性格と常識との関係は重大である。後に之を明らかにしよう。

＊＊　ライプニッツのモナッドの概念は個物乃至個性の概念の最も精練された場合の一つであるであろう。それにも拘らずモナッドは遂《つい》に個別化原理からの制約を脱却することが出来ない。

人々は個物と個性とを区別せよと云うであろうか。個物は一つの限界概念であり、之に反して個性は、単なる限界概念ではなくして窮局的なそれであり、そして正《まさ》にその故にこの規定を圧倒するに足るほどの豊富な他の内容を有つ、と云うであろうか。併しそれにしても個性概念は概念成立の歴史に於て、その概念の動機に於て、個別化原理に由来することは否定出来ない。性格概念は然るに、そのような歴史から、そのような動機から、自由である。

性格という言葉の原始的な意味は刻印である。日常的な具象的事物――凡《およ》そ学問の対象としてのみ存在し得ると考えられるような事物を私は以下考察の外に置く――の性格とは、この事物が有つ、即ちそれに与えられた、刻印を指す。事物は例えばAなるものとして、刻印されて、あるのである。同一の事物も様々の刻印を捺《お》されることによって、夫々の異った性格者として現われることが出来る。同一の行動が或いは賞嘆すべきものとして、或いは唾棄すべきものとして、刻印を捺されることの出来るのが事実であるであろう。性格は今事物の性格であったから云うまでもなく事物それ自身にぞくすのでなければならない、事物が有っている関係を離れて任意な性格を刻印することは許されない。仮《かり》にそれを許すとしたならばそのような性格は結局性格としては受け取られないであろう。それは性格概念自身に矛盾するからである。処《ところ》がその事物それ自身に個有でありながらそれにも拘らず性格は、その事物それ自身から一応離れ得る性格を有っていなくてはならない、同一の事物が様々の性格を有つものとして現われ得たからである。今仮《か》りに事物の性格という概念の代りに事物の本質という概念を引き合わせて見ることが有効であると思われる。事物の本質はこの概念それ自身から必然に、事物への個有を意味する。事物Aの本質はαでありBの本質はβであるとして、人々はAとBの関係をαとβとの関係によって考察することが出来るのである。この場合Aの本質がαとして或いは又βとして、現われ得るのであってはならない。何となれば本質はなる程事物に就いて人々が発見したものである外はないが、併し又人々によって与えられたという規定をもつのであっては事物の本質の概念ではない。本質は常に、人々によってどう見出されようとも結局に於てはそれとは独立に、事物それ自身に具わっている処の、根本的な性質を意味する。そこで同一の事物Aの本質がαとなって現われたりβとなって現われたり出来るということは——たとい事実上の誤謬として起るにしても——本質概念自身から云って許されない。本質概念は本質を見出した人々への関係とは独立に、一旦事実上この関係を通過しなければならないが併し終局のテロスに於てこの関係を脱却して、みずからを成立せしめている。それは人々にとって彼方《かなた》にある。これを押しつめるならば本質は正に一つの物自体――之こそ言葉通りの事物の本質ではないか――概念に帰着する処に特色をもつ。Aなる物それ自身――物の本質――は苟《いやし》くも物それ自身であって現象でない限り、αとしてもβとしても現われることを許されない筈ではないか。処で性格概念は恰もこの点に於て本質概念と根本的に異っている。性格――それは与えられた刻印であった――は常に、人々にとって、αとして或いは又βとして現われ得るのでなければならない。性格は之を与える人々への関係を、その終局のテロスに於ても脱却しない処に、特色を有つ。刻印は常に与えられるべきものであろう。本質概念の目的は――理念は――人々への関係を切り離す処に、之に反して性格概念の目的は之を最後まで持ち続ける処に、夫々の面目を現わしている。性格は人々への関係を含むことによってのみ成立する概念である。刻印――それは与えられる――の概念が恰も之を注意せしめるであろう。

性格はそれみずからに人々への関係を含んでいる。それは人々と事物とを媒介することが出来る。事物は之によって人々にとって通達し得るものとなる。性格は通路を有つ。もし本質であるならば人々がそれへ通達するためには何か本質以外のものに頼らなければならないであろう、例えば現象がそれであるであろう。性格は之に反してみずから通路を用意している。人々は性格を性格に於て知ることが出来る。事実、事物の性格は之を理解する人々の性格に相関的でなければならない——後を見よ。それであればこそ性格の概念は第一に人々の——人間の——性格を示すものとして語られる理由があり、吾々が今又それを更に事物に就いてまで拡張して語ることが出来る所以があるのである。* 性格を一つの人間的な概念と呼ぶことは誤りではないであろう。尤も何か他の関心から動機せられて人間的と呼ばれるのではない、例えば浪漫的な興奮や道義的な謹厳さからそう呼ばれるのではない。ただ理論的に云ってそれが人々にとっての通路を用意しているからなのである。個性——それは結局個人概念から離脱することが出来ない——の概念から性格の概念を区別した吾々は、個性的なるものとして普通掲げられる処の所謂人間的なるものから、吾々の性格概念を自由にしなければならない。併しそれにも拘らず性格は——云わば理論的に——人間的である。も一遍《いっぺん》云おう。性格は通路を用意している点に於て一つの人間的概念である。——処で併しかの個性の概念は或る意味に於て人間的な概念で矢張《やはり》ありながら、このような理論的に考えられる通路を用意しているとは思われない。個性の概念はそれ自身に個性の理解乃至取り扱いの概念を伴わない、それは例えば知識学的に取り扱われることの出来ない概念であろう。** 性格は恰も之に反して、常に知識学的な又は多少の注意を怠らずに言葉を使用するとして認識論的な、課題を含んでいる。性格概念はこの意味に於て人間的概念であり、知識学的通路を用意している。

＊ 性格の概念を人格的なるものから藝術的なるものへ移したものは、テオプラストスであろう。
＊＊ ライプニッツのモナッドは表象の能力を有っている。併しかかる能力は形而上学的実在の規定であって、知識学的な通路を意味するのではない。

性格は個別化原理から完全に独立であり、そして通路を有っている。私はこの二つの点を指摘して個性概念との混同を防いでおこう。

さて併し性格とは何か。

日常吾々が接する具象的な事物は恐らく無限な数の性質を持っているであろう。事物はこれ等の性質の統一としてある。夫々の性質はそれに特有な作用の範囲を与えられている。というのは或る性質は顕著であり之に反して他の性質は著しくない、と考えられる。事物が含む云わば一〇〇の内容を、夫々の性質は幾つかずつ分け占めていると考えられる。かくて例えば神は全智全能という特質によってその内容の大部分を分け占められると考えられる。併し或る事物に就いて何が顕著であり何が顕著でないかは決して事物それ自身だけによって決定され得ることではない。或る視角から視れば甲性質が又他の視角から視れば乙性質が顕著なものとして現われる。他の事物には無くただその事物にしか見出されないような或る性質は——たといそれが微弱であっても——顕著となることが出来、強大な性質であっても、それが多くの事物と共通であるならば顕著でないと考えられることが出来る。又事物の某性質——それが強大であろうと微弱であろうと——を特に注目することによって、その事物の理論的乃至実際的な処理を進めることが出来ると見られる時、その性質は顕著なるものとして見られる。であるからどの性質が顕著であるかは実は、事物それ自身に個有な作用範囲の配分ではなくして、その事物が人々によって理論的にか実際的にか取り扱われ得る通路を媒介とする勢力の消長でなければならないのである。事物の無限の諸性質は之を取り扱う通路に於て、顕著の秩序に並列される。さて顕著なる性質Aは無論、顕著ならぬ性質Bとは別でなければならない。併しそれにも拘らずAはBを——又Bと同じ資格をもつCD……を——代表することが出来る。もし事物を言葉通りに具体的に定立しなければならないとすれば、AはあくまでBとは性質を異にする筈であったから、AがBを代表するということは許されないわけであろう。それ故之が許される以上茲《ここ》に事物の抽象が成り立っているのである。処が事物を抽象することこそ事物を把握する唯一の途《みち》であるであろう。事物の把握を顧《かえりみ》ずに、即ち事物への通路を顧ずに、事物そのものを決定し得るならば、抽象しないことこそ具体的であるであろう。処が実はこのような具体的事物は人々がそれへ通達する通路——方法——から切り離されている点に於て却《かえ》って方法的には抽象的であるのである。事物を抽象することこそ具体的な方法である。それ故AがBを代表し得るのは人々が事物を抽象するからであり、そして人々はこの抽象によってこの事物を取り扱う具体的な方法を得ることが出来るのである。代表の概念は常に方法の概念から要求される。自己自身に安《やす》ろうている事物——このような概念は元来哲学的作業仮説でしかない——に於ては顕著なる性質Aがそうでない性質BC……と相隣りして席を占めていると思い做《な》される、之に反して通路に於て把握された事物——人々はかくしてのみ事物を理論し又之を実際的にとり扱う方法を得る——に於てはAはBC……を代表し得なければならない。事物の性質AがBC……を代表する時、顕著なるこの性質Aはその事物の性格となるのである。代表は方法から要求された。代表者である処の性格はそれ故方法的規定を有つ。——性格はこの意味に於て通路を用意しているのであった。

性格とは事物の支配的な性質であり優越な性質である。その事物の他の一切の性質は、性格という資格をもつ一つの性質によって支配せられ優越せられ、かくて事物の表面的な形式的な公的な交渉からは隠される。その代り事物の諸性質の集合意志は性格を代表者として議席に送る。性格は議場に於てそれが代表する事物の権利を主張する、事物は性格の能力の如何《いかん》によって夫々異った取り扱いを結果として招くのである。さてどの性質が性格として択《えら》ばれるべきかは全く政策にぞくする。そしてこの政策は例えば理論的計画として、人々の手に、通路に方法に、横たわる。

性格が方法的であることは今や明らかとなったであろう。併し方法的であることは常に実践的であることを意味する。性格は実践的規定を有たねばならない。日常的な具象的事物をそのまま静止したものと見るのであっては、それがどうあるかを知ることは出来ない。事物はどう実践的に取り扱われ得るかによって初めてその性質を明らかにする。事物を取り扱う――理論的に又実際的に――という正に実践的な折衝に於て、代表者として機能するものが性格であるのである。性格はただ実践に於てのみ意味を有つ概念である。性格のかの通路や方法は実は之を意味するのであった。

性格は実践的・方法的であると云った。日常の事物のどの性質が性格として択ばれるかは例えば人々の之に就いての理論的計画によると云った。理論的計画は人々の任意によって立てられるかのように見える。事実人々は或る成心を以て或る理論的結果を招くべく計画する時、事物はこの計画に合致すべく性格づけられる。例えば或る社会現象は、或る意味に於ては最も把握し易く又他の意味に於ては最も把握し難い。この日常的事物は、宗教家によって――彼は凡《すべ》てを信仰に関係づけて理解しようとする実践的成心を持っている――信仰の欠乏として性格づけられ、又国民道徳家によって――彼は人間を常に絶対に国民であることに於て見なければならない実際上の必要があるのである――国家意識の欠乏として性格づけられる。かくてこの社会現象という事物は信仰又は国民意識の鼓吹によって実践的に処理され得るものと思い做され る。そう想像することは実際彼等の自由であろう。彼等がその好む処に従って任意な性格を見出し、之によって事物を処理すべく努力することは許されないのではない。併し性格は誤って、把握される場合があるであろう。理論の計画は誤って立てられることがあるであろう。どのような理論的計画を立てるか、どのように性格を見出すかは、成る程人々の自由であるように見えるが、併しそうすることによって実践的に事物を処理することが、結局に於て——直《す》ぐ様《さま》ではない——不可能となるならば、その計画・その性格の把握・は誤っているに違いない。何となれば性格は事物を実践的に処理する方法を与えるのでなければならなかった、計画はそのような目的を有って初めて計画であり得た、のであるから。向の社会現象は信仰又は国民意識の鼓吹とは関係なく、それ自身の軌道を歩んで行くであろう。性格の発見——それは理論乃至実践の実践的方法に依存する——を条件づけるこの正誤は併し、何によって標準を与えられるか。

夫を与えるものが歴史的運動である。私が歴史的運動と呼ぶのは併し、歴史家によって記述された又されるべき歴史学的統一体——世界史乃至某々史——としての歴史のもつ運動、を指すのでは必ずしもない。そうではなくして要素的に、又一般的に、従って歴史学的統一体としての歴史の根柢に於ても無論、働いている処の、根本的な要素的な歴史的運動をそれは意味するのである。凡《およ》そ人々が或る事物を実践的に取り扱う時、即ちその事物に就いて理論し又はその事物を現実的に変革する時、事物の概念は又事物の現実的存在は、変化せられる。かかる変化＝運動は併しただ人々が之を加えることによってのみ成立する。吾々は之を自然的運動から区別しなければならない。歴史的運動とは之である。概念の運動・思想の運動・から始めて、行為の運動・歴史学的統一体としての歴史の運動・に到るまで、運動は凡てこの歴史的運動としての特色を有つ。この歴史的運動は要素的運動である。歴史的乃至人間的と呼ばれる凡てのもののどの部分を取って見ても、夫はこの運動を要素としてのみ運動し変化することが出来るのでなければならない。処で歴史的運動が歴史の一部分に於て行われるためには、之は同時に歴史の全体に於ても行われなければならぬという特色を有つ。と云うのは或る限られた一定の歴史内容に於ける運動は常に、それを越えて全体の歴史内容に於ける運動に終局に於て帰着し、之に制約せられるのである。例えば理論という特殊の歴史的内容の歴史的運動は社会全体の歴史的運動に終局に於て帰着して行かねばならぬ性質を持っている。理論の歴史的発展――運動――はそれ自身が特有な動力と形態とを有っているにも拘らず、社会の歴史的発展によって終極的に――直接にではない――限定されている。歴史的な全体と部分とは歴史的運動に於て特有に層を重ねた有機的聯関を示す。――さて事物の性格は常に事物の歴史的運動に寄与しなければならない。この寄与をなし得ないものは、たとい初めに性格らしいものとして掲げられたにしても、結局は性格としての資格を欠いたものに外ならなかったことが証明されるであろう。事物の歴史的運動とは併し、人々が実践的にこの事物を取り扱う――理論し又使用する――ことによって生まれる事物の運動の謂《いい》であった。之なくして行われる事物の運動は自然的運動であるかも知れないが歴史的運動ではなかった。そして事物のかかる実践的取り扱いに於てこそ初めて性格が機能し得たのであった。それ故結果から見るならば、性格は常に事物の歴史的運動に於て発生する。事物の歴史的運動の動力因子、それがその事物の性格であると云うことが出来る。処が事物――それは一つの歴史的部分である――の歴史運動はそれがぞくする任意の歴史的全体の歴史運動によって終局的に限定されている筈であった。それ故事物の性格はそのままこの歴史的全体の歴史的運動の動力因子でもなければならない。結果から見れば、性格は常に歴史的全体の歴史的運動に於て発生する。この結果を逆にして云うならば、事物の性格は常に歴史的全体の歴史的運動に寄与しなければならない。この寄与をなし得る時、性格は性格であり、この寄与をなし得ない時、性格ではなかったのである。前の場合に於て性格は正しく把握され、後の場合に於てはそれは誤って把握される。事実、事物の或る性質を性格として――事物の歴史的運動の因子として――択ぶ時、もしこの歴史的運動が歴史的全体の運動からの制約を無視したものであるならば、たといこの性質が初めは事物の性格らしく想像されようとも、やがては終局に於て――直接に直ぐ様ではない――動きのとれない結果に陥るであろう。人々はここに到って初めて性格の誤っていたことに気づくのが普通であるであろう。事物の性格を択ばせるもの、それを例えば理論的計画であると云ったが、この理論的計画は個人の任意の成心によって立てられるのではなくて、正に、歴史的運動――その事物の・またその事物がぞくする歴史的全体の——によって口授されるのでなければならない。今や云うことが出来る。歴史的運動の車輪の転廻に順《したが》い又之に寄与するもののみが性格的である、歴史の車輪を逆転する立場に於ては之に反して性格が失われる。後の場合の性格は誤られたる従って性格ではない処の性格であるであろう。

　歴史的全体が描く歴史的運動の曲線の各点に於て、性格は切線《せっせん》として理解せられる。或る一点に立ちながら而《しか》も他の点に個有な切線の方向を追求しようとするならば、この性格の誤解は時代錯誤となって現われる。というのは時代こそ代表的全体に外ならないであろうから。時代時代に個有な切線の方向に力を加えることによってのみ、歴史的運動の車輪は最も的確に有効に能率的に廻転せしめられることが出来る。この廻転を機能せしめるものが夫々の事物の性格に外ならない。一切の事物は夫々の時代の切線の方向に於て性格づけられる。そして時代のこの切線は又、恰も、時代の性格と呼ばれているであろう。蓋し事物——歴史的部分——の歴史的運動は終局に於て時代——それは最も代表的な歴史的全体である——の歴史的運動に帰着する筈であったから、事物の性格は又終局に於て時代の性格に帰着するのが当然であるであろう。

　事物の性格は、人々が事物に達する通路としてあることを、その特色とするのであった。事物の性格は人々の性格に相関的である。そこで人々の——個人の——性格が問題となる。如何なる性質を或る事物の性格として択ぶかは一方に於て、人々の夫々の性格に依存すると考えられる。そして人々の性格は人々によって云わば任意であり得るように見えるから、事物の性格も亦任意のものとして把握されそうである。処が他方すでに事物の性格は時代の歴史的運動によって終局的に制限されていなければならなかった。従って事物の性格は任意のものとして把握することを許されない筈であった。個人の性格は時代の歴史的運動とそれではどう関係するのか。――個人の性格も亦時代の歴史的運動によって終局的に制約されなければならないであろう。何となれば個人は時代という歴史的全体に対する一つの歴史的部分であるが、個人の歴史的運動――それは前の説明によれば個人を理解し又之を待遇することによって生ずる運動であった――は時代の夫《そ》れに終局的に帰着しなければならない、そして個人の歴史的運動に寄与するものこそ個人の性格でなければならない筈だからである。この点に於て個人は事物と少しも異る処を有たないであろう。処が個人は事物と異ってその歴史的運動の自覚を有っている。そしてこの歴史的運動――それは自己解釈（自覚）乃至自己待遇（行為）として現われる――に寄与するものとして自己の性格を意識しているのである。性格のこの自己意識によって個人の性格は何か任意な他から独立な自由として現われることが出来るのである。併しながら自覚されたる自己の性格は必ずしも真の性格ではないことを人々は注意しなければならないであろう。彼が一人の詩人として自己の性格を見出したということは、少しも彼が詩人としての性格の主であることを保証しない。彼の性格が詩人であるか無いかは、彼が詩人振って自己解釈し乃至自己待遇する――個人の自覚されたる歴史的運動に寄与する――ことによって決定せられるのではなくして、却って他の人々が彼を詩人として理解するのを媒介として彼の特色を理解する――個人の自覚されざる歴史的運動に寄与する――ことによってのみ決定せられるのである。実際個人は自己の性格を自覚しようとすることによって、却って振ることが出来る危険をもつ。この危険をもたないためには彼は自己を公平に客観的に見なければならない。そして恰も之は他の人々が彼の性格に与える理解――但し無論正しい理解――との一致に外ならない。さてそうすれば人々は自己の性格を常に他の人々によって理解され又待遇された限りの性格と一致せしめなければならない道徳的任務を有っていることとなる。自己はその自由にも拘らず、否自由によってこそ、自己を単なる一つの事物と同じ資格をもつ一個人として理解し又待遇しなければならない。*自己の歴史的運動はそれ故単に個人の歴史的運動に外ならず、又そうなければならぬことが帰結する。この歴史的運動に寄与するものが自己の、実は個人の、性格であるのである。個人の性格はそれ故一般に、前に述べた通り――事物の夫れと同じく――時代の歴史的運動に終局的に帰着し、或いはしなければならない。事実、個人が自覚する自己の行動の意味は必ずしもそれの歴史的意味とは一致しない。之を一致せしめることによってのみ彼は自己の性格を正当に自覚することが出来るのである。

＊　所謂意志の自由は、人々が普通想像する処とは異って、時代の歴史的運動からの制限を脱却する

ことを意味するのではない。意志の自由が道徳的である以上は——形而上学的自由は吾々の関わる処ではない——実践的でなければならず、それは歴史的運動に加わることに外ならないが、恰もこの歴史的運動——それは歴史的部分としての個人の歴史的運動である——が運動であるためには、即ち運動するためには、時代の全体的な歴史的運動によって終局に於て制約されることが必要である。この制約によって初めて個人の歴史的運動は可能であり、従って又初めて道徳的な自由意志の内容ある概念が成り立つことをえる。

時代の歴史的運動は事物の又人々（個人）の性格を規定する。事物の性格と人々の性格とが相関的である所以が之である。性格の把握の正誤はただ、歴史的運動を標準として、この規範に従って、のみ与えられるであろう。

私は問題を進めよう。時代の歴史的運動、それに寄与する動力因子として時代の又事物の性格が取り出されるのであるが、時代のこの歴史的運動を、その実際の歩みを、吾々は如何にして見出すか。時代の歴史的運動こそ事物の性格を決定する規範であったが、この規範は如何にして見出されるか。時代は何へ向って動きつつあるか、何が時代に於て歴史的・必然的に支配的であろうとしているか、時代の性格は何か、この問いに対して吾々は何を根拠として答えることが出来るか。——そこには社会がある。

時代の性格は――時代の歴史的運動は――社会現象を地盤として実践的に把握出来る。それは個人的な思弁や隠遁的な思索や又地方的な眼界を以てしては、遂に把握することを許されないであろう。* 且《かつ》又それは瞑想や空想や又感傷的な理想を以てしても通達出来ないであろう。ただ社会的な関心に従いそして実践的な精神に於てのみ、時代の性格は感受し得られる。人々はかかる感受の能力を歴史的感覚と名づけるであろう。但し歴史的感覚とは、例えば歴史学的統一体としての所謂歴史に対する愛着でもなく、又神学的宇宙論と結び附いた世界の終局目的の信仰でもなくして正に、事物の歴史的運動の正常なる把握の能力であり、そして、ただ実践的社会的関心によってのみその機能を発揮することが出来るような、そのような感覚であるのである。時代の性格は歴史的感覚によって――この正常なる実践的・社会的関心に於て――のみ把握出来る。時代の歴史的運動の動力と方向との必然性――それは社会に於て社会現象として展開せられる――を見出し見抜くものこそ歴史的感覚なのである。

* 地方的眼界の下に立つために性格を把握し誤った虚偽は Provincialism ――地方的錯誤――と呼ばれて好《よ》いであろう。之は時代錯誤に相関的である。

併し吾々は最後の依《よ》り処《どころ》を歴史的感覚の概念に托するからと云って、何か神秘的な能力に助けを求めているのではない。元来歴史的感覚は個人の性格にぞくする外はないが、個人の性格それ自身が時代の性格によって支配されており又されなければならなかった。そうすればこの能力は時代の歴史的運動それ自身によって必然にせられている筈である。というのは、個人が時代の歴史的運動――その内に個人は事実生活しているのである――に触れる時、即ち之と実践的に接触する時、忽《たちま》ち必然にこの能力が機能しなければならないのである。――その成立の故郷は知られている、それは神秘ではない。事実、歴史的感覚とは正常なる・実践的なる・社会的関心以外の何ものでもない。

凡そ性格概念は、歴史的運動の概念へ関係づけられて初めて理解出来るということが、今や明らかとなった。要素的な意味に於ける歴史的運動は、従って又それを全体として展開して見せる社会は、例えば政治的動物として性格づけられる人間にとって、代表的な規定であるであろう。そして性格概念は恰も人間的な概念に外ならなかった――前を見よ。性格が実践的であるのはただこのような意味に於てであり、それが通路を用意し方法的であるというのも従って亦この意味に於てである。性格とはそれ故最後に、歴史的運動の動力因子として働くものの謂である。性格は優れたる意味に於て歴史的である。それが人間的であった所以である。

日常的な具象的事物――そうではない事物に就いては知らない――に就いて、その理論――それはこの事物の一つの歴史的運動である――は、それであるから性格によって制約せられていなければならない。性格概念はここに一つの理論的使命を持っているのである。処が吾々が理論を論ずる今のこの理論――それは理論という日常的な具象的事物に就いての理論である――に於て性格として機能するものが、とりも直さず又性格概念であるのである。云い換えるならば、吾々が性格概念を取り出すことによって、理論一般に関する理解を運動せしめることが出来ると云うのである。茲に性格概念の理論的使命の第二の場合が横《よこた》わるであろう。

今まで日常的な具象的事物をそうでない事物から区別して取り扱って来たことを吾々は思い起こそう。日常具象的でない事物を吾々は、学問の対象としてのみ存在すると考え得られる事物であると云った。この二つの種類の事物の区別は、恰も之までに規定した性格概念によって与えられる。性格的事物と非性格的事物。前者に就いては性格が語られ後者に於ては之に反して恐らく本質が語られるであろう。（本質と性格との区別は前を見よ。）性格的事物に就いては人々は性格的概念を有つことが出来、之に反して非性格的事物は非性格的概念をもつ。性格的概念とは性格的事物の把握・理解としての一つの働き――運動――の動力因子でなければならないが、性格的事物自身が性格的である故に通路を用意しているから、この事物はこの把握・理解という通路に於て運動せしめられることによって、少しも自らの事物としての性格を失わないであろう。即ち性格的事物は性格的概念として理解せられることによって少しも事物としての性格を失わない筈である。それ故性格的概念は却って概念としての性格をもたない。ただこのような概念に就いてのみ、ヘーゲルに倣《なら》って、事実的なるものは概念的である、と云われることが出来るであろう。吾々が日常生活に於て使用している概念――吾々の行動は常に或る意味での概念に依って行われる――は恰もこの種類の概念に外ならない。非性格的概念は之に反して事物とは異った性格――概念としての性格――を有っている。非性格的事物はそれ自身に通路をもたなかったから之に就くべき通路は事物以外のものから与えられる外はない。この通路を与えるものが非性格的概念である。この種類の概念は事物の代理者として、事物の性格とは独立に、概念という性格を有たなければならない。心理学的には表象と考えられる処の、論理学に於ける所謂概念――論理学的概念――が之であるであろう。この種類の概念は常に論理的構成に於て発生するであろう。その最も純粋なるものが形式論理学乃至数学に於ける概念に外ならない。事実このように論理的に構成された概念は人々によって抽象的と呼ばれているであろう。私は嘗《か》つて把握的概念――それは性格的概念を指す――をこの構成的概念から区別した＊。

＊『思想』八〇号「空間概念の分析」参照。

例えば数論に於けるイデアールとか、又電子とかは、主として非性格的概念として現われる。之に反して茶碗とか国家とかは主として性格的概念として現われるであろう。少くとも数論自身の内に於てはイデアールは性格をもつことは出来ない、その本質が一義的に決定されている。尤もイデアールの哲学的解釈は恐らく性格的であることが出来るであろう、――茲に非性格的概念は性格的概念に変化し得ることが示される。従って又非性格的事物は性格的事物へ変化することが出来る。或る一つの概念は場合場合によって性格的概念とも非性格的概念ともなることが出来るのである。性格的と非性格的との区別には元来明白な限界はない、何となれば両者の区別自身が性格的であるのであるから――前を見よ。同じく、物理学乃至化学自身の内に於ては電子概念は性格的でない。ただ哲学の対象となる時それは例えば唯物論――一つのイズム――の根拠として理解されることも出来るであろう。イズムは常に性格的である――後を見よ。之に反して茶碗の概念は多くの場合性格的でなければならない。人々は茶碗と丼《どんぶり》とを如何にして限界するか、誰が茶碗の本質を決定し得たであろうか、併しそれにも拘らず人々は日常、茶碗を茶碗として、丼を丼として性格づけて混同しないであろう。国家が殆《ほと》んど常に性格的概念であることは、現代に於て最も著しく顕《あら》われている。或る人々は之を社会の絶対的な形態として、又は全く社会それ自身として性格づける。他の人々は之に反して、やがて階級の概念によって支配されるべき相対的な社会概念として性格づける。或いは理念の実現として性格づけられ、或いはそうでなくして生産関係の政治的一形態として性格づけられるであろう。

性格的概念は又常識的概念と呼ばれることが出来る。常識的概念はどれ程それを学問的に専門的に研究するにしても、その常識性――日常性――を失わない。例えば国家概念――性格的概念としての――は之を如何に学的に取り扱っても依然として日常的概念としての性格を失わない、国家に関する凡《あら》ゆる専門的研究の結果はただこの日常性に於て検証されてのみ学問的業績としての資格を得ることが出来るのだからである。之に反して常識的ではない概念は、――それは専門的研究に於てしか現われないという意味に於てそしてただこの意味に於てのみ専門的概念と呼ばれてよい――、それをどれ程通俗化しようとも日常的となることは出来ない。例えば電子――之は恐らく常に常識的ではない非性格的な概念であるであろう――の知識が、どれ程一般的に普及しようとも、それであるからと云ってそれだけ電子の概念が日常的となったのではない、電子の存在は凡ての素人にとって実験的に証明され得るであろう、併しただ吾々は電子ではなくして物体を又特に例えば机をのみ日常的に検証し得る。――区別は日常性と通俗性との間に横わる。後者は専門家を除いた限りの素人を予想する、それは科学的研究の進歩と共に進歩する、通俗性の理想――規範――はそれ故結局通俗性と反対な専門性に外ならない。通俗と専門とは反対概念でありながら、両者の間には単に限界がないばかりではなく、両者は同一の規範を原理としているのである。通俗性は実際不純なる混淆した専門性に外ならないのが事実であるであろう。それであればこそ学問的・専門的な立場に於ては通俗性の概念は消え失せて了《しま》わなければならないのである。通俗的学問という概念は Contradictio in adjecto として響くであろう。之に反して日常性は専門家と素人との区別を予想しない。人が専門家であるか素人であるかによって一定の概念の日常性が変化するのではない。であるから日常性の理想

――規範――は日常性と反対な或るものにあるのではなくして、自分みずからの内にあるのでなければならない。この規範が或る意味に於て専門性であり、学的であることに存在するならば、日常性はみずからを失うことなく、自らを強度にしながら、その専門性・学問性を得ることが出来る筈である。茲に例えば日常的学問という概念が成りたち得るのである。――さて今常識的と呼んだのは通俗的のことではなくして正に、日常的のことである。それ故今や、性格的概念は日常的概念と呼ばれることが出来ると云うのである。

性格的概念はただ、日常的であるという意味に於てのみ、常識的概念である。之に反して非性格的概念はただ日常的でないという意味に於てのみ、常識的概念でないのである。之が通俗的概念であるか専門的概念であるかを私は知らない。

性格的概念――常識的概念――によって性格的理解が与えられる。非性格的概念によって与えられる理解は非性格的理解でなければならない。或る人間の性格を理解する場合の如きは恰も前者であり、数学的証明を理解する場合の如きものがとりも直さず後者であるのである。吾々が日常出逢う多くの事物は、実際に於ては常に性格的に理解されなければならぬものであるであろう。今之を学問的・専門的な手続きという口実の下に、非性格的理解によって置き換えようとするならば、そこに見られるものは学問の非実際さや憐むべき無力であろう、科学は迂遠なる知識となる。併しこのような場合の学問は実は学問ではない。何となれば性格的理解はただ性格的理解としてのみ、非性格的理解となることなくして、それ自身の学問性・専門性を有つ筈であったから。理解は性格的である時と非性格的である時との区別をもつ。事実人々はこの二つの理解の区別を日常知っているであろう。例えば数学的に秀《ひい》でた頭脳が必ずしも歴史的感覚に於て優れず、日常の事物を把握するに明敏な頭脳は往々にして論理的に無能である場合が見出されるのは少なくない事実である。

　理解の形態の相異は、その理解が目的とする理解の理想状態の相異に外ならない、というのは二つの理解が夫々の理念を異にすればこそ両者は相異るわけである。理解の規範――カント的名辞を用いてよいならばアプリオリ――が、性格概念を規準として二つに分たれる。性格的真理と非性格的真理。数学乃至自然科学の理想とする真理――学問性――は後者であり、之に反して歴史科学乃至社会科学――本来はそして哲学も亦――の理想とする夫れは前者であるであろう。性格的真理を追求する学問の学問性――性格的学問性――に於ては、常に事物の解釈が支配的であることがその特色となる。*蓋し事物の解釈はただ性格によって又性格に於てのみ初めて成り立つことが出来るであろうから。処で性格的なる解釈による学問性は常に主義となって現われなければならない。かくて性格的真理は常に主義として現われる。人々は不幸にしてこの消息を非科学的にも次のような言葉を以て云い表わそうと欲する。学問と体験とは一致しなければならない、学問は人格の修養に役立つべきである、等々。恐らく数学者は彼の体験で方程式を解き得なければならず、又彼は方程式を解くことによって人格の向上を計り得なければならぬのであろう。

＊　かくて例えばリッケルトに於て、歴史科学は価値への関係づけを以て叙述の方法としなければならないと考えられる。一般に、自然科学と歴史科学との限界は実は学問的真理の二つの形態の性格的区別に帰せられるべきである。

性格的概念は、性格的理解・性格的真理・性格的学問性の概念を伴う。之に対するものは夫々の非性格的なるものとして区別せられる。性格概念を指摘することによって性格的なるものと非性格的なるものとを区別する時、概念・理解・真理・学問性・等々の夫々の概念が、より明らかに理論出来ないであろうか。もし出来るとするならば、それは性格概念なるものがこの種類の理論に於て性格的に機能し得る証拠であるであろう。

最後に注意すべきは、形式論理学――それは非性格的である――をば、それが形式性を持つにしても持たないにしても、性格的なるものにまで拡張しなければならない、ということが必然的に要求されることである。何となれば吾々は已《すで》に概念を二つの種類に区別することによって、性格的概念――それは従来の形式論理学に於ける概念とは異る――を有ち得たからである。そして之は又判断乃至推論に就いてもそのまま行われるであろう。理解――性格的理解を他から吾々は区別した――とは形式論理学に於ける判断乃至推論に相当するであろうから。真理の概念も亦性格的なるものにまで及ぼされなければならない。恐らく吾々は性格的な論理法則を必要とするであろう。処が恰も吾々にとって最も興味あるものは形式論理学に於ける虚偽論でなければならない。と云うのは虚偽は形式論理学に於ても必ずしも非性格的ではないであろう。形式論理学に於ける真理の法則に較べて、その云わば虚偽の法則が、如何に切実であり有用であるかを人々は注意しないであろうか。虚偽そのものが真理に較べてより根柢的な動機を有っているからである、と考えられる、誤り得ることは人間的であるから、と考えられる。虚偽は真理よりも性格的であり易い性質をもっているのである。そこで形式論理学が一般に非性格的であるにも拘らず、虚偽論だけは性格的虚偽を取り扱い得たわけである。非性格的論理学は虚偽論に於て性格的なる論理学への出口を示しつつあるであろう。吾々は性格的論理学を要求する権利を有つかのように思われる。

なお、知識学に於て、認識論に於て、又科学論に於て性格の概念は果すべき多くの理論的使命を担っているかのように思われる。

性格概念は理論一般にとって性格的な使命を有つ。

歴史と弁証法――形而上学的範疇は哲学的範疇ではない

『現代哲学講話』、一九三四年十一月

存在論という言葉は、今日の割合新しい哲学では一つの通り言葉になっている。だが吾々はこの言葉をもっと対立的な意識の下に、明晰に使わなくてはいけない。

もし存在論と云うならば、夫《それ》は言葉通り、存在の理論でなければならない。存在から区別されるべき存在に就《つ》いての観念や概念や理念、存在から区別されるべき存在の仕方や形式又は形相、存在から区別されるべき存在の基底や本躰、又最後に、存在から区別されるでもあろう「事実」、等々、凡《およ》そそう云った存在からの哲学的分泌物――夫が如何《いか》に根本存在と呼ばれようとも――に就いての理論が、存在論であってはならない。――存在とは常に存在する処のものそのものである。

無論、理論は、理論である以上、存在を一般化し、抽象し、その限り又之《これ》を形式化す。理論はいつも哲学的――存在論的――範疇と共に始まるのである。併《しか》し之は何も、存在を、存在の哲学的導来物で以て置き換えることにはならない、理論（乃至《ないし》哲学）という生産的な技術は存在という生《な》まの材料を加工する代りに、すでに出来上っている処の加工品である哲学物・哲学個有の専売物を、処理するものに止《とど》まるのであってはならない。今理論が、存在を予《あらかじ》め、存在に就いての哲学物にすりかえておいて、この哲学物を恰《あたか》も存在自身であるかのように取り扱って見せると、如何《いか》にも哲学（乃至理論）は哲学独特の個有な世界で、自由に振舞っているように見える。哲学には哲学プロパーという絶対的に不可侵の桃源があるように見える。そういうものが所謂形而上学なのである。（では哲学はどこで実証科学と異《ことな》るかと問うだろう。夫には他の機会に語るべき多くの主張がある。）

人々は哲学的範疇と形而上学的範疇との区別を注意せず、従って二つのものを混同する。人々によれば哲学的理論とは、何か超物理的な——先験的とか・本質的とか・純粋なとかの——形而上学的な根柢から出発することだと考えられる、存在という哲学的範疇は、云わば根本存在というような形而上学的範疇によって理解されて、初めて哲学的になると考えられる。哲学的——存在論的——範疇からすれば存在からの哲学的導来物に外ならなかった形而上学的存在は、形而上学的範疇からすれば、却って存在自身をその導来物として従えている処の根本存在ともなるのである。かくて哲学的範疇による世界観と形而上学的範疇による世界観とで、世界の秩序が全く逆に云い表わされるのを、吾々は注意しなければならない。

哲学的――存在論的――範疇の代りに形而上学的範疇を採用しようとすることは一般に、存在の代りに、存在ということの意味の・又は存在というものの持つ意味の・解釈を取り上げようとする、観念論の一般的なテーゼから来る、必然的な当然な結果なのである。存在を真に解釈するには或る一つのことが必要である――夫に就ては後を見よ、だが存在の意味を解釈するには、何物をも要しない、ただ単純に哲学さえあれば好《よ》い。こうした哲学としての哲学、純粋哲学、夫が形而上学だったのである。

さて歴史――それは一つの存在である――は、起きた、起きつつある、起きるべき歴史も、又書かれる歴史も、夫が哲学的に理解されるためには、哲学的範疇の下に理解されねばならない。と云うのは、歴史を哲学的に理解すると称して、之を形而上学的範疇の下に理解することは、許されない。と云うのは、歴史（Geschichte）は例えば始原史（Urgeschichte）というようなものによって理解されてはならないのである。それはこうである――

まず一つの廻り道をしよう。人々は存在の特色をどういう処に見出すだろうか。少くともそれは、仮に最も一般的と考えられるスピノーザの規定を借りて云えば、それ自身にありそれ自身によって考えられる処のものである、と云って好いだろう。存在はそういう意味で、最後のものだと考えられる。存在の性格を普遍者に置くのも個体に置くのも、こうした最後のものを求めた結果なのである。

近世に於ける存在の概念の特色は、この最後のものをば、特に生乃至生命に見出したという点にあると考えられる。デカルトの自我表象から始めて、ライプニッツの表象能力所有者モナッドも、カントの自律的自由主体も、フィヒテの自意活動的自我も、自分が自分に還るという形に於ける最後のものを意味し、そしてそういう形の最後のものが、一般的に云えばとりも直さず生乃至生命の形を有つのである。この意味で近世哲学――夫は実はブルジョアジーの代表的哲学であるが――の精華は、要するに生命哲学に帰着すると云うことが出来る。ベルグソンやディルタイの所謂「生の哲学」は、こういう生命哲学の最も特徴的な場合の一つに過ぎない。フランス唯物論が生理学的唯物論として登場したのも亦《また》、だからこの点からしても無意味なことではなかった。

だがなぜ生命が最後のものであったか。存在の性格はなぜ生命にあると考えられたか。人々は生命によって、意識の――自我・思惟・観念等々の――独立を表象することが出来るのである。人々は意識の独立な・自由な・絶対的な活動の内に、本当に生きた生命を感得する。それはのっぴきならない最後の事実だ。世界がどうあろうと、他人がどうあろうと、自分が生きているという意識に疑いはあり得ない。こういう一切の他のものからの自由こそ、疑うべからざる良心（Gewissen）なのである。生命こそ存在である。云い換えれば、意識こそ存在である。存在を意識として結果するこの生命哲学は、存在の最後の保証者を、感情的な又は理性的な明白性に求めようとする。所謂明白感情や普遍的理性必然性が夫である。（現象学の本質直観やベルグソンの直覚、カント学派の普遍妥当性は之に外ならない。）――だが茲《ここ》で吾々は本道へ帰ろう。

結局に於て生の脈動に興奮している意識哲学は、生命の・意識の・明白性の内にこそ、事実の事実たる所以《ゆえん》があると考える。事実は証明することも出来なければ説得することも出来ない、それは単純に、明白に、そうであると云う外はない、それ程事実は直接で無条件なのである、とそう考える。――併し明白なもの必ずしも事実ではなく、又事実必ずしも明白であるとは限らない。少くともそれが意識の事実に限られないならば。

存在を保証するものは、或いはより正確に云えば、存在に就いての意識を保証するものは、なる程明白性かも知れない。だが存在自身を保証するもの、或いはもっと正しく云えば存在それ自身の性格をなすものは、その事実性でなければならないだろう、そしてこの事実性とかの明白性とは少くとも別であった。

存在の性格をなすだろうこの事実性は、存在の質料性・物質性の内にあるだろう、そして之こそが存在の歴史性なのである。吾々が住む世界の事実は、それが純粋に自然的な事実であるにしても、常に歴史的事実である。で、存在の性格は、その歴史的事実性の内に存する。歴史――歴史的事実・歴史的質料――とは一般に存在の性格なのである。――さて今、この歴史が、形而上学的範疇によって理解されてはならない。

存在のこの事実性、物質性、即ち歴史性は、歴史的因果関係によって云い表わされる。普通、因果律は何か自然科学に個有なものだと考えられている。併し自然科学の法則に於ては、因果は時間の変数を含んだ単なる函数関係となって了《しま》うか、単なる傾向律（エントロピー法則）となるか、又は高々 time-series 風なものでしかない。そこでは、時間が事件を惹き起す本当のエージェントとなるということがない。だから、自然に於てではなくて歴史に於ける因果こそ、却って本当の因果関係でなくてはならないのである。（それが例の「個別的因果」であるかどうかは第二次以下の問題である。）歴史的因果とは歴史的時間に個有な関係である。そして歴史的時間こそ、本当の・本来の・時間であった。（「日常性の原理と歴史的時間」の項〔後掲〕でこの点をもっと詳しく述べよう。）

かくて歴史と時間とは等値物である。時間の内で歴史が起きると考えることが不充分であると同じに、時間の外へ出るならばそこには何の歴史もない。――処で吾々の問題は、時間の始原の問題に関わって来る。というのは、時間には始めがあるか、即ち時間は生じたものであるか、即ち時間は何かの上で初めて成り立つものであるか、どうかの問題である。吾々は之を始原時（Urzeit）の問題と呼ぼう、前に云った始原史（Urgeschichte）は恰もこれと等価関係に立つのである。

人々は考える、時間は時間自身の中では自分の始まりを持つことが出来ない、始まるということはすでに時間の内にあることを意味するから。却って時間は永遠の上で初めて成り立つ。今そういう永遠のグリンプスを得ようとならば、瞬間を見るが好い、瞬間は永遠に這入《はい》る閭門《りよもん》である、とそう人々は云うのである。時間という線は、この瞬間という点の連続から成り立っている。点はもはや、線ではなくて、云わば永遠という大輪の平面が輪回している中心点であり、従って一種の永遠なのであるが、こういう瞬間こそが時間の本当の始原・始原時なのである、とそう人々は云うだろう。

だが仮にそれが本当であるにしても、時間の時間たる所以は、時間の背景に永遠が控えているということにではなくて、逆に、そういう永遠が、なお時間を産まねばならなかったという処に存する。そう云うと又、だからそうやって生まれつつある処の時間、云わば発生期の時間こそが、本当の時間・始原時ではないか、と云うかも知れない。だが、時間が時間たる所以はこういう発生期の時間が発生して了った時間にならねばならないという処にこそ、横《よこた》わるのである。時間の性格は時間の始原にあるのではなくて、方向を逆にして、却って時間の行きつく終点にあると云って好いだろう。——そうすれば一体なぜ時間をその始原・始原時から説明しなければならないか。それは事物の秩序を逆にして了うものではないか。

歴史的時間は、それ自身一つの原理である。それは他の諸原理に依存するのではない処の、最後の原理である。永遠も亦《また》或る視角からすれば一つの原理であろう、だからと云って時間という最後の原理が永遠という他の原理に依存せねばならぬということはどこからも出て来ない。吾々はこういう最後の原理を日常性の原理と名づけることが出来るだろう（前掲論文を見よ）。

今問題は、之に平行して、歴史も亦一つの最後の原理でなくてはならないということである。そのために吾々は予め、存在の事実性・物質性の規定を挙げておいた。夫を今取り上げよう。

歴史の原理が事実性にあるということ。だが事実とは一体何か。それは甲でも乙でもあり得る事物が、特に甲であって乙でないということである。否、そういう一般的な説明の仕方では不充分だ、例えば吾々の空間の直観は三次元的であって四次元的ではないということ、或いは例えばナポレオンの最後の流刑地がセントヘレナであって他の島ではなかったということ、或いは又例えばシェークスピーヤはフランシス・ベーコンではなかったということ、等々が事実である。否、こういう事例は任意に一般的に引用出来るから、それは結局又一つの一般化に外ならない。で結局、あらゆる個別的な事件や事物の総体こそが事実なのである。過去の出来事から事例として拾い上げられたものは、事実からの引例であってまだ事実ではない。事実とは最後の Konkreta の聯関的総和にあるのである。

だから歴史から事例を豊富に引用するということはまだ少しも歴史的ではない、歴史の原理は、一切の事件や事物がそのような秩序に於て発生したので、それ以外の秩序に於てではなかった、という処に横わる。——従って又瞬間の利那利那に規定される限りの事実は、そういう発生期の時間——始原時——に相当する事実は、まだ少しも事実的ではない。事実とは、すでに発生して了って一応固定した処の、所謂過去との聯関的総和に於て、初めて事実となるのである。そこにこそ初めて歴史の原理が横わる。で、こういう歴史の原理を吾々は当然、物質性・質料性の原理と名づけることが出来る。

事実性は、それ自身一つの最後の原理である。事実は苟《いやし》くも一般的なものによって置き換えられてはならなかった、そうすることによって、事実はその事実さを増す代りに減ぜられる。それと同じに、物質・質料は、形相的・形式的なものによって置き換えられてはならない、そうすることによって物質・質料はその物質性を増す処ではなく、傷《きず》つけられる。物質性は形相形式によって原理を与えられるのではない、物質性自身がみずからの原理なのである。物質性はそれ自身一つの最後の原理である。

このように事実性・物質性は最後の原理である。そして夫が歴史的原理なのである。だから歴史的原理は歴史自身がみずからに与える原理である、歴史は歴史以外のものによって原理を与えられることが出来ない最後のものでなくてはならぬ。
で、歴史の始原の問題は明らかである。歴史は歴史を産む処の歴史でないもの——例えば永遠——から生れるのではない、歴史の始原は歴史自身にしかない、始原史は歴史の原理にぞくするものではあり得ない。

歴史を始原史（乃至永遠）から説明しようとすることは、歴史の原理を否定することであり、従って、結局歴史を否定することである。歴史的な存在は、或いは又歴史という存在は、之によって、その存在性を増す処ではなく、それだけ存在性を弱められ、それだけ存在性から遠ざけられる。——処が形而上学的範疇（始原史などが夫である）によれば、こうやって存在を遠ざかることこそ却って存在に肉迫すると考えられることになるのである。なぜなら一般に形而上学的範疇にとっては、存在とは存在の意味であって従ってそこで歴史と考えられるものは歴史の意味に外《ほか》ならないのであるが、夫は恰も存在・歴史の反対な対立物に外ならなかったのだから。形而上学的範疇によって成る程歴史の意味は一応解釈されよう——夫が例えば始原史の概念である——、併し之によって、歴史そのもの——夫は事実的・質料的であった——は少しも規定されはしない。規定されない処《どころ》ではない、歴史は之によって歴史としては消去されて了う外はないのである。歴史の意味を歴史そのものとして解釈することは、歴史の意味自身をさえ解釈出来ないことを意味する。

歴史が形而上学的範疇によって——例えば始原史としてとか永遠によってとか——理解されることは、歴史が単に歴史の概念としてその意味を解釈されることである、だがそれによって少しも、歴史は決定されない。というのは、歴史は少しも実践されないと云うことである。で問題は実践の概念に来る。——なる程、歴史が人間の主観の意志とか行為とかによってしか動かないということ、そういう意味での歴史の実践性、を強調することこそ、観念論が最も得意とする処なのだが、併しそれは単に、歴史が実践的な意味を持っているということを反覆主張していることに過ぎない。之によって歴史が——歴史の概念がではない——実践的に決定されるのではない。ここで問題になるのは、実践そのものではなくて単に実践の意味でしかない。

形而上学的範疇——夫は観念論の必然的結果であった——は、この実践の（形而上学的）意味をば、直《ただ》ちに実践そのものと混同する。だからそこで実践と考えられるものは、高々倫理的な行為でしかあり得ないことになる。処で、どれ程それが社会倫理的な行為であろうと、倫理は常に個人の道徳性に還元されるように出来ている。かくて実践が個人の自由意志に帰着するのは尤もだと云わねばならない。実際、之こそ実践の（形而上学的）意味でなければならないに相違ない。だがそういう実践の意味は少しも実践という哲学的――存在論的――範疇をなさない。哲学的範疇としての実践とは、即ち存在としての実践とは、単なる個人的な又は社会道徳的な意志・行為の平面に於てはない、そうではなくて正に、歴史的・社会的――生産及び政治としての――実践なのである。なぜと云うに、そこまで行かないと観念に対して実践がもつ物質性が存在論的断面に接触しないからなのである。形而上学的範疇は、存在自身ではなくて意味の独自の世界の内を自己廻転するから、遂《つい》にそう云った断面に接することが出来ない。そこで精々、抽象的な意志行為が実践となる外はなかったのである。その際この実践の物質性を示す断面は、高々行動の主体としての身体でしかあり得ないだろう。人間の歴史的行為は、云わば身振りによって置きかえられて了うのである。――存在としての歴史が始原史によって理解されなかったと全く同じに、存在としての実践（生産的・政治的・実践）は倫理道徳風の意志行為の範疇によっては理解されない。

形而上学的範疇に立籠《たてこも》る限り、即ち哲学的――存在論的――範疇を斥ける限り、歴史は歴史的なものとして把握されることが出来ず、従って又歴史は本当に実践的なものとして把握されることが出来ない。――実践という範疇を理解出来るものは、人々が想像するように観念論ではない、そうではなくて却って唯物論でなくてはならないのである。

歴史、従って又実践、の問題は、第三に、弁証法の問題を呼び起こす。弁証法に就いても亦、哲学的範疇が形而上学的範疇から峻別されねばならない。

弁証法は何処《どこ》にあるか。というのは弁証法の動力は何処で成り立つか、弁証法の動力は普通云われる通り矛盾にあると仮定して、それがどこで成り立つか。――矛盾は明らかに論理学的関係である、それはその限り思惟にぞくする。だがそこにすでに困難が横わっているのである。

思惟は自同律に基かなくては成り立たない、即ち夫は矛盾を排除しなければなり立たない。処が思惟が矛盾を排除することは、矛盾が思惟の外に置かれることである。で、思惟にぞくするように見えた矛盾は実は思惟にはぞくさない、ということになる。純粋に論理的なものの内に於ては矛盾は成立しない、だからそこには弁証法はない。

弁証法を理解するためにはだから、眼を思惟から、純粋に論理的なものから、その外にまで移さねばならない。併しそこには二つの途《みち》がある。

第一の道は、思惟乃至論理の限界を指摘するために、夫の限界的な場合（Grenzfälle）へ視線を集中することである。判断は一般的判断から個物の判断にまで追いつめられる。処で個体はもはや純粋に判断的なものではあり得ない、それは判断的一般者によっては限定し尽されない。ここで問題は自覚的限定の場面に来るのである。自覚は一つの意識である。だがそれは意識の奥底から裏づけられた意識である、だからそれは単に意識された意識ではない。意識の奥底はもはや意識とさえ云うことが出来ない。自覚はただ無の上でのみなり立つ。――処で自覚乃至意識に於て事実と考えられるもの、それは云うまでもなくもはや論理的思惟を絶したものだが、夫は、この無が直接に有であるという関係に外ならない、というのである。さてこの無が有であるということ、ここにこそ矛盾が成り立つ、ここにこそ弁証法が成立するのである、と第一の途は考える。

弁証法は単なる思惟の内に存するのではない、それは自覚の内に、意識を意識の背後にまで、通り抜けた処に、横わるのである。――今人々は注意すべきだ、弁証法は、ただ意識の側でのみ成り立つことが出来る、即ち夫は存在の側に於て成り立つのでは決してない。夫は無と意識的な有――だがそれは必ずしも存在ではない――との関係の内に横わる。一口で云えば弁証法は、ノエシスの側に於て成り立つのであって、ノエマの側に於ては夫は決して成り立ち得ない。

批判はあと廻しにして、今之を次の第二の道と較べて見よう。第二の道は弁証法を理解するために、思惟乃至論理自身の限界を指摘する。矛盾は実は思惟乃至論理の内に於て成り立つのでなくて、思惟乃至論理が、自分の対象とする処のものを、従って又思惟以外のものを、自分の内に取り入れようとしながら而《しか》も取り入れ尽すことが出来ない、という処に成立する。思惟だけでは矛盾は成り立たない、思惟と存在との関係の間に初めて矛盾があると考えられる。

例えばカントに於ける弁証法は、感性と結合して初めて認識を齎《もたら》すことの出来る筈だった理性が、即ち存在を自分の内に取り入れることによって初めて役割を果すべき思惟が、それだけで独立に行動すると考えられる時、発生する。之は弁証法が思惟と存在との間に成立するということの消極的な表現であった。之を積極的なものにまで廻転したのがヘーゲルの弁証法だったのである。——だがヘーゲルの弁証法は思惟（論理）の外へ踏み出そうと企てながらなおまだ論理の世界に止まっている。夫《それ》は概念の・理念の・発展形式に外ならなかった。ヘーゲルの「論理学」以後に於ける弁証法がその『精神現象学』に於ける自覚の弁証法を、思惟の夫にまで集約したものであった限り、茲《ここ》に踏み止まらねばならないのは当然であった。

思惟から、思惟と存在との関係にまで弁証法の本拠を移さねばならなかったこの第二の途は、更に、この本拠を存在そのものにまで移さねばならない。と云うのは、思惟との関係に於て存在が矛盾を含んで来なければならないということは、何も、始め矛盾的でなかった存在を、思惟が参加することによって初めて矛盾の世界へ持ち出すということではない。もしそうならば、そういう思惟は初めから存在を考えるには不適当な思惟だったことになる。それは存在を考えるべき使命を持つ思惟としては誠に奇妙なことではないか。

そうではなくて、存在は、初めから、思惟との関係に於て矛盾に陥るように、弁証法的関係を顕わにするように、出来ているのでなければならない。存在それ自身が矛盾的である、だからこそそれに関する思惟が存在と矛盾関係に這入り、従って又思惟自身も矛盾を含まざるを得なくなるのである。

存在自身に矛盾があるということは不可能だ、矛盾というからには何か矛盾と思惟されるものでなければならぬ、とそう云うかも知れない。だがすでに、矛盾は本当は思惟の内にはあり得なかった。では思惟と存在との間にか、併し思惟と存在との関係自身は一体、思惟なのか存在なのか。矛盾は本来存在にしかあり得ない。否、存在の一定の弁証法的性質を、吾々の思惟は、論理的範疇を用いて、矛盾と呼ぶのである。存在には矛盾はないと云っても好い、そうすれば併し、弁証法の動力が矛盾だといってはならないという迄である。——弁証法は存在の運動の動力・法則である、それは強《あなが》ち矛盾によるものでさえない。

第一の途は、弁証法の所在を、自覚を通って無に、之に反して第二の途は、之を存在に発見する。前者は之をノエシスの側に、後者は之に反して（前者の立場から名づけるなら）ノエマの側に、見出すのである。第一の途は、弁証法の動力を矛盾に求めそして矛盾の成立の場処を、意識の背後に於ける無の内に求める、第二の途は之に反して矛盾自身が成立する根拠を存在に求める。

この二つの途を分《わか》つ決定的な相違は何処から来るか。夫はこうである。前者は、矛盾という意味の成立する処を、矛盾の根拠と考える、之に反して後者は、矛盾という関係そのものが生じて来る処の根拠を以て矛盾を意味せしめる。だから後者によれば、元来矛盾は必ずしも弁証法の絶対的な動力とは考えられない、矛盾は寧ろ弁証法から生じて来る処のものである。矛盾は云わば弁証法の――無論必然的な――結果であるが、その原因ではない。

さて第一の途は、矛盾というものの意味の成り立つ場処を穿鑿することを通じて（弁証法の所在を突き止める代りに）、弁証法というものの意味をつき止める。而も後者を以て、恰も弁証法自身の所在を指摘したかのように見せかける。そうやって弁証法の所在と弁証法という意味とを等置するために、第一の途は、弁証法の意味の所在を示そうとするのである。だがそうするためにはすでに、意味の宇宙論体系が必要でなければならない。そこで第一の途は、例えばフェノメノロギーの術語を借りて、ノエマ・ノエシス的構造をその体系の竜骨とするのである。こういう意味の体系――解釈の体系――は、なる程そのものとしては全く正しい、だが夫が、存在の体系と代ろうとするならば、即ち存在の意味の解釈を以て存在の規定とすりかえるならば、そこに用いられる理論機関はかの形而上学的範疇以外のものではあり得ない。――第一の途は、弁証法を形而上学的範疇によって理解する。

さて第一の途のようなものが、弁証法の最後の――最も複雑化した――観念論的理解である。従って弁証法の唯物論的理解は、略々《ほぼ》第二のような途を選ばねばならないだろう。そこでは哲学的――存在論的――な範疇だけが必要だったのである。

歴史に於ける弁証法は、であるから、決して歴史の言わばノエシス的側面の内に横わるのではない。歴史の弁証法を自覚や何かに求めるということは、歴史を始原史から理解したり、歴史的実践を道徳的行為に還元したりすることと、全く同じ範疇にぞくする。形而上学的範疇は、こういう一聯のイデオロギーに役立つべく、伝承され又拾い上げられる武器なのである。

存在は存在そのものとして理論されねばならない、そのための哲学的範疇は、形而上学的範疇ではなくて、恰も人の云う唯物弁証法の諸範疇に外ならない。

この文章は、最近わが国で発表されつつある有力な観念論的歴史解釈や観念論的弁証法解釈に対する、吾々の態度を覚え書きにして見たものである。読者は、西田幾多郎博士・田辺元博士・三木清氏等々の、意外にも殆んど同じい一つの性格に落ち合う処の最近の記憶すべき諸労作を参照しなければならない。

日常性の原理と歴史的時間

『現代哲学講話』、一九三四年十一月

日常性と呼んで好《よ》いであろう一つの原理に、読者の注意を集めることが必要だと考える。之《これ》は可《か》なりに広い領野を支配する原理であると思う、それにも拘《かかわ》らず之は必ずしも、人々にとって日常的に通用している原理ではない。そこで今之を問題にしようと云うのである。

問題は歴史の一般的な――その限り確かに抽象的な――構造に関する。夫《それ》は歴史の原理に就《つ》いての問題である。歴史の一般的な構造、歴史の原理と云えば、併《しか》し問題は時間――歴史的時間――の理論に帰着する。そこで、歴史的時間の性質は何か。――之に答えることによって、日常性の原理の存在と夫の性格とが浮き出て来る。

凡《およ》そ――歴史的に限らず――時間というものを明白的（evident）に表象しようとすると、時間の表象そのものを更に、反省的に、表象して見る外はないようである。その意味は、時間の表象が時間的にしか表象出来ないというのである。であるから、時間の表象ということは、凡そ——時間に限らず——事物の時間的表象ということに帰着する。併し夫は意識の問題となるということである。こうなると凡そ時間というものは、第一義的には意識にぞくするもの、意識に於て初めて見出されるもの、ということになりそうである。

こう考えて了《しま》えば併し、歴史的時間などは、この意識的——之を仮に現象学的と呼ぼう——時間の、恐らく附属品に過ぎなくなる。そうすれば歴史は自分の原理、その一般的構造——夫が歴史的時間なのであったが——を、歴史以外の現象から、意識現象から、借りて来なければならない。歴史の原理は歴史自身にあるのではなくなる、歴史的原理は非歴史的原理の応用か何かでしかなくなる、歴史的時間は無くなるか又は非歴史的時間に外ならなくなる。そうして吾々の問題——歴史的時間の——問題は心地《ここち》好く消えて了う。

之《こ》れだけを見ても、一体吾々の問題が問題となることが出来、従って又夫が解けるためには、凡そ時間が第一義的には意識にぞくする筈のものだ、などと考えてはならないことが、すでに明らかである。——歴史的時間の問題はこの意味で決して現象学的なものであってはならない。

普通、自然科学が折角の時間を量化して了う、と云われている。夫が本当か否かは何《いず》れにしても、こういう云い方に就いて、今少し注意しなければならない。量化するということが、専《もっぱ》ら数化す、空間化すと云うことであれば問題はないが、併し大抵の場合には之によって、実は同時に、何か時間に刻みを入れることを一般に表象しながら、人々は漠然とそう云い慣わしているのではないか。刻みを入れることが直ちに、時間を量化すること、と云うのは数化し、空間化すことであるかのように。処《ところ》が刻みを入れるということこそ、普通人々が考えている処とは反対に、正《まさ》に、時間が時間であり得る所以《ゆえん》なのである。

今もし何の刻みも持たないような、又は持てないような、そういう純粋(?)な時間を想像して見るなら、夫こそ最も純粋なる持続であるだろう。何故なら少しでも持続が弛緩して不純になると、そこに初めて持続の間隙が出来て、そこから刻みが這入《はい》って来ると考えられるから。そういう純粋(?)な時間は、恐らく、絶えず流れる――そして交流し飛躍する――処の意識の流れである。だが第一普通云うように意識は流れるだろうか。意識が止まっていると云いたいのではない、意識はたしかに推移していると云って好いのだが、夫が流れているであろうか。もし意識の連続というのが――流れとは夫のことであるが――数学的実数の連続のようなものなら、意識の流れの二点間にある質的相違でさえが問題となり得ないだろう。無いと云うのではない。問題になり得ないと云うのである。夫が問題になるためには、意識は連続的に流れるのではなくて云わば量子的に流れる――即ち流れない――外《ほか》はない。そして之はとりも直さず、意識に於ける時間、現象学的時間、それが純粋な持続と考えられたのだが、それすらが、刻みを持たなければ時間とはなり得ない、ということを告げている。

もしこう云っても、時間が刻みを持たねばならぬことを承認出来ない人があるなら、その人は多分、時間の代りに、時を考えているのである。実際、意識に於ける現象学的時間は、意識無意識の関係に於て、時の問題として取り扱われることが大抵の場合のようである。併しこう取り扱えば時間はもはや時間――時の刻み――ではなくなるのであり、而も大事なことは、時は永遠と全く裏表の関係を持っているということである。永遠なるものは時間的なるものの正反対物である。然るに時は永遠の影であった。(プラトン――プロチノス――アウグスチヌス。)時間を、その刻みを忘れて、時として取り扱おうという誘惑は、時間を第一義的に例の現象学的時間と考えることから由来する。之が時間を純化すると称する場合の仕組みに外ならないのである。――時間は併し、時間であるためには必ず何かの刻みを持たなければならない。で例えばアリストテレスに於ては、一息一息の運動(折れた運動は折れた角で一息ずつ休む必要がある)によって、即ち運動間の休止によって、総運動の時が刻みを入れられるから、時間は運動の数であるとも定義され得たのである。――その限り、刻みを入れることを又量化・数化すとも云えるだろう。

ただ自然科学では、この刻みの入れ方が、それ自身として或る意味で徹底しているために、人々は却ってこの刻みだけを独立化して、之を以て時間自身に代えようとする。時間は刻みで以て定義される（時刻――時限）。併し刻みをこのように誇張することは、自然科学が時間を（それの刻み方に就いて）全く等質化することを意味する。というのは、地球の公転という自然現象を計量の基準とした上ででではあるが、その時間の刻みの位置はどこに置かれても好いのである。どこにどう刻みを入れても好いということ――それが等質性である――は併し、（時間の各部分に就いて云えば）刻みを入れても入れなくても好い、ということである。――そうすればこの時間では、もはや刻みはそれの本質ではなくなる。かくて刻みをそのものとして誇張した結果、自然科学に於ける時間の刻みは却って時間の刻みの反対物に転化する。即ち刻みは外面的となり偶然的となる、それは時間の内容とは無関係となる。――之が例の時間の量化・空間化なるものの内情なのである。*

* 自然科学に於て空間化されない（可逆的ではない）従って純粋な時間概念は寧《むし》ろエントロピーである。エントロピーの増加は恐らくエネルギー量子以外に何の刻みも持たない。

こういうような次第で、時間の概念からその刻みという要素を取り去ることを誇張すれば、時間は時となり、そして時は直《ただ》ちに永遠にまで永遠化される、「時は止《と》まる」、「永遠なる今」（現象学的時間概念の場合）。併し又之《これ》に反して、刻みという要素を孤立的に誇張すれば、時間は空間化されて時間でなくなる（自然科学的時間概念の場合）。蓋しこの二つの時間概念は、部分的誇張から来る時間の二種類のカリカチュアに外ならない。

そして今、二つの概念はどれも歴史的時間の否定を意味しているであろう。何故なら、こういう概念では、凡そ時間なるものが第一義的には歴史的時間などであってはならない、と考えられるから。実際、時間を時にするということは、歴史を永遠にすることであり、歴史を円周にすることとである。そこでは歴史は永劫の廻帰となる（ニーチェを見よ）。歴史はもはや歴史的なものではなくて何か宇宙論的なものとなる。ダンテの描いた宇宙図はキリスト教的歴史哲学の表現であったと云われている。これ等のことは丁度、自然科学的時間が、天体の運動を基準とする永遠なる週期となることと、全く並行するだろう。春の彼岸が訪れるように、キリストも亦《また》再臨しなければならぬかも知れない。人々は見るべきである、時間を時と考えることは却って時間を空間化することと同じ方向にあることを。時間を神聖化することは時間を卑俗化することと同じ結果となることを。どう同じ結果であるか。歴史的時間を無視するという結果に於て、時間の正常な刻み――夫が何であるかは後に見よう――を忘れるという結果に於て。

歴史的時間こそ凡そ時間なるものの本格的な概念である。そこには刻みが――あまり少な過ぎもせずあまり多過ぎもせず――在るのである。歴史的時間の刻みとは併し何か。

それが時代（Zeit）である。時代とは時代区劃（Epoche）によって、刻みを、休止点を、入れられた時間、Periode を意味する。だがこのペリウドはかの自然科学的な週期ではない、(寧ろ文法的な意味の方に近いだろう。) 何故ならば、この刻みは時間——歴史的時間——の内容自身から来るのであって、もはや、自然科学的時間に於てのように、この内容に対して外面的でも偶然的でもないだろうから。(前を見よ。)

歴史的時間はそれ自身の内容によって時代にまで刻まれる。内容はその場合恐らく無限の多様であるが、之が形式化されずにあくまで内容的に止《とど》まりながら、なお且つ一定の諸形態の下にぞくするものとして取り出される時、必要なのは性格という概念である。蓋し内容を内容的に——形式的にではなく——把握する概念が性格なのであるから。歴史的時間は様々の性格の統一を単位として、夫々《それぞれ》の性格を持つ処の時代にまで刻まれる、分割される。性格は個性、個体 (In-dividuum, A-tom) などとは異って、分割されたるもの (それ故もはや分割されないことが明らかなもの) ではなく、逆に、分割——刻み——の基準なのである。(このような一定の基準を内容とせずに単純に——形式的に——分割する原理が、個別化の原理であるが。)——時代は夫々の性格を持つ。又は夫々の性格が時代区劃を与える。だから性格の性質 (質) によって時代の長さ (量) は変って来るのであって、その逆ではない。夫が自然科学的週期と反対な所以である。そしてこの相違は専ら、歴史的時代区劃が歴史的時間の内容——それを摑む手段が性格であった——から来たことに由来するのであった。

性格は云わば歴史の至極弾性に富んだ原子だと云うことも出来る。否寧ろ、窓を開けて自由に空気を呼吸しながら膨れたり縮んだりするモナードにたとえても好いだろう。之によって歴史は異質的なものとなり又この意味でのみ連続的なものと考えられる。歴史が個性的だなどと云うのも大体こういうことであるかも知れない。——時代とは歴史に於けるこういう性格が、歴史的時間の形で析出したものである。それはたしかに一種の量にぞくする——刻み。併しそれは質的なるものが量化されて出来た量である。それは週期ではない。

性格は歴史の内容を摑む手段、概念だと云った。この手段は併し人々が考え出したり造り出したり出来るのではなく、歴史そのものが産み出す処のものである。性格は歴史の樹から時が熟すれば独りでに落ちて来る無花果《いちじく》の実のようなものである。人々はそれが落ちる時、あやまたずに之を手に受けなければならない。人々は歴史の内に一定の性格を発見しさえすれば好い。併しこの実をどういう具合に上手に受け取るかはさし当り、全く人々自身の性格に依ると云っても好い。彼の性格が歴史の——時代の——性格とどう繫《つ》ながっているかということが之を決定する。問題は彼の歴史的感覚に帰着するようである。

併し彼の性格は孤立した彼だけの性格ではない、それは同時代の一般的な性格との相関によってのみ決定される。同時代人の一般的な性格は処でその時代自身の性格の双関物にすぎない。

――之が時代の性格と之を見出す人々自身の性格とのさし当りの聯関なのである。だが之だけではまだ性格の真の説明にはならない、一体性格はどういう原因で歴史の樹から落ちて来るのか。(原因という言葉は歴史的時間に於て最も adequate に用いることが出来ることを注意せよ。)

事実上、時代は何によって性格づけられるか。政治によってである。(政治を時代区劃の基準としないという意味での文化史というようなものは、統一的な歴史の一部分ではあり得ない。) 併し政治の一定形態は何を最も終局的な――統一的認識のために従って又存在自身にとって終局的な――原因とするか、物質的生産関係乃至生産力によって。であるから、歴史の諸性格は終局に於ては、物質的生産関係乃至生産力を原因として初めて、一定の形態を結果するのである。――之が歴史に於ける性格の系譜図である。時代はこのような性格によって性格づけられるのであった。

そこで歴史的時代の性格と之を受けとる人々自身の性格との聯関に咄《はな》しを戻すと、同時代人――社会――と個人との間に、至極動力に富んだ階級という概念を媒介物として挿入しなければならなくなる。物質的生産関係乃至生産力を原因とすれば特定の意味での――対立的なる――階級が必然的に結果するのだから。今や、であるから、人々の性格は階級という焦点を通過して改めて時代の性格に聯関する。性格という無花果の実を受けとるには、階級という鑑《かご》が必要だったのである。

歴史はこのような意味で性格的である。歴史的時間――この歴史的原理は時代となって実現する――は性格と同値である。――歴史的時間・時代・性格はこう関係するのである。

歴史的時間は諸時代の一種の連続からなっている。夫々の時代はそれ自身の統一と単位と全体性とを持つ処の、云わば夫々一つの有機体的のようなものであると云って好い。(社会が有機体的だと云うのではない、社会のもつ時代の性格が有機体的だと云うのである。)時代という一つの有機体は個体の位置を占め、時代の連続である歴史的時間自身が種に相当する。時代は自分の形態を構成しながら(Formbildung)、そうすることによってその形態自身を転換して行く(Formwechse)。時代という一生活体が生きるということは死に近づくことであり、夫が死ぬということは種が他の生活体に於て若返えることを意味する。歴史的時間に於ける時代の連続は、であるから、特に弁証法的連続であると云うことが出来る。――時代とは歴史的時間のこの弁証法的発展の諸段階に外ならない。

だが、時代とは元来、歴史的連続を成り立たせる原子を意味するのではなかった、逆に、夫は歴史的時間という全体の時代区劃によって初めて決定される部分だった筈である。歴史的時間はその全体への関係によって個々の時代にまで段階づけられる。どういう全体を置くかによって、であるから、時代を段階づける仕方が異るのに不思議はない。時代は全歴史的時間に対して Konfigural に定位を与えられる。時代が或る意味で伸縮自在である所以である。——この Konfiguralität はとりも直さず、歴史的時間が性格と同値であることを云い表わしているに外ならない。元来性格それ自身が、上属性格に関して下属性格を Konfigurieren する原理だったのである。

自然科学的時間でのように、例えば地球の公転というような現象が基準となって、週期を決定する場合には、地球の公転というこの全体が一定に与えられて了っているから、夫と週期なる部分との間には云わば何の距離もない。実際、週期は刻まれたる部分を意味すると同時に、週期の全体的基準をも意味することが出来る。でこの全体と部分との間には例の Konfiguralität が這入る余地はどこにもない。両者は同一平面で重なっている。週期はこのような意味で平面的であろう。時代——そこには Konfiguralität が一枚這入る——は然るに、そうではないという意味で、立体的だとも云うことが出来よう。元来性格とは立体的な内容を平面化させずに取り出すための概念であった。歴史的時間が性格と同値である所以はここにも亦明らかである。

吾々がここまで云って来ても併し、歴史的時間の最も大事な特色が云い残されている。

一体、歴史的時間が人々の問題となる動機は、正当には、人々がこの歴史的時間の内で生活しているという事実の外にない。之は吾々の生活の時間である、今改めて之を思い出さなければならない。

吾々は無論、現在に於て生活している、そこで現在は吾々の歴史的時間でどのような位置につくか。

或る人々は現在を永遠にまで拡大する、「現在に於ける過去」、「現在に於ける未来」、「現在に於ける現在」。即ち現在＝過・現・未一般＝時間一般＝時＝永遠。かくて「永遠なる今」。又或る人々は現在を幾何学的な一点と考える、現在は長さがない。現在と思われたものはすでにもはや過去である、等。併しこの二つの極端は全く同じ誤った現在概念の裏表に過ぎない。何故ならそこでは現在をばその両端に刻みが這入った一つの時代とは考えないのだから。折衷説としては、現在を微分(点ではない)と考えるか、fringe を持ったものと考える。凡て折衷説が両極端の説と同じ条件に立つことは云うまでもない。微分や fringe には両端の刻みがありそうで実はないのである。こういう現在は時代ではない。

こういうような現在の概念は凡て、現象学的時間概念から来る処のものであることを注意したい。現象学的時間に於て、確かに吾々の意識は生活しているかも知れない、併し少くとも吾々の身体はそのような時間の内では生活出来ない。

吾々が生活しているのは歴史的時間に於ける現在、現在という一つの時代、正《まさ》に現代なのである。――吾々の生活しているのが現代であるということは、無論別に新しいことを教えない。ただ云いたいことは、この現代というものが、歴史的時間の刻みによって浮び出て来る一つの時代である、という点である。というのは、現代は有限な（無限小でも無限大でもない）長さを持った、併しその長さが常数ではなくて歴史的時間の性格の函数である処の、特異な一時代だと云うのである。

何故特異な一時代であるか。歴史的時間という全体のもののアクセントが茲《ここ》にあるからである。歴史的時間の性格が茲にその集約点・焦点を持つからである。歴史的時間の立体は此処《ここ》を中心とするからなのである。

今や吾々が与えて来た歴史的時間の諸規定が、茲まで来て初めて、結晶の核を見出したことを、読者は見るだろう。歴史的行動や歴史記述すらが現代を座標の原点としなければならないと云うこと、それを事新しく云う必要があるだろうか。

ただ大事なことは、この現代が必要に応じて、伸縮自在だという点にある。現代は場合によっては今日にまで、又は今にまで、縮図される。それにも拘《かかわ》らずこの今が現代と同じ性質を、現在性――現実性――を持つ。現代のもっている原理的意味は今日の持っている原理的意味である。それは今日の原理――日々の原理――である。

こうして歴史的時間は「日常性の原理」に支配されることになる。蓋《けだ》し日々の持つ原理、その日その日が持つ原理、毎日同じことを繰り返しながら併し毎日が別々の日である原理、平凡茶飯事でありながら絶対に不可避な毎日の生活の原理、そういうものに歴史的時間の結晶の核が、歴史の秘密が、宿っているのである。――歴史的時間と同値だと云ったかの性格は、実はこの日常性の原理となって現われるのであった。

現代は必要に応じて今日にまで縮図されると云った、どういう必要に応じてであるか。実践的生活の必要に応じてである。恐らく至極余裕に富んだ思弁的な「生活者」達にとっては、現在は現代位《くら》いで沢山だろう。何故なら、彼にとっては何も今日でなくてはならない程押しつまってはいないから。今日で悪るければ明日でも明後日でも好い。之に反して実践的な広い意味での「労働者」にとっては、仕事が是非とも今日でなければならないようにする。だから彼にとっては現在とは、最もつきつめられて、今日となるのである。――で歴史が実践的である限り、現在は今日にまで押しつめられる、そこでこの今日の原理が、日常性の原理が、歴史的時間を統一的に支配する。之こそ歴史の精神である。

日常性の原理は現在性の原理である、夫は現実性の原理、又事実性の原理である。従ってこれこそ実践性の原理である。――重ねて云おう、日常性の原理は、現実性・実践性の原理である、即ち、それが可能性の原理ではないことを忘れてはならない。*

＊ 普通、原理と云えば可能性にぞくすると考えられる。従って可能性の原理しかあり得ないように想像される。そうすれば併し歴史は全く無原理とならざるを得ない。人々が歴史を非合理的と考える場合は多く之ではないだろうか。

もう少しこの原理の内容を説明しよう。仮に読者は、私自身に就いて語ることを許すであろうか。もし私に果すべき仕事が無いならば、私はかの有名な死を以て限られている私の生活の――時間の――有限性を思い労《わずら》う正当な倫理的権利を見出さない。それは全く贅沢な労《わず》らいである。併しもし一旦仕事を持つならば時間の有限性は一日も忘れることの出来ない労らいとなる。なぜなら私の生涯が無限ならば仕事は明日に明日にと延ばしてさしつかえがない、私はいつでも失われた時間を取りかえす機会に出会うことが出来るから、寧ろ私は何等の時間を失うことなく毎日寝て暮すことが出来る。それが、死が何時《いつ》かは来るものだから、仕事は一定の時期の内に片づけられなくてはならなくなる。この原稿の締め切りさえが死の縮図になるわけである。

少くともこの原稿を書くよりも、今読みかけている或る書物を読む方が、同じ条件の下では私にとって価値があるかも知れない。併し書物の方は明日に延ばした処で大した変りはないだろう。之に反して原稿を明日に延ばすことは危険である、明日は友達が遊びに来るかも知れないから。で私は今日、何を措《お》いてもこの原稿を仕上げねばならない。――今日という条件の下では、さきの二つの仕事の価値は顚倒して来る。今日という現在性は、今という性格は、それ自身の視界に適《ふさ》わしい価値の秩序を夫々独立に組み立てる。だから私は明日――之はまだ来ない可能性に過ぎない――の価値の尺度を以て、今日の現実性をもった価値体系を計ることは許されない。今日は今日の仕事を、明日は明日の仕事を、片づけて行かねばならぬ、そうすることが私の有限な時間生活の統一の上から、絶対に不可避なのである。私は仕事の計劃から云って、何を前にし何を後にするかという組織が組み立てられる、今日という現在はこのような遠近法を与える。――さてこの平凡な日々の持っている原理が日常性なのである。(無論私という個人は社会又は階級の一員として、又今日という一日は世界史の一日として、見直されねば不充分であるが。)

歴史的時間は日常性の原理に支配される、そこでは今日と明日、今日と昨日、とを取り替えることは許されない。なぜならそうすることは現実と可能とを混同することであり、従って現実性の原理を無視することであるから。

最後にこの原理がどういう実際上の効用を持つかを示そう。但し今は論理に就いての問題に限る。

形式論理学と呼ばれているものは、事物を同一平面に並べて媒介することを特色とする。この平面内に於て行われるものが矛盾律である。即ち例えばAはαであって、同時に例えばβなどではあり得ない。併《しか》しながら、他の平面に於てはAはβであり得るかも知れない（但しその平面ではAはもはやαではあり得ない）。そうすると二つの平面の関係――立体――に於てはもはや矛盾律は行われないわけである。Aという事物はその第一切断面ではαであるが、もしAが具体的な多様性を有《も》つなら、その第二切断面では無論αであり得ない（例えばβとなる）だろう。Aは矛盾を示すことによって却ってその具体性を示すのである。であるから所謂《いわゆる》形式論理はこのような立体的な論理の各切断面に過ぎない。今云ったこの立体的論理、夫は云うまでもなく弁証法的論理に外ならないのであるが、一体この立体性は何を意味するか。

吾々が事物を実際的に処理しようとすると、事物はその諸規定を一つずつ順次に展開して見せる。之は一応勝手な順序であるかのようで実は原理的には、事物そのものの性格に個有なのであり、従って事物がその運動に於て――歴史的に――示す諸規定の展開の順序に対応するものである。だから前の第一切断面と第二切断面との開き――そこに立体性がある――は事物の歴史的推移に対応すると云わねばならぬ。論理が立体的であったのは歴史的時間に対応するからなのである。

今、事物が特に優れて歴史的である場合ならば、即ち、夫が歴史的社会的事物である場合ならば、之を実践的に処理するためには、論理は歴史的時間の今の立体性と完全に一致（単に対応するだけではない）しなければならないわけである。即ち論理はその場合、日常性の原理に支配されていなければならないのである。そこでは時間上の遠近が、前のものと後のものとの区別が、前景と背景との相違が、凡そそのような遠近法が、論理上の価値の相違を意味する。現在与えられている現実と、まだ与えられていない将来の可能性（理想・想像・期待・杞憂其他）とを同列に——非日常性的に・形式論理的に——並べて取り扱うことは、結局吾々の実践を不可能にする処の論理上の虚偽なのである。この虚偽を人々はユトピアと呼んでいる。——こういうわけでユトピアが虚偽であることを決定して見せるためには、論理を支配している日常性の原理を明らかにすれば好い。実際今日、このユトピアは殆んど凡《あら》ゆる観念論哲学を支配しているのである。

日常性の原理の実際上の効用は右の一例に尽きるのではない、思うにそれは歴史的（又社会的）事物の全般に行われる一つの根本的な原理だろう。歴史的時間の等価物である性格が、とりも直さずこの日常性の原理であったのだから。

多少大胆な比較をしてもよいなら、恰《あたか》も物理学的世界像で、相対性の原理（アインシタイン）や不定性の原理（ハイゼンベルヒ）が占めているような位置を、歴史学的世界像では、この日常性の原理が占めはしないだろうか。人々はこれ等の原理の原理としての性質の間に可なりの類似をいくつか見出すことが出来るだろう。そしてもしこの原理が結局、唯物史観の公式と論理上同値物であることを証明したとしたならば、今の比較はそれ程不倫でなくなるかも知れない。

「文献学」的哲学の批判

——一、文献学の哲学への発達
二、文献学主義に対する批判の諸原則

『日本イデオロギー論』、一九三五年七月

まず問題の意味を説明しよう。

現代に於ける唯物論の一つの課題は、世界と精神（文化）とに対する科学的批判である。ここに一つの課題という意味は、之《これ》だけが現代に於ける唯物論の課題の凡《すべ》てではないということだが、更にここに批判というのは、批判されるべき対象の現実的な克服に相応する処の理論的克服のことである。理論的な克服だけで事物は決して現実的に克服されるものでないことは明らかだが、逆に理論的な克服なしに実際的な克服を全うすることは実際的に云って出来ないことだ。世間では往々批判というものを実証に対立させて、消極的な労作にしか数えない場合が多いが、之は実証主義の安易な知慧に発するものだ。無論又、力量のないくせに眼だけ沃《こ》えた傍観者の批評趣味や、それから所謂《いわゆる》批判主義などは、吾々が今必要とするこの批判とは殆《ほと》んど

全く関係がない。

この批判が、そして科学的批判だという意味は、統一的で最も広汎な科学的範疇(云い直せば哲学的範疇)を使って事物を分析する処の批判ということである。統一的で包括的な科学的諸範疇・哲学的諸範疇の組織は、無論厳密に云うとただ一つしかあってはならない。一つしかないということが客観的で科学的であることの特色の一つでもあるからだ。そういう唯一性をもった哲学的範疇組織を今日、唯物論(乃至《ないし》もっと説明して云えば弁証法的唯物論)と吾々は呼んでいる。唯物論はこうした唯一の科学的な論理のことなのだ。——この論理が使う色々の根本概念は、実際上はどういう外貌をもった具体的表象をでも外被として纏《まと》うことが出来る。実際吾々は表象をアナロジーやユーモアやファンタジーやサジェッションに結びつけていつも文学的にもちいることとしか他に途《みち》を有たない、そうしなければ実際的の文章にも思想にもならないからだ。だが、それにも拘《かかわ》らず、否それであればこそ、そういう浮動する文藝的表象、日常的観念の碇《いかり》となるものが唯物論の範疇と範疇組織とでなければならない。

処《ところ》で、唯物論によるこうした科学的批判の一般的な基本的方法は、すでに広く知られている処であるが、問題はこの一般的な方法を、現在の諸事情に即して役に立つように具体化することなのである。科学的批判の現在に必要な諸根本命題=諸原則をこの一般方法から導き出しましたは新しく工夫して之に組み入れることなのである。——私の現在の課題は特に、現下の哲学的観念論とそれのありと凡《あら》ゆる社会的・文化的適用とに対して、技術的に科学的批判を行うのに実地に役立つ諸原則を求めることに他ならない。この見透しに従って私はこれまで、一方ジャーナリズム・日常性・常識などの問題を取り上げたし、他方解釈哲学乃至その一つである文学主義に対してどこから攻撃してかかるべきかという吾々の態度をテーマとして来た。（三、四、一一、一四、等を見よ。）無論この二つの系統の問題は実は同じ根柢に基いている。そしてまだ残っているテーマは沢山ある。

文献学（フィロロギー）は文学主義の問題其他と並んで、解釈哲学（世界を専《もっぱ》ら解釈して済ます哲学）の問題の特殊な場合の一つとして提出される。つまり文献学主義がここでの問題なのである。或る人は文献学（Philologie）を文学と呼ぶことを提案し、そして所謂文学を文藝と呼ぶべきだと主張しているが、この提案は或る尤《もっと》もな理由を有っている。少くとも、ここから見ても判《わか》るように、文献学主義の問題が文学主義の問題とごく近親な関係に立っていることをまず記憶しておくのが便利だろう。（文学主義に就ては一一、「偽装した近代的観念論」を見よ。）

一

Philologie（文献学）は世間で通俗的に言語学と訳されている言葉である。併《しか》し言語学は必ずしもフィロロギーではないことを注意しなければならぬ。例えばソーシュール（Fer. de Saussure, Cours de Linguistique Générale）によれば、言語の研究はギリシャにおいて文法学としてはじまったが、それが主にF・A・ウォルフの学派（十八世紀後半）によってはじめて、所謂フィロロギーと呼び慣わされるようになったに過ぎない。しかもこのフィロロギーは主に古典語と古典語の解釈法に止《とど》まっていて、まだ活きた言葉の研究ではなかったので、本当の言語学はこのウォルフ的な「フィロロギー」をつき抜けて、比較文法学へまで発達し（F. Bopp）、やがて本来の科学的な言語学（それはもはやフィロロギーではなくてLinguistiqueと呼ばれる）の段階に這入《はい》ったのだ、と説明されている。でフィロロギーなるものが必ずしも言語学と一致しないばかりではなく、実は言語学が横合いから之に触れ又は之《こ》れを横切り交叉する処の或る一地帯を意味しているに他ならない。フィロロギー（文献学）はフィロロギーで、その後言語学とは比較的別なコースを辿って展開されているように見える。つまり例のウォルフ的な「フィロロギー」は、単に言語学が文献学と交叉した地点に他ならなかったわけで、従ってフィロロギーを特に文献学、更に「文学」とさえ訳す理由があるのである。ウォルフのこのフィロロギーは更に一般の文藝理論乃至藝術理論とも交叉している（例えばボサンケットの美学史を見よ――B. Bosanquet, A History of Aesthetic. Chap. IX）。単なる言語学ではない所以《ゆえん》だ。

吾々は文献学の問題に就《つ》いて、所謂言語学自身の問題は之を一応等閑に附してもいいことになるわけだが（事実、言語学は現今の思想の動向に対して直接の影響を有っていないから）、併し文献学が言語学的なものから全く独立なものでなく必ずどこかで之と交叉しなければならないという点は、どこまでも忘れてならない要所である。つまり文献学の問題は、後にどれ程それが古典や歴史や、又更に哲学自身の問題としてさえ生長しようとも、万一にも言葉の問題を離れてしまっては、もはやどこにも定位を有たなくなるわけで、大まかに云えば、言葉・言語と思想・論理との間から起きる困難が、文献学乃至《ないし》文献学主義の問題を提起するのである。——事実を云えば文献学的研究と言語学的研究とが殆んど一つに結び付いている場合は決して少なくない。すでに先に云ったウォルフがその先駆的な一例だが、十九世紀ではW・v・フンボルトが何よりもいい例である。言語の比較研究が彼に於ては直ちに古典藝術の理解や歴史記述の問題に連続するのであるが、それは彼の一種の比較言語学が同時に文献学の意義を有っていたからこそ出来たことだ。

処《ところ》がフンボルトで見られるように、文献学と言語学との聯関は普通、言語哲学と呼ばれるものによって最もよく特色づけられると考えられないでもない。そして言語哲学は一方哲学的な文献学と他方実証的な言語学とに交錯しながら、又それ自身に個有な発展のコースを辿っている。――でウォルフ的フィロロギーは、言語学と言語哲学とが文献学に於て交叉した点だったと見てもいいことになるが、文献学自身はこの言語哲学からも割合独立に発展する。それにも拘らずここでも大切なのは文献学が言葉の問題から決して解放されるものでないという一つの要点だ。

　文献学としてのフィロロギーは古典特に古典的文書の解読を最初の課題としている。併し事実之は、一方に於ては古典的な造形藝術其他の観照へまで、他方に於ては同時代的な文書及び其他の一般文化的表現の理解へまでその課題を拡大される。文献学が目的を単なる文献の解読に限らず、すぐ様《さま》一般的な古典学や同時代的な文化表現の解釈理論へまで拡大されるという点は、このフィロロギーの非常に大切な特色なのであって、そこから文献学が所謂《いわゆる》言語学や言語哲学を離れる点が出て来るのであり、従って又一寸《ちょつと》見ると、文献学が言葉の問題の制約から自由になって、何か独自の哲学的な――普遍的で現在に対して実際的な意味をもつ――方法にでもなるかのように思われても来るのである。文献学が言語学的なフィロロギーから外へ向って拡大されるプロセスは、大体次のようなものだ――

　文書を解読するのは、云うまでもなく単に言葉や文章を理解するためでなく、そこに盛られた思想や観念をこうして理解するためである。処で何でもがそう簡単に徒手空拳で理解出来るものではないので、理解の用具を提供するものが実は言葉や文章そのものだが、古典にぞくしていたり外国のものであったり、又あまりに専門的な術語に基《もとづ》くものであったりすれば、この理解の用具の使い方自身を又理解するための用具が必要となる。こうした理解の用具・技法が解釈なのであって、理解はいつもこの解釈を通じて行われる。フィロロギーはこうした言葉や文章が盛《も》っている思想の解釈の技法を伝承して学問に仕上げたもののことで、狭い意味に於ける「解釈学」(Interpretationswissenschaft ―― Hermeneutik)をその哲学的核心としているのである。――なぜ狭い意味に於けるというかと云えば、この解釈学はまだ言葉(乃至文章)の説明という直接目的を離れていないからである。(その内でも更に最も狭い意味で解釈学という言葉を使えば、言葉や文章の文法学的説明が解釈の事になる。)言葉の説明という直接目的から離れないこの狭義のフィロロギー＝解釈学の立場はA・ボェック［ベック］などが最も忠実にこれを代表している。(A. Boeckh, Enzyklopädie und Methodologie der philologischen Wissenschaften ――ここでは言葉の説明――解釈の仕方が四つに区別されている。)

処がフィロロギーの哲学的核心が解釈学にあるということ、理解という独自の人間的認識作用にあるということは、この理解対象や解釈学の適用範囲を、もはや文書だけには限定しないことを意味する。況《ま》して古典文書だけに限定しないことを意味する。だから文献学をその哲学的核心について受取ることは、やがて文献学を単に言葉の世界に制限されない一般的な解釈学として、又更に一般的な理解論として（Hermeneutische Theorie, Theorie des Verstehens）受取ることとである。——之を極端に推して行けば、やがて文献学は外見からいうと殆んど全く哲学的な（そして無論観念論的な）科学自身と一致することになり、又結局は同じことだが、哲学の方が殆んど全く文献学化されて了《しま》う、という結果になる。こうした哲学的文献学（？）への動きを代表するものが、誰よりも先にシュライエルマッヒャーなのである。

シュライエルマッヒャーは無論ボェックに較べて先輩である。だから時間上から云えば、シュライエルマッヒャーの哲学的解釈はボェックの手によって再び言語学的解釈にまで萎縮したのだとも考えられる。だから文献学という科学の勝手な生長から云えばシュライエルマッヒャーがその最高峯か分水嶺に立つわけだ。（但し現代に於ける文献学の哲学的認識への全面的な適用は今見ないとして。）——一体解釈学乃至フィロロギーは、実はギリシャ以来存在する。アリストテレスはフィロソフォス（哲学者——知慧を愛する者）はフィロロゴス（文献学者——言葉を愛する者）だとも云っているし、アレキサンドリヤにはすでに文献学派と呼ばれるものが存在した。中世を通じて（アヴェロイスや聖トーマス其他）、聖書とギリシャ哲学古典との解釈学は著名である。だが近世の解釈学の特色は、それが組織的に科学的で、従って又聖書とかギリシャ哲学古典とかいう特定の古典だけを対象とはしないという一般性にある。聖書解釈学を科学的にしたものはSemlerであり、之を一般的な解釈技法にまで高めたものはMeierだと云われるが（Dilthey, Die Entstehung der Hermeneutik）、つまり近代文献学の始まりは宗教改革以後だと見なければならぬ。（ルーテル〔ルター〕は某大学の図書館でバイブルを探した処、塵にまみれたラテン訳がたった一冊出て来た。彼は之によって初めて聖書なるものを手にしたという話しである。当時はバイブルを読まなくても立派に神学の教授になれたとさえ云われる。）そして文献学と哲学とを最も密接に結びつけたものはプロテスタントとしてのシュライエルマッヒヤーであった。（シュライエルマッヒヤーの書物——Akademiereden über Hermeneutik. その先駆者としてはアスト——Fr. Ast, Grundlinien der Grammatik, Hermeneutik und Kritik 1808; Der Grundriss der Philologie 1808. 及び前に述べたウォルフ——Fr. A. Wolf, Museum der Altertumswissenschaft. Leitaufsatz）（J. Wach, Das Verstehen 1参照。）

だがシュライエルマッヒヤーのフィロロギーが哲学的な深さを持つということは、同時に夫が神学的な深さを持つということに他ならない。（事実彼は哲学者としてよりも神学者として、又宗教的啓蒙家として、の方が勝《すぐ》れていた。）彼の神学乃至哲学は、無限なものへの思慕によって裡《うら》づけられている。この無限なものへの思慕が、独り中世と云わず又ギリシヤ古典と云わず、凡そ過ぎ去った世界への回顧的な思慕にまで行く処が、ドイツ・ロマンティックの落ちつく処なのである。世界の審美的観想と人間的情緒による解釈とが、そこに於ける唯一の「科学的」なものとなる。或る時期のシェリングはその哲学によって、現実を消去して自由なファンタジーの世界を導き入れたが、この自由なファンタジーの代りに過去の歴史を導き入れるものが、シュライエルマッヒヤーの解釈学の動機だと云ってもいいだろう。――文献学乃至解釈学が哲学と結びつき又は哲学的となる時、その哲学はこのロマン派的・審美的・回顧的・観想的な一種の解釈哲学であったことを注意しておかなくてはならない。

シュライエルマッヒヤーの文献学（乃至解釈学）は併し、どれ程それが哲学的であり又哲学化されていると云っても、依然として文献学（乃至解釈学）プロパーの線の上に止まっていることを忘れてはならぬ。なる程彼によって文献学乃至解釈学はごく一般的な方法にまで、又可《か》なり深遠とも見える世界観にまでさえ拡大された。がそれはまだあくまで、文献学乃至解釈学プロパーとして拡大されたものであって、文献学乃至解釈学が、文献学乃至解釈学プロパー以上又は以外のものとして拡大されたのではない。――本当に文献学が哲学化され、或いは同じことだが、哲学が文献学化されるためには、すでにW・v・フンボルトでも見られたように、その前段階として歴史の問題がこのフィロロギー・プロパーの線から独立しなくてはならなかった。文学が歴史記述又は歴史哲学の問題として、テーマを改めて現われる時、文献学は哲学へ向って決定的な飛躍を用意するのである。ここから初めて、理解一般というものが文献学プロパーや古典学に於ける「理解」から独立化して、やがて一切の人間的認識の本質だと宣布され始めるのである。

この跳躍の最初の準備は恐らくドロイゼン（J. G. Droysen, Historik）の内にある。彼によれば理解は歴史学的方法の本質だということになるのである。処がG・ジムメルの『歴史哲学の諸問題』になると、理解というこの歴史的認識そのものが、もはや単に歴史学の方法であるに止まらず、やがて一般的な哲学的態度そのものを決定するものとなるのである。これが最も大規模に展開されたものは云うまでもなくディルタイであって、彼は一方その精神科学の記述方法を例の解釈学から受取っていると共に他方、理解こそ、こうした精神科学の記述を通して表わされるその所謂「生の哲学」の、認識理論の枢軸をなしているものだ。吾々の生活は歴史に於て客観化されて表現される、この表現が本当の精神なのであって、この精神の把握を通して初めて、吾々は却《かえ》って自分自身の生活を知ることが出来る。――表現の解釈こそ生の理解なのだ。哲学は生が歴史の内に表現されたものの解釈を通して生みずからを自己解釈し従って又自己理解することなのだ、とディルタイは主張する。――かくて歴史に於ける理解というものを踏み台にして、文献学乃至解釈学は、歴史哲学にまで、又更に哲学そのものの方法にまで、高められる。この際、この文献学乃至解釈学によって支援される「歴史学」や「生の哲学」が、どういう素性のものであるかは、今更説明するまでもないことだろう。

文献学が解釈学＝理解論として、その本来の文献学的地盤である言葉の問題から飛躍して哲学と一つになったのは、ディルタイを以てさし当《あた》りの代表者とするのであるが、併しディルタイのこの文献学的哲学は、その実質から云って精神（文化及び社会）の最も豊富な歴史的記述に他ならないのだから、そして歴史的記述から云えば何と云っても文書の文献学的解釈が中心的な手続きであることに間違いはないのだから（仮に文献学乃至解釈学が歴史科学の方法にならないまでも）、その点から云えばディルタイの哲学はなお文献学的・解釈学的な本質のものである権利を、或る限界の内では、実際上持っているわけだ。仮にこの哲学を歴史の原則的な記述に他ならぬものと考えて見るなら、それがフィロロギー的であることに何の不思議も一応ないだろう。その哲学の無意味な点は、夫《それ》が単にフィロロギッシュだと考えられる処にあるよりも寧《むし》ろ、一応当然文献学的であってもよいこの哲学も結局解釈哲学につきているという処にあるのである。この点を除けば、ディルタイの哲学は実に現実的で健全なので、これは却って取りも直さずその文献学的な方法のおかげだとさえ云えるかも知れない。――併し文献学的・解釈学的・哲学は、いやしくも歴史記述という特別な形態を離れる時、その分相応の地盤を失って、一挙にして昇天して了わざるを得ない。W・ハイデッガーの解釈学的現象学は丁度そうしたものに相当する。

ハイデッガーがフッセヤール［フッサール］から受け継いだ現象学なるものは、元来が文献学的なものと無縁であったばかりではなく、その反対物でさえあった。フッセヤールが主にディルタイの生の哲学に対して厳密学としての哲学を主張したことはよく知られている通りだし、現象学の現象という観念を直接にフッセヤールに伝えたF・ブレンタノーの『経験的心理学』そのものも文献学と殆んど何の関係もない。更にブレンタノーが現象という観念を引き出したA・コントの実証主義こそは批判や解釈なるものをこき下《おろ》すことを建前とするものに他ならなかった。近代文献学が主にプロテスタントのものであって人間的情意の総体やそのオルガニズムを尊重したに対して、カトリック的なフェノメノロギーはそうしたヒューマーニズムと縁の近いものではなかった。そこをハイデッガーはディルタイの解釈学とフッセヤールの現象学とを結合したのである。——尤も晩年のディルタイはフッセヤールの現象学的分析に可なり動かされていたし、F・ブレンタノー自身有力なアリストテレス文献学者でもあったから、この結びつきが諸般の事情から云って唐突だなどと云うのではない。問題はもっと根本的な処に潜んでいる。

どういうフェノメノロギーも凡《すべ》て非歴史的だということにまず注目してかからなければならぬ。ヘーゲルの『精神現象学』であっても、意識発達の段階の叙述ではあっても、書かれてあるのは意識の歴史でもなければまして世界の歴史でもない。それが現代の所謂フェノメノロギーになると愈々《いよいよ》ハッキリするのであって、現象とは現象が現われては隠れる一定の舞台のことで、その舞台面が意識とか存在とか其他其他と名づけられるのである。だからそれだけから云っても、現象に解釈学や文献学を結合することは、もしその解釈学なり文献学なりが歴史の問題からの由緒の正しさを持つ限り、元来無意味でなければならない。処がまた、現象というものの意味は、それがいつもその表面に於てしか問題として取り上げられない、という処に横わ《よこた》っている。と云うのは、現象の背後や裡面を正面から問題にするということがそこでは無意味なのである。表面化すということが現象するということに他ならない。そうだとすれば、例えば事物の背後や内奥に生活の表現を探り、事物の裡から事物の匿《かく》された意味を取り出すといったような解釈学や文献学は、現象なるものに対して初めからソリの合わない方法だと云わざるを得ない。表面というものの厚さを量《はか》ることは出来ない相談だからである。

にも拘らずハイデッガーは解釈学的な現象学を企てようとする。つまりこの意図を客観的に見れば、解釈学乃至文献学からその歴史用の用途を抜き去り、歴史的認識に代わるような体系的な、その意味に於て形而上的な（必ずしも所謂形而上学だというものではない）哲学上の学的構築を齎《もた》らそうという事になる。文献学乃至解釈学は歴史的には使えないから何か現象的にでも之を使う他はない。ドイツ・イデアリスムスの世界観としての（人々はそれを好意的に形而上学と呼んだ）歴史的行き詰まりを打開するには、こうした非歴史的な哲学体系が何より時宜に適したものであったに相違ない。ナチスの綱領がドイツの小市民を魅惑したと同様に、ドイツの所謂教養ある（？）インテリゲンチャを魅惑したのがこの哲学「体系」であった。

処が歴史的用途から解放されたこの解釈学乃至文献学は、云うまでもなく完全に「哲学」的用途のものにまで昇華する。今やハイデッガーに於ては、文献学乃至解釈学は、そのプロパーな言語学的又歴史学的桎梏《しっこく》から脱して、正に哲学そのものの方法にまで羽化登仙《うかとうせん》するのである。文献学にとってこれ以上の名誉は又とあるまい。と同時に、これ程文献学にとって迷惑な事もないのである。なぜというに、ここでは文献学はその本来の歴史学的言語学的な実体性を失って、極めて戯画化されて現われざるを得なくなるからだ。例えばハイデッガーによれば、距離（Entfernung）とは遠く離れてある（fern）処へ、手を伸ばすなり足を運ぶなりして、その遠さを取り除く（Ent）事によって、成り立つというのだ。こうした説明は一応甚だ尤もなように見えて案外他愛のないものであり、殆んど一切の言葉が同じ仕方で説明出来ない限り、語源学的な意義さえそこにはないのであって、之は何等言語学的な説明でさえあり得ないのだ。言葉（ロゴス）が現象への通路だというが、こういう調子では、この通路もただ割合に工夫を凝《こら》した思いつきの示唆にしか過ぎない。解釈学の実質がこういうフィロロギーのカリケチュアにまで萎縮したのは、全く解釈学や文献学が自分に個有な歴史学的乃至言語学的エレメントから跳ね出したからで、もしそれ以外になおこの解釈学の実質があるというなら、それは解釈学的現象学の科学的方法にではなくて、そうした方法が息《いこ》っている処の一つの何か僧侶的な「イデオロギー」にしか過ぎない、という事を注目すべきだ（死・不安・其他）。で、文献学はこうして哲学化されることによって却って戯画化される。逆に哲学は、文献学化することによって非科学化す。文献学は文献学として無論少しも誤ってはいない。だが世界の現下のアクチュアリティーは決して文献学の対象ではないのだ。だから、文献学を何か特別な主賓として待遇しなければならないと考える哲学は、必ず何かこの現実＝アクチュアリティーを恐れなければならぬ理由を有った哲学に違いない。——そしてアクチュアリティーが問題にならぬ時、どんな「歴史」も意味がないのだ。

さてハイデッガーの解釈学的現象学は、存在の問題を取り上げる、夫が「存在論」たる所以だが、存在（Sein）は更に人間存在から始めて取り上げられる。そこで問題になるものが現実存在（Existenz）だ。その意味で存在論は「人間学」から始められる。夫は存在の自己解釈であった。

人間学（アントロポロギー）の歴史は極めて多岐であり、その言葉の意味さえが様々である。遠く人間知に始まって人性論・人類学更に哲学的人類学にまで及んでいる。だがここで云う人間学はそうしたものから区別された人間学のことであって、この区別を与えるものがとりも直さず解釈学の有る無しにあるのである。だからこの人間学は云わば解釈学的人間学に他ならない。(人間学の系統的な批判を私は機会を得て試みたいと思っている。)——だから少くとも、例えば之《これ》をL・フォイエルバッハの宗教批判のための人間論などと同列に置くことは出来ない。ここで解釈的と呼ばれる所以は、すでに云ったように歴史認識から足を洗ったという処にあるのだったから、結局残るものとしては、形而上的な従って又精々神学的な建築材料しか持ち合わさないからだ。之に直接比較されてよいものはさし当りS・キエルケゴールの著作などだろう。——なぜこんなことを云うかと云えば、日本では曾《か》つてはフォイエルバッハに結びつけられて、人間学なるもの一般が、何かマルクス主義哲学と関係あるもののようにして輸入されたからである。云うまでもなく輸入されたこの人間学は例の解釈学的人間学のことで、唯物論とは凡《およ》そ原則的な対立物だったのだが、にも拘らずこうした人間学が、その素性の曖昧な一般性を利用して、なおわが国の進歩的(?)な自由主義者達に可なりの魅惑を与えているらしい。之は現下の文藝其他に於ける各種のヒューマニズムの素地とさえなるだろう。人間学は今日、あまり素質の高くないインテリの間では一つの合言葉とさえなっている。どんなものにでも人間学という言葉をつけられないことはないが、一旦そう名づけて見ると如何《いか》にも尤もらしく進歩的(?)に聞えて来るだろう。仏教も人間学として(高神覚昇・益谷文雄・其他の諸氏)、倫理学も就中《なかんづく》「人間の学」として(和辻哲郎)現代物らしくなり多少とも「進歩的」なものになる、というわけである。

文献学を最も模範的に人間学に適用したものは和辻氏の『人間の学としての倫理学』である。（七、を見よ。）否、ただの適用でなくて、云わば文献学からの人間学の演繹だとさえ云っていいだろう。文献学の溶液に存在という微粒子を落すと忽《たちま》ちにして人間学＝倫理学の結晶が見る見る発達する。それ程文献学の適用がここでは完全なのだ。それにもっと完全なことには、この人間の学の方はハイデッガーの人間学から、現象学的残滓《ざんし》をすっかりとりのけて、その解釈学（＝文献学）を純化したものなのである。——つまり之はもっと純粋なハイデッガーに他ならない。だから吾々は之に対してハイデッガーの文献学主義に就いて云ったことを、もっと純粋に云い直せば事は足りる。

二

以上は科学として発達して来た文献学を想定した上で、之を解釈学という一般的な組織的手続きに直して哲学に適用した場合を、解明して来たのであるが、私の今の目標は寧ろ、そうした組織的手続きとしての文献学の代りに、もっと断片的に従って又或る意味では常識的に、文献学的なものに頼って物を考える場合の社会現象に対してであって、その意味に於ける文献学の無組織的適用が次の問題だ。現在のわが国では特にこの問題が時事的重大さを持っているのである。

だがこの現象を一つの社会現象として見れば、一見極めてナンセンスなものから、一見極めて荘重なものにまで及んでいる。坊間の言論家（為政者や朝野の名士も含めて）の茶番のような言動から、ブルジョア・アカデミーの紳士達（教授から副手や学生まで含めて）の高遠真摯な研究に至るまで、この現象は及んでいる。そしてこの社会現象の哲学的意義になると、坊間の茶番劇だからと云って、決してアカデミーの悲劇的な身振に較べて、その重大さが劣るとばかりは云えない。却って茶番劇であればある程、その科学的批判の原則は複雑で困難だというのが事実である。実際相手が非科学的な時、之を科学的に批判するほどムツかしいことはあるまい。実はこの困難に打ち勝つためにこそ、私は文献学の問題の必要を痛感するのである。

尤もこの現象にも罪障の甚《はなは》だ深いものと割合罪のないものとの区別はある。前に云った茶番と悲劇との区別に関係なく、別にこの区別がある。例えば和辻氏の倫理学は、その推理過程を殆んど凡て辞典的根拠に置いているが、それが「純粋」解釈学の重大な症状であるにしても、それだけ取って見れば比較的罪は軽いと云っていいだろう。人々は容易にそこにすぐ様フィロロギーのカリケチュアを気づくだろうからだ。紀平正美氏のやり口でも、その文義的論拠にぞくするものは、同様に思い附きのギゴチなさを感じさせるだけで、真剣な問題を惹き起こす類のものではない（例えば「理」＝コトワリ＝断＝分割——ヘーゲルの Ur-Teilen）。このカリケチュア自身のカリケチュアは一例を挙げれば木村鷹太郎氏の日本＝ギリシャ説のようなものに相当するが、之は併し実は、かの教授達のこの点でのナンセンスを単に高度にして見せたものに過ぎない。このフィロロギー現象と精神病理現象との間にはあまり本質的な距離があるものではない。

重大なのは、現在のアクチュアリティーに向って古典を無批判的に適用することの罪である。否、もっと一般的に云えば、文献学的意義しか持たない古典を持ち出し、之に基いた勝手な結論で以て現実の実際問題を解決出来るという、故意の又無意識の想定なのである。之も亦《また》、巷間からブルジョア・アカデミーの廻廊にまで及ぶ現象である。――例えば権藤翁における南淵書や、神道家の国学古典などが最も良い例で、この古典の古典としての真偽とは関係なく、古典の現在への時事的適用自身が無意味でなければならぬ。紀平・鹿子木・平泉・の諸氏やその他多数の国粋主義的ファッショ言論家が、この日本ものの部類にぞくする。東洋もの乃至支那ものでは、西晋一郎氏の「東洋倫理」や漢学者・アジヤ主義者の言論、印度ものとしては仏教僧侶の時局説法、更に欧米ものとしてはブルジョア・アカデミー哲学者達の半フィロロギー的哲学問題の選択――文献学的に論じて行くうちに夫がいつの間にか問題の実際的解決になるとでも思っているらしいドイツ語フィロローグやギリシャ文引用家達の哲学的作文等々、その現象には限りがない。

こうしたものを一つ一つ部分部分に批判して行くことは無論決して不可能ではない。一々現実界の状態や運動に引きあててそのナンセンスを実証してもいいし、各々の不統一な主張をアブサーディティーにまで追い落してもいい。だが困難はこういうデタラメなフィロロギー現象が、限りなく存在し又とめ度なく繰り返すという事実にある。吾々は百億という数値の〇《ゼロ》を一つ一つ書いている煩に耐えないというので、10^nといったようなフォーミュラ（公式）を必要とすることになるが、それと同様な必要から、文献学のこの組織的な適用に対する批判の諸公式を、根本命題、原則の形で、今四つ程挙げようと思う。

第一、一般に言葉の説明は事物の説明にならぬ。――この判り切った命題は実は私の云いたい事の初めであり又終りでもある。現在使われている各国乃至各民族の言葉は、当然夫々の現実の事物に対応する観念を云い現わす。だがそれにも拘らず言葉と論理との間のギャップはいつも問題として残る。ここで論理というのは概念が実在に対する対応関係を云うのであるが、この論理が人類の歴史を通じて発達すればする程、即ち実在に対する概念の対応が具体的になり精細になればなる程、言葉の方はいつも論理に引きずられることになるから、言葉と論理との間のギャップの可能性は増々大きくなる。論理は思想を首尾一貫して貫徹する活きたメカニズムだが、処が言葉も亦社会的に消長する活きた存在で、言葉は言葉でそれ自身の発育と代謝機能とを有っている。言葉の説明、言葉による説明は、夫々の言葉の語源からの変遷を溯ることを普通とするが（もしそうでなければ社会的な統計でもとって「通念」を算出しなければならなくなる）、そうして溯源の結果発見されるだろう言葉の語源的な意味を採って、夫によって事物を説明し、それで現在の言葉による事物の説明の代りにするならば、言葉と論理との間のギャップの可能性は二重に大きくなるわけだ。

　古代の思想のメカニズムでは、言語と論理（古代論理）とは極めて親しい関係に立っている。例えばE・ホフマンの論文（E. Hoffmann, Sprache und die archaische Logik）によれば、秘義（ミュステリオン・語るを許さず）――神秘（ミュスティック・語る能わず）――神話（ミュトス・語らんと欲す）＝ミュトス（話）――エポス（言葉）――ロゴス（思惟）という具合に、言語と論理との近親関係をつけることが出来る。つまり語ることを問題にしている前の系列と、考えることを問題にする後の系列とがミュトスによって直接に連なっているのである。処が近代の論理はこうした言葉から独立することをこそその使命としている。

　言葉による説明は、だから、説明される事物が発展した社会の所産であればある程、夫を何等か古代的なものにまで歴史の流れを逆行させない限り、事物の説明の態をなさない。文献学主義者は、何等かの意味での古典にまで論拠を溯行させようとしたがる、そうした故意の又無意識の企てを有つのだ。併し――

第二、古典は実際問題の解決の論拠とはならぬ。一体古典とは何を意味するか。（古典と云っても古典主義やギリシャ古典と必ずしも関係はない。）自然科学に於ける古典主義に就いては改めて考えなければならないが、少くとも文学・哲学・社会科学の領域に於ける古典は、大体三つの意義と科学的用途とを持っていると考えていいようだ。㈠或る考え方や経験（実験までも含めていい）の有用な先例又は文献として、㈡歴史的追跡のための事実又は資料として、そして最後に㈢訓練のための用具又は模範として。㈠ならばこの古典が先例又は文献として現在役立つかどうかは古典自身が決める事ではなくて、現在の実際的な事情が決定することである。現に文献を先例として引用しただけでは、一向自分の主張の論拠にはなるまい。文献は論拠として見る限り、すぐに古くなるものだ。㈡ならば資料の使い途《みち》の決め方は資料自身にあるのではなくて、夫は全く現在の実際的な認識目的に基くことだ。資料それ自身は論拠にはならぬので、誤謬の歴史に資する資料というものもあるからである。㈢ならば模範は模範であって少しも論拠ではない。――だからいずれにしても、古典はあくまで参考物の限界を出ないもので、現在の実際問題解決のための論拠を提出する使命をもつものでもないし、又持ってもならない。

ただ古典の大切な条件の一つとして、それが歴史的に伝承されて今日現在に到ったものだという点を忘れてはならぬ。そうでなければ古典ではなくてただ過去の一介の歴史的所産にしか過ぎない。でこの古典が引く伝統の糸は、哲学なら哲学史の、社会科学なら社会科学史の、流れを貫いていつも不断の作用を各時代に及ぼしている。だからして古典は論拠とされてはならぬが、併し又必ず参照されねばならぬものとなる。つまり古典とは実際問題の必要に応じて批判され淘汰・陶冶されて行かなければならないものなのである。

批判と淘汰・陶冶を用意しないで、その意味で無条件に、古典を何かの用に役立てることは、その言葉が示す通り、文献学主義の根本特色の一つである。古典の引用に当ってもこのテーゼはその通りあてはまる。自分の主張を単に権威づけるために、古典的文章を引用することは、単に馬鹿げた無用なことばかりではなく、現在の問題を古典の時代の問題にまで引きかえす処の反動をさえ意味しているのだ。

普通このやり口を公式主義と一口に云うのだが、併しそう云うのは正確でない。公式は実は常に運用されるための公式なのである。公式主義の特色は、既知の公式を使うことにあるのではなく（公式を使わなければ科学的でない）、却って、既知の公式を使う代りに無用にもワザワザ之を改めて導き出して見せて、そしてそこが解決点ででもあるかのように問題を打ち切って了う、という処に横わる。――併し一体公式は古典の意味を持たないか、古典的ということは普通、均斉のとれた典型的なことだが、之は科学の上では公式に相当しないか、という疑問は起きるかも知れない。併しそうではない、典型的ということは、（三）の模範性に他ならないからである。吾々は之を教育上の目的で使用することは出来ても論証上又は製作上の目的に之を技術的に実地に使用することは出来ない。もし出来るとしたらミケランジェロのデッサンの上に色彩を施すことも完全な絵画の創作となるだろうが、それは無論文学で云えば剽窃《ひょうせつ》に相当するものでしかないだろう。処が公式は単に訓練上だけではなくいつも論証上の又広く制作上の目的に実地に技術的に役立てられるべきもので、古典のように過去のどこかに位置する事物ではなく、現在日常的に手廻り近くに用意されてある処の観念的な生産用具に他ならないのである。

古典を何か実際的に直接技術的に役立つ公式か何かのように思い込むのは、つまり古典を使って制作をすることと、古典を理想として製作することとを混同するからである。この区別は唯物論的には重大な意味があるが、観照的な解釈家であり審美的な理解者である古典学主義者（そうした特殊の文献学主義者）にとっては、夫はどうでもいいことらしい。彼等は云うまでもなく古典を実地に技術的に用具として使うことは出来ない。併し又初めから使おうなどとは思いもよらないのである。元来そうしたものが古典なのだが、之に反して公式ならば夫が使われないというようなことは許すべからざる不経済だろう。――古典の権威に対する不当な尊重は、文献学主義の一つの宿命である。

第三、古典的範疇はそのままでは論理をなさぬ。――古典に論拠を求めるという誤りは、要するに古典的範疇乃至範疇組織を、現在に於ても論理的に通用するものと認めることに他ならない。ギリシャ古典・印度の古典・支那・日本・中世ヨーロッパ・アラビヤ・其他の古典的文物は、夫々《それぞれ》に個有な範疇と範疇組織＝論理を持っている。古典的でなくても未開人は未開人個有の範疇論理を有っている。処が之等は今日の吾々の、即ち現代の文明諸国の、国際的に通用する論理とは同じでない。極端な例はレヴィ・ブリュール等の一連の研究によって示されているが（未開人に於ける特有な集団表象・分有＝パルティシパションの論理・先論理）、古代印度人の思考のメカニズムも亦、今日の国際的な論理との間に可なり決定的なギャップを示している。その良い例は因明論理の論証手続などだろう。（例えば Betty Heimann という女史は古代インド的思考の研究を Kant-Studien に時々発表しているが、その一つによるとヨーロッパと古代印度ではアナロジーをさえ絶する程異った思考のメカニズムがあるという結果になる。）

蓋し範疇組織＝論理は、それぞれの時代の社会の歴史的条件によって現実界に対応すべく組み立てられた思考の足場なのだが、この現実界が発展すれば当然この足場も発展せざるを得ない。足場が発展するには、この範疇組織という足場の材料となっている各範疇がモディファイされ止揚されることによって、断えず足場が再構築されて行かなければならぬ。古典的範疇だからと云って、勝手に持って来て現実の実際問題を処理するオルガノンとすることは、だから絶対に許されない筈なのである。時代は時代の範疇組織を、論理を有っている。文献学主義は処で、古典の権威に対するその信頼によって、時代の範疇組織＝論理を知らなかったり、又強いて認めなかったりする。だが、古典的範疇はなる程理解はされよう、併し使うことは出来ない。

第四、 古典的範疇は飜訳され得ねばならぬ。併し飜訳はいつも飜訳に止まる。——狭い意味に於ける飜訳は一つの国語の文章を他の国語の文章で置き換える事だが、広い意味の飜訳は、一般に文化の紹介を意味している。どれも文献的労作である点で変らない。シュレーゲルのシェークスピア飜訳や、カーライルのゲーテ紹介などはこの二つの意味を兼ね具えたものであった。正にこうした飜訳こそフィロロギーの使命であり、現在の実際問題解決に対するフィロロギーの唯一の寄与の仕方なのである。——だが飜訳は飜訳であって原物ではない。未開・古代的・古典的な文書や言葉であっても、又同時代的な同一文化水準の外国語でも、言葉として或る程度まで飜訳は可能でなくてはならぬ。(この文学上の飜訳の問題に就いては野上豊一郎氏「飜訳論」——岩波講座、『世界文学』の内を見よ。なおフェノメノロギッシェな試論としてはL. F. Clauss, Das Verstehen des sprachlichen Kunstwerks, 1929 — Husserls Jahrbuch, Ergänzungsband などがある、尤も之は大したものとは思われないが。) だが広い意味の飜訳は文化の紹介なのだから、問題はこの種の文学上の飜訳に止まることは出来ない。今何より大事なのは範疇乃至範疇組織の飜訳の問題なのである。

今日の同時代諸国の間の論理の飜訳は併しあまり問題ではない。なぜなら世界の生産力が或る程度まで発達した結果、生産技術と生産機構とは殆んど全く国際的な共通部面を持つようになって来た。そして之が夫々の国の生産関係の尖端をなすのだから、尖端は国際的に出揃ったと云っていい。この生産の尖端に誘導されねばならない理由を有っている夫々の国々の論理機構は又、その尖端を出揃わせるわけで、それに交通運輸機関の著しい発達の必要がこの論理の国際性を日増しに現実的なものにして行きつつある。で、同じものを同じものに飜訳するのは飜訳ではなくて、ただの交換か授受に過ぎない。ヨーロッパ文明が日本で消化し切れなかったり、日本精神が外国人に判らなかったりすると考えるのは、論理の飜訳の意義を知らぬもののデマゴギーであって、そういう人間に限って、古代インドや古代支那の論理を平気で現代の日本に使おうとする癖がある、ということを忘れてはならない。

実は問題は、古代的・古典的諸論理を現代的論理へ飜訳する場合にあったのである。例えばインドの原始仏教の文献的内容は、単にそのテキストが国訳されただけでは吾々の理解にとって不充分なので、更に之を現代的範疇と範疇組織によって解釈して呉れなければ、原始仏教の文化内容も遂に今日の吾々の文化内容と接続し得ないで終る。単に古典学的興味の対象とはなっても文化的関心の圏内には這入《はい》って来ないだろう。処が例えば之を木村泰賢氏のようにカント哲学風に解釈して再現すれば初めて多少現代の文化財としての意義が生れて来る。更に之を和辻哲郎氏のように現象学的な立場からでも解釈し直せば、すでに吾々にとって理論的に充分読めるものとなる、という次第だ。(和辻哲郎氏『原始仏教の実践哲学』参考。)

だが範疇又は範疇組織＝論理を飜訳するという事は、AのものをBのものへ移して、Aの生きた生活聯関をBに於ける活きた生活聯関であるかのように作為することに他ならない。Aに於て活きていた論理はだから、Bへまで飜訳された上で、なおBに個有な活きた聯関を有つことは、決して許されない。今その限りBへ移し植えられたこの被飜訳論理は死んでいる、だから本当の論理ではあり得ない。このAが古代的・古典的論理であり、このBが現在の実際的論理なのである。――だから飜訳は永久に飜訳であって、遂に原物ではないというのである。即ち文献学者は、文献学者の資格に於ては、活きた論理を使用する使用者としての哲学者ではあり得ない。フィロロゴスは決してフィロソフォスではない。ここがフィロロギー・文献学の権利の限界をなしているのである。でこの文献学の制限を、無意識に、そして甚だ往々にしては故意に、無視することが、文献学主義＝文献学的哲学の根本的な誤謬か、又は最も根深い欺瞞の要点なのである。

フィロロギー現象＝文献学主義は、解釈哲学(世界を単に解釈することによる観念論)の一つの特殊な場合であった。無論文献学主義の形を採らない解釈哲学は他に多い。解釈哲学が必らずしも解釈学的哲学に限らないことは注目すべきだが、併し文献学的・解釈学的・哲学の組織的な又断片的な形態が、今日わが国の到る処に著しく目立つことに、着眼することは、各種の日本主義に対する批判にとって、極めて大切だ。

文化の科学的批判——特に国粋主義の批判のためのプラン

『日本イデオロギー論』、一九三五年七月

具体的な現実物が、夫々《それぞれ》自分の特殊性乃至《ないし》独自性を持っていることは当り前である。日本という国家・民族・人類（？）が経済上・政治上・文化上・世界の他の諸国家・諸民族・諸人種に対して、又世界の総体に対して、特殊性乃至独自性を持っていることは、当り前である。便宜上この特殊性乃至独自性を、日本的現実と呼ぶことにしよう。——尤《もっと》も日本的現実と云えば、すぐ様《さま》亜細亜的現実とか東洋的現実とかいうものが聯関して来るが、この聯関に就《つ》いては別の機会にする。

例えば雑誌『思想』（一九三四年五月）は「日本精神」の特輯号を出した。之《これ》は恐らく今云った「日本的現実」を主題とした特輯という意味だろう。併《しか》しこの日本的現実がなぜ特に日本「精神」でなければならないのか。——もし精神というのがエッセンス乃至本質という意味ならば別に問題はないかも知れない。その場合にはその事物を活かしその事物に生命を与えているものが、何によらず精神と呼ばれるわけだから、精神は生命という程度の意味で「キリスト教の精神（ジェニー）」とか「ギリシャ精神」とか「資本主義の精神」とかと云われている。だがこの際にすでに疑問なのは、事物のエッセンス乃至本質を習慣的に精神と命名することによって、いつの間にか知らず知らずに、精神主義を混入させてはいないかということだ。単に文飾の上でならいいが文飾から論理にまでこの精神という言葉を本気になって持ち込めば、それはすでに精神主義の論理となる。事物の本質は精神だという哲学的観念論になるのである。所謂《いわゆる》「キリスト教」としてのキリスト教は元来精神的なものということになっているのだから、その本質が精神（ジェニー）だというのはまだいいかも知れないが、すでに「ギリシャ精神（ジェニー）」というようなものになると、大分特別な哲学的仮定を暗示している。ギリシャに於ける奴隷制度も亦、かかるギリシャ「精神」の一部分に属さなくてはならなくなるが、それで果して構わないだろうか。資本主義の精神がM・ウェーバーに於てのようにカルヴァン主義などであるなら、資本主義はプロテスタントの信仰から生じた所産にされて了《しま》うかも知れない。でここまで来れば「精神」という命名法も決して容易ならぬ意義を持っていることが判るだろう。

日本的現実を特に日本精神と呼ぶことは、即ち日本的現実を特に日本精神というものにまで抽象することは、日本に関して私《ひそ》かに精神主義を混入していることの症状と見ることが出来る。

この雑誌の特輯号は諸文化領域に於ける「日本的なるもの」の検出をねらっているらしいので、問題は一般に経済的又政治的な領域ではないのだから、この日本的なるものが特に日本精神と呼ばれるのも一応いいかも知れないが、併しそれならば特に之が所謂日本精神主義の立場に立つのでない所以を、即ち日本精神主義のハッキリした批判を、強調しないと、「日本精神」という命名自身の意味が甚だ疑わしいものとなるだろう。処《ところ》が日本的なるもの乃至日本精神の検出に参じ、又は単に日本の特殊事情に関する限りの論文は沢山載っているにも拘らず、日本精神主義乃至之に通じる諸日本主義の批判は、殆んど、平野義太郎氏の「明治中期における国粋主義の擡頭、その社会的意義」の一篇だけと云ってもいい。——日本的なものを問題にしながら、或いは日本精神を問題にしながら、日本精神主義の方はあまり問題にならないということの態度は、その態度自身に日本精神主義が知らず知らず混入していることとの有力な症状である。——日本の代表的な思想雑誌の一つに於けるこの一例は意味の深いものだ。

尤も日本的なものの検出、日本の特殊事情の強調、と云っても二つの全く相反した動機と興味とから問題になることが出来るわけで、日本的なものに特殊な興味を示すことが、それだけでは決して保守的でも反動的でもなく、却って具体的に進歩的であることを意味すべき場合があるのはあまりに判りきったことだろう。だがそうだからと云って、自分の動機を識別することなしに単純に、日本的なものに特殊な力点を置くということが、保守的でも反動的でもなくて却ってザハリッヒで忠実な研究態度又は認識態度だ、ということにならぬ。「日本的なるもの」が、他のものの説明原理として担《かつ》ぎ上げられる場合と、夫《それ》が他の諸原理によって説明されるべき具体的課題として提出される場合とでは、条件は全く相反しているのである。各種の「アジア的現実」主義者や、一国社会主義者達から始めて、メートル法強制反対派の論拠に到るまで、この日本的なるものが、説明されるべき具体的事実としてではなく、それを以て説明を始めるべき抽象的原理として、意識されている。国際的なものの具体的な一環としての日本的なものではなくて、国際的なものに先行する抽象的な対立物としての日本的なものが、ここでは原理となっているのである。――日本的なるものの強調が、保守的乃至反動的であるか、それとも具体的に進歩的であるのかは、夫が国際的なものとどういう関係に置かれているかを見ることによって一般的に判別出来る。この点が大事な点なのだ。

日本的現実を以て、国際的現実から孤立独立した一つの所与と見做《みな》し、そうすることによって之を一つの原理にまで抽象昇華させるものが、今日の最も代表的な社会ファシスト乃至転向ファシストの論理上のトリックであるなら、この日本的現実の実体を日本精神にまで抽象して見せるものが国粋ファシストの共通な手法である。今日の日本国粋ファシスト哲学は、まず第一に「日本精神主義」に帰着するのである。だから私は例えば例の『思想』の特輯号の内容と表題とを、社会ファシストや国粋ファシストとの聯想に於て、気にしたわけである。

日本の所謂ファシズムがその原理と名乗る処の「日本的現実」乃至「日本精神」は併し、まだ系統的に批判されていない。だが之は今日の理論家の最も切実な課題の代表的なものなのである。私は暇を得てその一部分だけでも手をつけて見たいと思うのだが（六、参照）、今はその心掛けの一端として、一般にこうしたイデオロギー現象の批判方法の要点だけを簡単に定式化しておきたいと考える。

所謂内在的又内部的批判が批判にならないことは云うまでもあるまい。例えば文藝作品に就いて云っても、作家の主観的な（之は往々主体的という言葉でゴマ化されるが）内部的イデーを穿鑿するに止まるならば、恐らく同情や反感、理解や註文、にはなっても批判にはならぬ。ましてそのイデーを表現する技法の説明に到っては、「作家」の楽屋にぞくする問題であって一般観客の前面に押し出すべき代物ではないのである。批評はこの意味でそれが客観的であり科学的であるためには、元来外部的なものだと考える必要さえあるのだ。

処《ところ》で客観的批評や科学的批評というとすぐ様《さま》人々は社会的批評に思い当る。ミリュー理論的批評が社会学的批判としてもすでに不充分なことは今日では誰にも徹底しているが、社会的批判（実は社会学的批判）になると、まだ仲々信用があるのである。フリーチェの藝術社会学やカルバートンの社会学的批評などがこの例で、今日でも大いに教える処のあるのは疑えない事実であろう。それから社会と云えば無論歴史社会なのだから、特に社会から歴史を捨象して了う特別な立場に立たない限り、社会的（社会学的）批判は同時に、一応の意味に於ける歴史的乃至歴史学的批判を含むと考えてもいい。この歴史的観点が独特の形で発達したものの例は、ディルタイの解釈学的な批評方法だろう。だが「社会学」的批判や「解釈学」的批判は、それがイデオロギー理論とどれ程共通なもの又は接近したものを持っているとしても、結局イデオロギー理論――社会科学的文化理論――ではない。吾々はイデオロギー理論の観念に立って、即ち文化をイデオロギーとして社会科学的に批判する立場に立って、今云った内部的批評と外部的批評とを改めて対峙させて見る必要がある。

予《あらかじ》め明らかなことは、内部的という形容詞が本質的という意味を云い表わさねばならぬ限りは、批評も亦内部的批評でなければならぬことだ。従って、所謂外部的（外面的・皮相的）批評も、この内部的批評と何かの仕方で必然的に結合統一されることによって、初めて批評となることが出来るわけである。だからつまり、内部的なものと外部的なものとが統一される処に社会科学的批判の機能がある筈だ、と一応云うことが出来る。だが、この関係は具体的に分析すると、決してそう簡単に判り切ったことではないのだ。

社会科学はイデオロギー内容を歴史的社会的に分析する。即ち現在存在しつつあるイデオロギー現象が少くとも現在の如何なる生産関係によって制約され又対応せしめられているか、更に之が少くとも現在の如何なる法制的政治的与件を通って制約せしめられているかが、まず第一に分析される。帝国主義化した独占資本による社会××が、×××必要によって生じた××××を媒介することによって、又更に封建的残滓を基底として急速に萌《きざ》された資本主義乃至それの×××された×××表現する各種の立法・行政・司法とを通路として、今日の日本の国粋ファッシズムと又夫に相応する社会ファッシズムとが成立しているという次第である。

処で第二に、無論現在のかかる生産関係の事情、法制関係、政治事情は、夫々に於て又相互の聯関に於て、過去からの歴史的な継起と発展との連鎖を引きずっている。現在のこうした経済的政治的条件は、過去の歴史的なものの結論を総括することによって、本当に機能的になっているわけだから、ファッシズムならファッシズムというイデオロギーがこうした物質的又社会的な客観情勢によって制約され又之に対応せしめられるということは、そうした客観的情勢の歴史的な運動の機構によって発展せしめられたという、因果的な「制約」や「対応」を説明していなくてはならぬことは当然だ。だからこの際イデオロギーは、この客観的情勢の運動機構によって、その歴史的発生とその歴史的推移とを説明されるのである。イデオロギー理論の機能はこの限り、その発生と推移との説明の内に存する。——この説明を通じて初めてイデオロギーはその特色づけをも受け取ることが出来るのであって、そのイデオロギーが現在に於て、或いは他の時代に於て、どの程度に有力であるかあったか又あるだろうか、とか、今日のそのイデオロギーが過去の或る時期の夫に対してどのような対比と区別とをなしているかという特徴づけが、ここで初めて行われる。――そして更にこの特徴づけを通じて現在に於けるイデオロギーの内容と現勢とが一見殆んど最後的に説明されるのである。（例えば平野義太郎氏の自由主義に対する又国粋主義に対する説明――『日本資本主義社会の機構』などがこの場合の「説明」の好模範だと考える。）

だが、イデオロギーの発生と発展との説明や特徴づけは、つまる処事物の説明であってまだ事物の批判ではない。無論「説明」を遂行して行く間には、自然と批判又は批判的観点が這入《はい》って来たり想定されたりしなければならないのではあるが、この「説明」の内には「批判」が意識化された範型を得ているとはまだ云うことが出来ない。要するにこの説明の段階に於ては、高々イデオロギーの内部的内容――批判の対象はここにあるのだ――が外部的な歴史的社会の客観情勢に対応せしめられるだけであって、この外部的なものとイデオロギーの内部的内容とがイデオロギー的具体性を以て結合されるに到らない。つまり之では、単なる外部的批判に過ぎなかったわけである。

任意の或るイデオロギー（一定の思想・理論・主張）が、どういう社会的機構分子と、どういう歴史的必然関係とに、原因し制約され対応するにしても、そのイデオロギー内容が広く承認されているかどうかとか、流行《はや》るか流行らないかとか、更にまたどの程度の真実性・真理を持っているかとか、本当か嘘かとかいう点になると、即ちそうしたイデオロギー内容の通用性・信用度・説得力・納得可能性の問題になると、以上の発生の説明の段階に止まる限り解決出来ない。現実乃至真実の客観的構造を如何に――歪めて或いは相当正しく――反映するかという論理学的乃至認識論的な内部的説明になると、以上のような単なる歴史的社会的発生の「外部的」説明では、与えられない。

この歴史的社会的発生（制約と対応とに於ける因果関係）の説明に止まって、之を意識して計画的に、今云った論理学的乃至認識論的な説明にまで結びつけない限り、それはまだ何等の唯物史観でも社会科学でもないので、知識社会学や文化社会学というようなブルジョア「社会学」の原則に止まっているに他ならない。どんなにそれが「階級的」観念を強調しようとも、原則上の欠陥を蔽《おお》うことは出来ない。――イデオロギーの批判の問題はこの外部的なものの帰結としてこの内部的なものを如何に取り上げるかにかかっている。この問題が解けなければイデオロギーの批判にならぬばかりではなくて又その充分な説明にもならないのだが、併し又歪曲や誤謬の指摘だけでは批判としても不充分なのであって、同時にその歪曲や誤謬の発生の説明を与え得るのでなければ本当の批判にもならぬ、という点も同様に大切だ。説明（外部的）と批判（内部的）とは夫々の要求から云って、両者の交互関係に於て初めて自分を満足させることが出来る。

この交互関係を具体的に意識していないと、なぜ存在の必然性から価値の通用性が出て来ることが出来るか、などというカント主義的な愚問を真面目に提出されるわけで、哲学のレーニン的段階として有名な論理と歴史の原則的な交渉は、当然イデオロギー——之はどれでも「論理」を有《も》っているものだ——の「批判」にもそのまま適用されねばならない筈だ。デボーリン主義に於ける方法論主義の欠陥は云うまでもなく承認されねばならないが、そうした方法論主義的誤謬が発生したのは、イデオロギーの論理学的「批判」の課題にせき立てられたことを動機としているわけであって、デボーリン主義の否定によって、デボーリン主義的方法論主義へまで道を誤った「批判」という課題自身の意義を没し去ってはならぬ。論理学や認識論は、吾々が現に眼の前に見ているイデオロギーに対する科学的批判の武器として役立つ処に、その実践的な意義があるのだ。こうした「批判」と「論理学」との直接不離の関係はレーニンの『唯物論と経験批判論』で模範的に見て取れるのであって、所謂党派性の問題も之に中心を置くのでなければ、匍匐《ほふく》的にしか把握されないだろう。

(念のために云っておくが、ここで云う「論理」を科学にだけ限られたものと考えてはならぬ。藝術的であろうと倫理的であろうと、凡そ文化価値的なものが一般的に論理的なのである。)

さてイデオロギーの客観的与件による制約・対応の「説明」を進めて行くと、それはおのずからそのイデオロギーの論理的真偽の問題に関する「批判」へ這入って行くのである。

まずイデオロギーがイデオロギーである所以として、時代的な・階級的な・セクト的な・又個人的な・生活利害によって、そのイデオロギーの真理対虚偽の関係が編成されていることが発見される。人間生活に於ける一定共通の生活利害を代表するものとして、歴史的社会的諸構造分子（階級・身分・国家・地方性・等々）が分析されるが、こうした歴史社会的諸構造分子の各々の立脚点から、歴史的社会全体の、又は客観的自然の、「客観的現実」が、主体的に（主体の能動的実践を媒介として）又主観的に部分的に、反映・模写される。その反映・模写され方に於ける制限と歪曲性（鏡で云えば鏡の面積乃至対物距離とその凸凹率）が、イデオロギーの「批判」されるべきイデオロギー性に他ならない。

実は之は、歴史的社会全体に於ける、又客観的自然に対する、歴史的社会的構成分子の各個部分が占める、云わば客観的な存在上の構造関係が、そのままで論理学的な「イデオロギー性」に映っているわけで、一定のイデオロギーの歴史社会的な発生・制約・対応の関係が、そのままそのイデオロギーの論理的イデオロギー性、即ち真理対虚偽の編成となっているのである。ここから判るように、「説明」がやがて「批判」に移行するのである。蓋しこの段階では、誤謬の発生とそれが誤謬たる所以とが説明され得る。之はただの因果的な説明ではなくて、すでに論理的な説明なのである。——だがまだ論理的な論証ではない。

イデオロギーが客観的現実による被制約者・対応物・因果的所産であるばかりではなく、そのことによって更に又、夫の反映物・模写物であることを今強調したわけだが、この被制約物で且つ反映物である処のイデオロギーは、今云った客観的現実とは一応独立な自分自身の発展法則を含んでいる。この独自の発展法則によって、イデオロギー現象自身とその論理的機能自身とが、再び一部分の客観的現実の内容となって、所謂客観的現実の客観的運動法則に参劃するのである。でイデオロギーのイデオロギーとしてのこの独自の運動法則を云い表わす論理的な歴史社会的必然性（普通にはやや不充分であるが系譜と呼ばれている）が今度は問題だ。ここではイデオロギーのイデオロギー性（誤謬関係）の発生と根拠との説明ばかりではなく、そのイデオロギーのイデオロギー的諸特徴を系譜的に溯源交錯させることによって、この説明を論理学的に要約しコンデンスすることが出来る。こうやって論理学的にコンデンスされ要約されたものの極致が論証というものだが（論理とは事物を要約しコンデンスし又節約する処の機能だ、論理の一般性・普遍性はそのために必要なのである）、ここではこの論証が純粋の論証の形を取らずになお歴史的社会的（系譜学的）な説明の形で与えられる。現代に於ける諸イデオロギーの誤謬乃至真実は、古典的な誤謬乃至真実にまで溯源せしめられ、この系譜的説明によって、間接にその誤謬乃至真実の誤謬乃至真実たる所以、イデオロギー性、が論証される。

「古典」はイデオロギーの問題に於て、このような役割を有っている。例えばマルクス・エンゲルス・レーニン等々からの引用も、一切この古典の意味に於てしか許されないのである。(二、参照。)

「外部的」批判から出発して到達する最も「内部的」な批判は、イデオロギー内容の論証に関わる。之は或る一定のイデオロギーの論理的根拠に対する反駁や論拠の提出のことであるが、この際今まで述べて来た批判の三つの段階に相当する三つの相が区別される。即ち、第一には、現実の事実と主張された事実との対質(客観的現実とイデオロギーとの対応・制約の関係に相当する)、第二には、現実とそれに対応する論理的体系との対比による体系の批判(之は客観的現実の反映物・模写物としてのイデオロギー性の説明に相当する)、第三には、範疇使用方法の批判(之は系譜的説明の形で与えられた間接論証に相当する)。こうやって一定のイデオロギーのイデオロギー性、真偽関係が、第三者(社会の大衆・身方・及び中立者)と論敵とに対して、論理的説得を与えられる。之が論証としての内部的批判である。

だが前にも云ったように、単なる論証としての論証と云ったような、全く「内部的」な批判は、事実上決して充分な論理的論証力と説得力を有つことが出来ない。必要なのはこの内部的な批判が、外部的な批判(イデオロギー性発生の説明・イデオロギー性の系譜的論証)の総決算として初めて現われたものでなければならぬという点だ。事実、誤謬を指摘し、誤謬である所以を論証しても、その誤謬が何故生じなければならなかったかの「説明」をつけ加えない限り、説得力も納得力もないのであって、同情の無い批判は、決して痛い批判ではあり得ない。この意味に於て最も具体的な批判こそ、初めて最も実際的な効果があるわけで、こうして初めて批判されるべきものが、事実上批判し去られることになるのである。批判の課題はいつでも、誤謬に満ち充ちたものが、なぜ広く通用しているか、という形で出て来る。この矛盾を実地に解消するには、ただの「説明」でもただの「批判」でも役に立たない。説明を批判にまで展開し、それから批判を説明にまで跡づけなければ、批判にも説明にもならない。

この社会科学的（歴史的―社会的―論理的）批判の工作に際しては、多分の人間知乃至心理学が必要であることは見落してはならぬ点である。元来批判には客観の現実に由来するユーモアやアイロニーがどうしても必要になって来る。これ等のものは云わば弁証法の文学的把握だからだ。マルクスの特有な表現技術は、批判の方法の上から云っても大きい意味を有っている。それに、内部的には批判に耐えないような論理的にナンセンスなものが、外部的に云えば批判の大きな対象だというのが、事実上の皮肉な多くの現象だろう。意味を有っているが故に批判されるべきものばかりではなく、意味がないが故に批判されるべきものが寧ろ多いのである。現代に於ける各種のファッシズム・イデオロギー乃至反動イデオロギーがその好い例であるが、ここでも内部と外部とを貫いた批判が益々《ますます》必要である所以が明らかだろうと思う。

最後に、特に国粋主義イデオロギーの批判に就いて、一つの注意を書き加えておかねばならぬ。すでに今、範疇使用方法の最後の段階として、挙げておいたが、日本主義的イデオロギーの批判に於ては、特にこの段階が重大な役割と意義とを有っている。なぜなら日本主義的イデオロギー程、範疇論的に云って薄弱な観念体系はないからである。薄弱な点の第一は、日本主義が好んで用いる諸範疇（日本・国民・民族精神・農業・××××の道・×・××・その他都合の良い一切のものの雑然）が、一見日本大衆の日常生活に直接結び付いているように見えて、実は何等日常の実際生活と親和・類縁関係がない、ということだ。農産物や養蚕や家畜は人為淘汰に関する農業技術を抜きにしてはそれ自身不可能な存在だし、又工業技術を離れて今日の農村生活を生活することは出来ない。産業技術を抜きにして産業生活が不可能なことを知らない者はない筈だ。処が例えば日本型の農本主義者は殆んど凡《すべ》て農本主義的反技術主義のイデオローグなのである。日本精神主義や亜細亜主義の使徒達も、反技術主義に於ては完全に一致している。実際行動の聯関から云えばとに角、少くともイデオロギーの上から云えば、反技術主義は反唯物論の旗の下に、全世界のファッショ的反動の共同動作となって現われているのである。

この反技術主義が、凡そ実際の技術的生活とは全く離れた反技術主義的範疇を選ばせるのであって、ファッシズムの哲学が永久に単なる観念物としてのイデオロギーを出でない所以であり、又日本主義的イデオロギーが単なる文学的フラーゼオロギーに止まっている所以でもある。

だがこの反技術主義は何も国粋主義乃至広義のファッシズムのイデオロギーには限らない。今日の多かれ少なかれファッショ化した資本主義的乃至半封建的ブルジョア哲学の共通の最後の切札が之だ。――日本の国粋主義イデオロギーの範疇使用法に於ける弱点は、寧ろその古代主義（Archaismus）とでも云うべきものの内に横《よこた》わる。国粋的な体系を建設するためには、現代の国際的な（普通外来欧米思想と呼ばれる）範疇では都合が悪いので、わざわざ古代的範疇が持ち出される。国学的範疇や×××的範疇が之である。処がこの古代主義は往々脱線して凡そ国粋とは関係の遠い云わば国粋的外来思想への復帰をさえ結果する。漢学的、支那仏教的、原始仏教―バラモン的、範疇をさえかつぎ出そうとするのである。

こうした範疇上の古代主義の特徴は、その好む古代的範疇が、今日の実際生活に於て使用される範疇と、何等論理上の共軛関係・飜訳可能の関係に立っていないということだ。もうすでに××で了って、単に文献学的にしか意味を有っていない範疇のために、目抜きの大道で示威的な………をやろうというのである。世界史的にも国際的にも兌換《だかん》不能な紙幣を以て強力的に取引きをさせようというのである。――こうした弱点は範疇論的に批判され得る又されねばならぬ部分をなすのである。

例えば今日、実際多くの文献的研究が往々こうした範疇の古代主義に結びつく点を注意すべきである。仏教や儒教や国学は大いに文献学的に研究される必要があるだろう。それは丁度文藝は一般に文藝復興されねばならぬと一対である。だが、仏教的哲学概論や儒教的倫理学や国学的法律学がそれから出て来るとすれば、それは文献学の分を超えたものと云わねばならぬ。――尤も所謂解釈学(之は文献学を野心的に命名したものなのだ)によると、文献学的な範疇と現実的な範疇との論理学上の区別は、綺麗にどこへか解釈し去られて了うのであるが。

文化の科学的批判は、大体右のようなプランに従って遂行されるべきだろう。尤《もっと》もこうした組織的批判は決してそう容易に実行出来るものとは考えられないので、その一部分の遂行だけでも決して無益ではない。一部分だけでも科学的になれば、あとは常識というものが不完全ながらも一応相当甘くやって行けるかも知れない。この点に於ても、これは吾々のごく実際的なプランである。

日本倫理学と人間学——和辻倫理学の社会的意義を分析する

『日本イデオロギー論』、一九三五年七月

東大教授和辻哲郎博士の著『人間の学としての倫理学』という本の名前は、和辻教授の倫理学と倫理思想と、更に又教授の文化理論乃至歴史理論の一端とを、甚だ正確に云い現わしている。私は今この本の紹介又は批評をしようというのでもなく、又和辻教授の思想内容を一般的に検討しようとするものでもない。ただこのような新しい立場から「学術的」体系として築き上げられようとしている「倫理学」が、それ自身に於て、又現在の日本の諸事情との聯関に於て、どういう意義を持っているかを、その理論自身の内部から、併《しか》し簡単に、指摘しておきたいのである。

と云うのは、この倫理学は従来の倫理学教授や修身徳育専門の先生達が、書いたり考えたりする、学術的な或いはデマゴギッシュな道徳論とは異《ことな》って、その学術的水準が相当高いものであり、従ってそれだけオリジナルな思索に基《もとづ》くものであると共に、現在の日本に於ける反動勢力が要求している処《ところ》の相当高水準の反動文化のために恐らく一つの基礎を置くことになるだろうからだ。多分この種の「倫理学」の讃美者や受売人は方々に、アカデミックな研究室に、又は俗悪な半「学術」雑誌の内に、多いことだろう。更にこの倫理学の模倣者は、今後多分続々と輩出することだろう。そういう当りを持つべき本であり又思想で之《これ》はあるのだ。西晋一郎教授に『東洋倫理』があるが、之がそれ自身東洋的な（？）語調や引用を有《も》ち、そのロジックさえが東洋的であるように見えるのに較べれば、和辻教授の方はずっと世界的で又国際的だが、併し二つのものが目指している客観的用途と意義とは、あまり別のものではない。ただ和辻氏の多少モダーン味のある倫理説の方が、西氏のに較べて、日本的乃至東洋的な倫理思想の優越を世界に向ってひけらかすのに、却って一層有利かも知れないまでである。

和辻氏の新しい立場に立つ倫理学は、無論一つのモダーンな哲学方法を用いる。この方法の検討はあと廻しにするとして、少くとも最も手近かな特色だけは、まず初めから問題にせざるを得ない。氏の倫理学では平ったく云って了《しま》えば、倫理上の言葉の文義的又は語義的解釈を手懸りとして「学術的」分析が始められるのである。倫理とは何かと云えば、「倫」という語は何か、「理」という言葉は何か、それから二つが「倫理」と熟する時どうなるかが、学術的分析の手懸りである。「人間」に就いても「存在」に就いても、この文義的語義的解釈が欠くことの出来ない唯一の通路をなしている。

だがこの文義的解釈なるものを吾々は軽々しく信用してはいけない、と同時に、又軽々しく無視し度外視することもいけない。ここには実にこの種の哲学的方法の殆《ほと》んど凡《すべ》ての徴候が端的に現われているからである。多少実証的な又は理論的な頭脳を有った人間ならば誰しも、言葉の説明が言葉の云い表わす事物自身の説明にならないものだ、位《くら》いのことを知らぬ筈はない。事実、そういう意味での文義的解釈は、お経の文句を講釈して社会問題の解説に代えることが出来ると考える職業的説教家又は僧侶などに、気に入る位いのものだろう。この程度のものは実はまだ文義的解釈ですらないのである。

文義的解釈の本当の権利は、解釈学（ヘルメノエティーク）の内から発生する。と云うのは、解釈学によると、一定の文書は之を書き残した個人・民族・時代・等々（階級はあまり問題にされない習慣のようだ）の、観念（イデー）なり精神なり体験なり生活なりを表現しているもので、この客観的な手記された又は刻印・印刷された文字を通してこの表現のプロセスを逆に手ぐることによって、その背後にある個人・民族・時代・等々の観念・精神・体験・生活・等々のもつ歴史的意義が解釈出来ようというのである。無論この解釈学は、歴史的資料の占有の問題や歴史的記述の問題にからんで、歴史学的方法の科学的一要素をなすものであるが、少くとも最もこの方法が信頼出来る場合は、古文書の読解の場合だろう。だからこの学問は主としてバイブルの解釈のために、それから近世ではギリシャ古典の研究のために、組織的なものへと発達して来たのである。即ちここでは、問題が古文書のテキストであるから、この問題の解決は当然文義的・文献学的であるべきであり、又あらざるを得ないのだ。

問題は併し、古文書テキストのこの文義的解釈から出発する所の解釈学が、歴史学的方法に於ける科学的要素の一つであるに止まらず、却ってその支配的な要素となる時にあるのであり、更に又こうやって権限を拡大されたこの解釈学が、今や歴史記述一般の課題をさえ離れて、いつの間にか哲学そのものに於ける解釈学的方法にまで深化され、例えば今の場合のように倫理学の学術的手続きの背景をさえなすようになる時である。この時一体言葉の文義的解釈はどういう権限を有つだろうかが、疑問なのだ。

独り和辻氏に限らず、何人も、吾々も、言葉がただの人工的或いは自然的又は天賦の言葉でないことを知っている。言葉には民族の・国民の・(階級も必要なのだ)・地方の・人間社会の歴史が、言葉の内に現われ得る限りに於て、現われている。だから言葉を見ることはそれだけその言葉を産んだ人間生活を見ることになる。だが果して夫《それ》が充分な手懸りとなるに足るだけの生活の表現であるかどうか、その点が疑問なのである。

氏によると言葉は併し人間生活に取って最も根本的な特徴をなしている。言葉はギリシャ・印度・支那を通じて人間と動物とを区別する標識になっている。だから之は最も根本的な人間の特色を示すもののようだ。して見ると事物の文義的解釈は、その事物が人間社会のものである限り、最も根本的な分析への手懸りとなるということに、何の不思議もないということになりそうである。

解釈学的方法そのものの根本的な弱点乃至トリックに就いては後に触れるとして、こうした場合の文義的解釈に対する不信用は、恐らく夫が何かの証明力・説明力を持つかのように説かれたり又受け取られたりするからだろう。無論、日本語や支那語で「倫理」という言葉を造り得ても、その倫理という言葉の分析の結果は、倫理という事物関係そのものが亦そうあることの証明になるものではない。ましてそうした倫理関係が一等「倫理的」（もはや日本語としてではなくて国際的な訳語としての）なものでなければならぬ、という証拠になどはならぬ。文義的解釈が物を云う範囲は、倫理なら倫理という関係――和辻氏は之を人と人との行為的聯関のことと見る――を解明する一つの引例として、直観的な象徴として、倫理という言葉の分析を行う場合に限る。これは倫理なる関係そのものの証明でもなければ一定の手続きを踏んだ説明でもない。なぜならそこには理論上のギャップがおかれてあるからだ。そしてこの理論上のギャップを、直観的な尤もらしさを以て埋めるものが、所謂「解釈」なるものの理論上の意義だったのである。

でつまり、解釈というものの権利を科学的理論の全面に就いて承認する限り、即ち解釈学的方法を倫理学に於ても認める限り、倫理や人間や存在というものの文義的解釈から倫理学が始まるということに、苦情をつけることは一寸《ちょっと》出来ないだろう。――この倫理学は元来、何物をも証明又は説明しようとするものではない、単に吾々日本国民の生活を解釈する、多分ジャスティファイする、ためのものなのだ。之に同感なものは益々《ますます》同感するだろうが、之に反対なものは益々反対せざるを得なくなるまでで、倫理学的な即ち科学的な、道徳・風習・社会機構・其他一切の人間社会にぞくするものの批判などは、この倫理学では問題ではない。――思うにこの種の倫理学は批判する処の倫理学ではなくて、却って専ら批判されるべき倫理学なのだろう。

だが一つの非常に大切な点が残っている。言葉による文義的解釈である以上、解釈される事物はいつも国語の制約下に立たされる。「倫理」も「人間」も「存在」も皆日本語としての夫であって、従って之によって解釈される倫理そのもの・人間そのもの・存在そのもの・は、単に日本に於ける夫等《それら》であるだけではなく、正に日本のを基準にした夫等のものでなければならなくなる。なぜなら倫理や人間や存在は一面国際的に理解出来るものなのだが、この国際的なものと日本的なものとの折り合いになれば、この文義的解釈は云うまでもなく日本的なるものをその中心的位置に持って来ないわけには行かない。その結果、例えば「倫理」という国語によってしか表わせないものを更に又「倫理」という国語の文義的解釈によって解釈するなら、倫理という日本語ばかりではなく、倫理そのものの日本性を、同義反覆的に結論するのが、そのノルマルなロジックになるだろう。こうやって国語的文義解釈を手頼《たよ》りにすることは、いつの間にか「日本倫理」や「東洋倫理」を結果するのである。云うまでもなく日本倫理とは、倫理は夫が日本的である場合に一等優れたものだ、ということを仮定し同時に又結論する処の倫理説なのだが、この点和辻氏の「学術」的なモダーン倫理学も、例の広島大学の人格者西博士の陶然たる「東洋倫理」と、別な本質のものではない。

さて和辻氏によると、倫理は人倫の理である。人倫は人と人との、個人と個人との、行為的聯関である。或いは、初め個人があって夫が集《あつま》って聯関をなしたのではなく、初めから個人の代りに共同体があって、それが却って初めて個人と個人との間に人倫的聯関を有つのだと見るべきだ、というのである。で日本語にこういう倫理という言葉がある通り、それからでも判るように、日本の社会は元来共同体的だというのである。日本の社会が何故共同体的になっているか、又何故共同体と考える他に途《みち》がないか、というような、そういう説明や証明はこの「解釈」の外であった。必要なのは言葉によって思い当る・思いつく・現象の叙述だけだ。それから、この日本的共同体社会生活が、世界中の社会の（人類の倫理の）模範であるかのような感じを、アトモスフェアーを、興奮を、つくり出すことだ。ここでは結局、世界に冠たる無比の国体、に似たようなものが必要なのである。

で倫理とは人倫の理、即ち「人間」の理である。処が人間という日本語が和辻氏によると、非常に都合のいい持って来いの言葉であって、之は辞書によると、元来が人間（人）と人間（人）との「間」を、「中」を、関係を、聯関を、働き合いを、ふるまいを、示すものであったのが、後世誤って（？）個人を指すようになったというのである。西洋の社会学者達は、社会と個人とを分ち対立させ、その上でこの二つをどう結合しようかと苦心しているが、吾々の云う「人間」とは一方に於て個人と個人との聯関を抑々《そもそも》成立させる処の社会関係を意味するのであって、それが後に個人の意味に転化したのは併し決してただの誤りや間違いではなく、却って社会的聯関に於ける本当の個人の意味を之によって伝えるものだ、即ち人間という関係そのものは、一方に於て社会関係を他方に於て個人的存在を、「弁証法的に統一」して同時に云い表わすような高度の哲学的結論に一致した極めて優れた言葉だったのである。無論西洋にはそういう言葉はない、そういう生活がないからだ。併しなぜそういう生活がないか、即ち西洋ではなぜ個人主義が支配的なのか。だがそういうことは抑々「倫理学」の、「人倫」の問題の、外だ、「解釈学」の関わり知る処ではない。

　だから人間というものは「世間」或いは「世の中」という言葉でその一面を非常によく云い表わされている。但し之も文義的に解釈せられるべきもので、不壊《ふえ》の真理から流転界に堕しつつもなお之を抜け出ようとする境地を指して仏典では「世」と云っている。こうした俗間に堕することが「世間」「世の中」の意味だ。で「人々が社会を世間・世の中として把握したときには、同時に社会の空間的・時間的性格、従って風土的・歴史的性格を共に把握していたということが出来る。」日本語の世間乃至世の中ほど、社会の真理を云い表わしたものはないというわけである。このように、凡て日本語の云い表わす処は、不思議にも大抵最高の真理なのだ。この不可思議の手品のカラクリについては、併し、同語反覆にすぎぬものとして、さき程説明したばかりである。

人間とはこうした人間の世間性（社会性）と人間の個人性との両側面を統一する言葉いや事物であって、その内に横《よこた》わる秩序・道が、所謂人倫の理即ち倫理に他ならぬ。之が人間存在の根柢である。――だが存在とは一体何か。併し存在は物質か精神かというのではない。存在は和辻氏によると元来人間を意味する言葉なのだ。それを知るには併し「存在」という言葉自身の意味を見ればよい。存在という言葉は云うまでもなく「ある」という意味を表わす。だが、「ある」にも「である」と「がある」との区別があるが、支那では、「有」で以て「がある」に当てている。無論この際、「である」よりもこの支那的な「がある」の方が「ある」の根本に触れているのであって、之がオントロギー（存在論）が「有論」と云われる所以なのである。そこで氏によると「有《あ》る」は「有《も》つ」から来るのであって、そういう風に有の根柢にはいつも人間関係が潜んでいるということが見出される。「有る」処のものは人間の「所有」に外ならぬ。

「ある」→「がある」→「有る」→「有つ」が人間の所有に帰着するならば、人間自身があるのはどういうあり方か。人間が人間自身を有つということが人間の「ある」であって、これが「存在」という言葉だというのである。処で「存」という字の方は、人間の主体による時間的把握に関係しているが（「存じています」・「存続」・「危急存亡の秋」・等）、「在」の方は人間主体が空間的に一定場所を占めることを意味している（「在宅」・「在郷軍人」・「不在地主」・等）。即ち「存」とは人間存在が自覚的であることを、「在」とは人間存在が社会的であることを意味するわけで、「存在」ということはそれ自身取りも直さず「人間」の存在そのものでしかない。人間以外のものの存在は、この存在からの譬喩か派生物ででもあろう。

でこうして倫理の文義的解釈をしたのであるが、こうした「「人間」の学」が即ち「倫理学」だというのである。尤も人間の学と云っても、所謂アントロポロギーのことではない。なぜと云うに、西洋の所謂アントロポロギーは、人間を単に個人として抽象して考えるから、例えばM・ハイデッガーの場合のように、仮に人の自覚的存在を論じるにしても、人の社会的人間的聯関を見落して了うから、到底「人間」の学ではあり得ない。まして個人の身心関係を論じるような自然科学的「人類学」や形而上学的な「哲学的人間学」（実は「哲学的人類学」なのだが）は、「人間」の学ではあり得ない。人間は個人であると共に個人的存在を超越した共同体的人間存在なのだ。だから個人にとっては、ここから所謂道徳上のゾルレンも発生するのだ、という風に考えられる。——こうした倫理学のプランは色々と工夫され得るだろう。だが重点は、こうした本当の倫理、従って本当の倫理学はどうも日本或は精々古代支那に於てしか見出されず、又成立し得ないということになるらしい点だ。蓋し日本倫理は模範的倫理である。この倫理学の本は専らこれを示すために書かれているのである。決して単に日本に於ける倫理の解明でもなければ、吾々現代の日本人のためにその倫理と道徳とを批判するために書かれたのでもない。

処がこの模範的な日本倫理は、決して珍奇なものでもなければ変なものでもない。実は之こそ却って西洋倫理（？）の殆んど一切の優れた倫理論者の根本思想だったのだ。ただそれが彼等に於ては夫々《それぞれ》の不充分さを脱しなかったために、判然とした「人間の学」としての日本倫理にまで上昇出来なかった迄で、西洋倫理と対比し或いは之と接続させることによって、日本人間学は模範的な人間の学に、即ち模範的人類の学に、即ち世界人類に倫理的模範を示してやる学に、なるのである。つまり日本人は模範的な人類だということが結論になるわけなのだ。——アリストテレスの「ポリティケー」、カントの「アントロポロギー」、コーヘン「コーエン」の「純粋意志の倫理学」、ヘーゲルのジットリッヒカイトの概念、フォイエルバッハの「アントロポロギー」、マルクスの「人間存在」が、夫々日本倫理学の、不充分な先駆者として挙げられる。——マルクスを換骨奪胎することによって、マルクス主義的なものから日本的なものへ直線的に走るのは、今日では、何も日本倫理学に限らず、又和辻哲郎教授の思想態度には限らない社会現象だ。

重ねて云うが、和辻氏の倫理学は、氏のその他の一切の業績もそうである通り（風土史観・日本精神史・原始仏教・国史等々の研究）、その対象の民族的特殊性を強調し、又特に日本的乃至東洋的特殊性を強調解説することにあるのだが、それにも拘《かかわ》らずその研究方法或いは考察態度は、いつも欧洲哲学の支配的潮流に基いている。『原始仏教の実践哲学』に於ては、当時の日本の大多数の仏教学者が、ヨーロッパ的方法としては高々カントの批判主義などの段階に止まっているのに対して、「現象学」的見地を導き入れたから、仏教の独自な哲学的現代文化的解説を与えることに可なり成功したように見受けられる。之は当時の平凡な職業的僧侶教授たちの到底企て及ばなかった処であったらしい（但し宇井伯寿教授は例外だったが）。この倫理学も亦、その対象が前から云っている通り日本の倫理であり、或いは寧ろ日本主義倫理であるのだが、併しその方法は日本では一見モダーンに見えるヨーロッパ的「解釈学」に基いていた。これが他の教育家風や儒学者風の倫理学に較べて、著しく現代的文化性を有つ所以だ。と同時にここに吾々が警戒しなければならぬワナがあるのである。

一体和辻氏の一般的な哲学上の方法は、一見極めて天才的に警抜に見えるが、他方また甚だ思いつきが多くて御都合主義に充ちたものであることを容易に気づくだろう。だから氏独自の哲学的分析法と見えるものも、多分に雑多な挾雑物から醸造されているので、それは必ずしもまだ本当に独自なユニックな純粋性を持っていない。現にその倫理学も、多分に西田哲学の援用と利用とがあり、而《しか》もそれが必ずしも西田哲学そのものの本質を深め又は具体化す底のものには見えないので、西田哲学からの便宜的な借りものをしか人々はここに見ないだろう。別に氏自身明らかに云っているのではないが、氏のこの倫理学に於ける方法に就いては、直接には後輩三木清氏等の「人間学」に教唆《きょうさ》される処も少くないようだ。この点が併しもっとオリジナルにはM・ハイデッガーに負うものであることは云うまでもない。

氏は明らかにハイデッガーの解釈学的現象学に負う処が最も多いことを告げている。特に「人間」とか「世の中」とか「存在」とかいう言葉の分析と問題の捉え方とは、全くハイデッガーのものの考え直しであり、アナロジカルな拡張に他ならぬことが一見明らかだ。ハイデッガーがドイツ語やギリシャ語や又ラテン語に就いてやったことを、和辻氏は日本語や漢文やパーリ語に就いて拡張して行ったに過ぎないとも云える。——だが、その結果はもはや必ずしもハイデッガーの所謂解釈学的現象学の根本テーゼに忠実であることは出来ない。出来ない筈で、もしそれが出来るようだったら、つまりこの倫理学は何かカトリック主義的な、或いはゲルマン的な、或いはヒットラー主義的な、倫理学になるだろうが、決してこの非常時的日本の日本倫理学にはなれまい。日本倫理学を提供するという社会的需要から云っても、ハイデッガー的根本テーゼのいくつかは、日本型にまで批判改造されなければならぬ義理がある。

ハイデッガー的解釈学的現象学の根本的な特色の一つは、氏によると、彼が問題を存在(Sein)から始めたということにあるらしい。というのは、ハイデッガーではこの存在をつかむ通路として初めて人間的存在が、自覚的存在が、Daseinが、問題となる。だから云わば彼がここでいう「人間学」「人間の存在学」は、存在論(オントロギー)の単なる方法乃至手段の意味を持つだけであって、実はこの哲学の主題となっているのではない。これが和辻倫理学と異る第一の点だ。

だが併し問題が違うだけなら、苦情を持ち込むことは出来ない義理だが、大事なことは、その結果として、そこでは存在が本来人間的なものである点を充分に想定しつくしていないという根本欠陥である。和辻氏によると「存在」という日本語は実は、人間の行為的聯関そのものを意味する筈のものであって、而もこれこそが「存在」の世界に冠たる優れた概念でなければならないのだが、もしそうだとすると、仮に存在の問題から、それへの通路としての人間の問題にまで行くにしても、その存在という概念と共に、その人間という概念も亦、ハイデッガーのもののようであってはならぬ。存在を充分に人間と関係づけることに思い及ばなかったハイデッガーは、実は人間という社会的歴史的(風土的!)な人間共同体ではなくて、その代りに単なる「人」が、個人が、彼の存在への通路として取り上げられる。だから彼の「人」の存在に於て見出される時間性も、実は人間の歴史性ではなく、又彼の「人」にも本当は何等の社会性（風土性！）はあり得ない。彼が「世の中にある」（In-der-Welt-Sein, Mit-Sein 等々）というものも「人々」と云うものも、つまりは個人的な人の存在に関わっているので、本当の人間存在の規定にはなっていない。之が第一の欠陥だというのである。

人間（実は「人」）の存在をこうした個人的存在（？）と考えることは、ハイデッガーの解釈学的現象学が意識（自覚）をその学的分析の地盤とすることに照応している。事実、意識・自覚を通路とすればこそ、ハイデッガーの哲学法は一種の（解釈学的な）現象学の名に値いするわけで、ウォルフ学派（ラムベルト）以来、カントに於てもヘーゲルに於ても、フッセァールに於ても、現象学（フェノメノロギー）とはいつも個人的意識の面に関わるもののことである。だがハイデッガーの現象学はただの「純粋」な現象学ではない。解釈学を導入した、或いはモディファイされた現象学なのである。W・ディルタイは歴史の解釈記述の方法として表現の解釈という途を選んだのだが、この表現はディルタイに於ては生の、体験の、その意味では一種の意識の、表現を意味した。ここではディルタイは、著しく心理学的なものからの制約を脱していない。この生哲学風のディルタイ的解釈が、学的厳密を誇るフッセァールの現象学と結びついて、云わばハイデッガーの解釈学的現象学となったのだから、この方法の現象学的・意識論的・或る意味では心理学的でさえある特色は、決定的なものだ。

処で和辻氏の批評によると、解釈学と現象学とが、このような形で結びつくということが一体やや無理なのである。解釈というのは、表現を通してその背後にある個人なり民族なり時代なりの人間生活を追溯し再経験することでなければならないのだが、こうした表現の背後にあるものと、現象学に於ける現象というものとが、到底一致出来ない要求を有っている。なぜなら現象学でいう現象とは、本体や本質が現象した処の現象ではなく（現象学は現象の背後にそういうものを想定することを科学的に拒む）、事物をその現象だけに就いて分析するための場面のことであり、そこでは事物そのものがそのありのままの姿を顕わす（現象する）のである。だから正確にいうと、現象に就いては表現という言葉はトンチンカンになるわけだ、というのである。――で氏によると、人間の学としての倫理学の哲学方法は、ハイデッガー式解釈学の現象学的な現象主義を清算して、純然たる解釈学にまで行かなくてはいけない、というのだ。

そこで吾々に云わせると、この点必ずしも不賛成ではない。一体フェノメノロギー（現象学）の現象という言葉は、直接にはF・ブレンタノーの「実験的立場による心理学」から来るのであるが、ブレンタノーの哲学的立場は一種の実証主義に他ならない。彼はA・コントの「現象」という言葉を心理学に採用したのだ。だから、現象学そのものが現象主義で経験主義で、現象の表面を匍匐する現実主義の云わばカトリック的形態に過ぎない。之によって、倫理であろうと人間であろうと存在であろうと、凡そ事物の真相や意義（意味）などが掴めないのは、常識的に云っても明らかなことだ。こういう現象面を匍匐することによって、事物を解釈しようということは、元来無理な企てだったとも云えるだろう。

ハイデッガーの方法に就いての問題は右につきないが、今はその処ではない。だが一体和辻氏の解釈学が、果して現象学乃至解釈学的現象学に較べて、どこかに根本的な優越性があるだろうか。解釈学的方法そのものが、一種の、より複雑ではあるが併しより内訌《ないこう》した、現象主義であり反本質主義なのである。

人倫とか人間とか存在とかいう言葉は、すでに云ったように一つの表現だ。而も人間を動物界から区別する根本的な表現であり、又之によって事物の分析が始められる意味ではロゴス的な通路としての根本表現だ、とこの倫理学は見ている。だが一体表現というものの理論上の価値が抑々吾々にとって疑問なのである。表現は生活の表現だが、生活がどういう風な現実的な物質的プロセスを通ってこの表現物にまで生産され結果したかという、そうした歴史的社会の物質的根柢に触れた因果の説明はこの場合少しも問題にされない。表現は単に一定の生活背景に対応する（対応は物理的な因果や交互作用ではなくて云わば数学的なつき合わせ――Zuordnung――にしかすぎぬ）処の意味を持てばよい。この意味を解釈することが、表現という概念を哲学のシステムに持ち込むことの目的だったのである。事物のレアールな物的関係ではなくて、事物の「意味」だけの観念的なつき合わせが、「表現」に於て許される唯一の問題なのだ。

なる程現象学的な現象主義では、事物のもつ意義さえが、意味さえが、解釈出来なかった。併し氏に於て見られる解釈学に於ても、事物の物質的な現実のレアールな意味は、決して解釈されない。解釈されるものは云わば数学的とも云うべき審美的な詩的な象徴的だとさえ云っていい表現の意味だけだ。表現とは大まかに極言すれば、要するに事物関係そのものに代行する非現実的なシムボルなのだ。でそういう点から云って解釈学も亦、一つの立派な現象主義或いは現象学でさえあるので、ただ所謂現象学の方が「事物そのものに肉迫する」ことをモットーとするのに反して、解釈学の方は却って、事物そのものの代りに事物の非現実的なシムボルを求めるのだから、それだけ所謂現象学よりもより以上に現象学的で現象主義的だとさえ云えるに他ならぬ。

なる程解釈学的倫理学は、歴史的社会の物質的生産関係を決して無視しないとはいう。無論夫を無視しては人間の解釈という招牌《しょうはい》に佯《いつわ》りがあることになるだろう。だがその際生産関係はどういう意味の下にこの倫理学の取り上げる処になるかというと、あくまで人間存在の表現としてであるに過ぎない。人間存在が物質的生産関係を通じて因果し又交互作用した結果が倫理であるというのではなくて、そうした物的基礎の構造聯関の代りに、観念的な意味の構造聯関が取り出され、そういう一種の社会的象徴として、歴史社会の物質的基底がとり上げられるに過ぎない。貨幣に於て社会の人間関係が表されているというのは、その表現する現実的な物的過程そのものがこの貨幣という一種独特な商品を産み出したという因果関係を指すのだが、解釈学的表現として之を分析するならば、多分、階級対立が次第に必然的に尖鋭化して行く資本主義社会を得る代りに、恰も和辻倫理学が発見した「人間存在」というものでも得るだろう。ここに解釈学的方法の現実上のナンセンスが横わる。

資本主義的階級社会の代りに、極めて一般的な又抽象的な「人間存在」を齎《もたら》すように出来ている処のこの解釈学的方法は、歴史社会の現象の表面を審美的にかすめて行く方法のことだが、その結果は必ず或る意味に於ける「倫理主義」に行かざるを得ない。と云うのは、一切の歴史的社会的現象が、その基礎構造や上部構造などの区別を予《あらかじ》め払拭した一様に扁平な諸事象として、一つの概念に包摂され投げ込まれることになるが、その時「人間」という概念が最高の類概念となるのである。そしてこの人間とはそれ自身既に一般化され抽象化されたものの筈だから、全く人間的なもので、即ち人倫学的なものであるのだから、一切の歴史的社会的現象は倫理現象に還元される他ないのである。――和辻倫理学がこうした倫理至上主義を取るのは、決して問題が倫理であるからではない。寧ろ、歴史的社会の現実的物質的機構の分析から出発することを意識的に避けようとする解釈学の唯一の必然的な結果なのであって、そういうものが「人間の学」の、即ち広義に於て今日の日本の自由主義者や転向理論家が愛用する「人間学」

の、根本特色なのだ。倫理主義は必ずしも倫理学だけのものではない。一切の経済学も政治学も社会学も行こうとすればいつでも行くことの出来る、而も「科学的」に行くことの出来る、境地なのである。

でこうした一切の人間学主義――それは必ず何かの形の倫理主義に到着する――が、今日日本に於て最も確実らしい実を結んだ解釈学だということを示すものが、和辻氏のこの倫理学だろう。解釈学がどのような意味に於て形而上学であり、又その意味に於ける形而上学がどのように積極的に観念論であるか、という点に就いて一一に述べた。――問題は今、こうした人間学、倫理主義的解釈学が、いかに日本主義的なものであるかという点だ。ドイツに於てはヒットラー主義へ、日本に於ては日本主義倫理学へ、之が解釈学に潜んでいる自由主義（？）というものなのである。つまり和辻式倫理学は、自由主義哲学が如何にして必然的に日本主義哲学になるかということの証明の努力に他ならぬ。

（倫理の問題に関して和辻氏にはなお他に『国民道徳』の労作がある。其他、原始仏教・国史・日本精神史・の研究、いくつかの風土論や「日本精神」という短文、を参照しなければならぬ。――なお之を西教授の『東洋倫理』ともっと詳しく比較出来たら面白いと思う。）

偽装した近代的観念論——「解釈の哲学」を批判するための原理に就いて

『日本イデオロギー論』、一九三五年七月

現在に於て「観念論」という言葉は市民文化の側からも、必ずしも愛好されてはいない。往々無雑作に、あれは観念論だ、これは観念論的だと云い勝ちだが、そしてその言葉には或る一定の隠れた体系的な含蓄があるのであって、この含蓄の一部を洗い出すのが今のこの仕事の一部分になるのだが、併《しか》しそう批評された当の人間達には、この言葉は必ずしも痛くピンと来るとは限らない。私の又は彼の思想は決して観念論ではない、観念論に敵対することこそこの哲学ではないか、それを事もあろうに、観念論だとか何とか云い放つことは、観念論がどういうものかも、私の又彼の思想の要点がどこにあるかも、つき込んで知らないことを証拠立てているに他ならない、とそう彼等は云うかも知れないのである。

なる程彼等によると、観念論とはイデア主義であるか、又はイデアール主義（理想主義）であるかだ。と云う意味は、形象を完備した浮き彫りのような事物の有様だけを本当の存在と考えたり、或いは与えられた眼前の現実に対して天下り式の理想を課して、この現実と理想との絶対的な深淵を当為（ゾルレン）を以て埋め得ると考えたりすることが、観念論だというのである。或る意味では全くその通りに違いない。ただ問題は、彼等自身が果してその敵視する観念論そのものの密偵でないかどうかということだ。観念論と云えばすぐ様ソークラテスやプラトンを、又下ってはカントを、思い浮べるわけだろうが、こうしたものに反対するということが、併《しか》しそれだけで、観念論の反対者であることの証拠になるものではない。

一切の道徳的権威を打倒し、価値を倒壊させようと企てたからと云って、ニーチェは観念論の敵だと云うのだろうか。社会主義的進歩の理想を信用しない後年のドストイェフスキーが観念論の本当の敵であるのか。（唯物論に就いては後に。）この頃「不安」の哲学者として事新しく改めてわが国に紹介されたシェストフによれば、観念論こそ（唯物論と共に！）本来の哲学の、即ち悲劇・無の哲学の、仇敵だというのだ。現代の神学の新しい一派は神学をロマン派的観念論から護らねばならぬと考える。日本個有の思想家として国粋的乃至《ないし》東洋的な照明を投げかけられている西田哲学も、ブルジョア哲学（之《これ》はブルジョアジー個有の哲学と云うよりも現在のブルジョア社会の一定の必要に応えんための哲学のことをいう）の自己批判（？）ということとの国際的な現象から云って、例外をなすものではない。観念論はつまりは有の哲学に過ぎぬのであって、無の哲学でないから駄目だというのである。之は同時に少なからぬ西田哲学応用家の口吻《こうふん》でもあるのだ。観念論は葬られねばならぬ、無論、唯物論と共にであるが!

資本主義のこの国際的な動揺期に当って、特に或る特定の観念論だけを、観念論全般の代表者として処刑するという思いつきは、云うまでもなく今日の位置に置かれたブルジョア哲学(その意味は前に述べた)に取っては、極めて賢明な護身法だと云わねばならぬ。「観念論」は亡びよ、だが例えばニーチェは政治家の腕に、ドストイェフスキーは文学者の良心に、そしてシェストフ(否ケルケゴールからマルティン・ハイデガーに到る一味)は哲学者の脳裡に、生きのび、そればかりではなく復興されねばならぬ、ということだ。かくてブルジョア哲学の不利な負債や足手纏《あしでまと》いは、この犠牲のおかげで片づけられ又は清算される。特に、一九〇五年以後十年間のロシアにも相当するだろうわが国の現在の事情の下にあっては、この処置は単にブルジョア哲学の護身術であるばかりではなく、又その養生法と延命術でさえあるかも知れぬ。——で、この時は恰《あたか》も、『唯物論と経験批判論』がもう一遍書かれなければならぬ時なのだ。

暗号は戦況の進展と共に変更される。攻勢に於ても守勢に於ても、観念論はその符号を変更する。今や観念論の抜け殻が特に大きく観念論と銘打たれて投げ出される。之に牽制される者は蟬の代りに蟬の抜け殻を拾い上げる、蟬はその時すでに他の樹に止《とま》って鳴いているのである。近代的観念論は好んで偽装する習慣を持っている。だから唯物論も仲々並大抵ではないのだ。

処《ところ》でその観念論なるものは、この蟬と蟬の抜け殻とは（蟬の抜け殻でも矢張《やはり》蟬のものだ）、一体何か。ソークラテスでも又カントでも、其他一切の「観念論」乃至「理想主義」の大を以てしても量り切れない、洪水のようなこのブルジョアジーの観念上の奢侈品は、何をその本性としているか。――物質よりも観念の方が先にあり又先である、というのが観念論の根本的な特徴だと普通云われている。だが、この言葉は、内容が極めて豊富で含蓄に富み過ぎているだけに、言葉として却って貧弱な言葉だと云わねばならぬようだ。吾々が之を実際的に活用して見ない限りは、全く無意味な言葉であるかも知れない。

少くとも一定類型の観念論を眼の前に持って来てこの言葉をあてはめるのでなければ、この言葉は何の役にも立たない。尤《もっと》も仮に、バークレー的観念論、カント的観念論、マッハ的観念論、等々という諸類型を持って来るだけではこの言葉が一応活かされて適用されても、それだけではまだこの言葉自身の発展は起こらない。問題は、物質の代りに観念論から出発するというこの観念論一般を、最も特徴的に代表するような、観念論の何かもっと積極的な規定をここから摑み出すことにある。こういう規定を使って初めて、例の言葉も今日実際的に活用出来るようになる。

今云ったような意味で、観念論の第一の積極的規定が、形而上学の内に見出されるということは、すでに広く承認されている一つの知識である。観念論の弱点はその形而上学にあり、之に反して唯物論こそは反形而上学的だ、というのである。尤も或る種のマルクス反駁家は、唯物論であるマルクス主義哲学こそは、まさに形而上学的なのであって、そこにこそ之の致命的な欠陥があるのだ、と云っている。マルクス主義の物質万能主義（？）は物質の古い形而上学に過ぎないし、現象の背後に労働価値とか歴史の必然性とか自由の王国とかを求めるのも亦《また》非科学的で形而上学的だというのである。要するに認識論的でも実証論的でもないから、形而上学だと云うのである。だがこのブルジョア哲学的範疇としての「形而上学」は、無論今の吾々の問題にはならぬ。――唯物論の範疇に従えば、形而上学とは機械論的な思惟方法以外の何物でもなかった。と云うのは、事物をその聯関的な運動に於て摑《つかま》えることを知らず、個々別々に切り離されたものにまで固定して考える処の思考法を、夫《それ》は意味するのであった。

だが観念論の形而上学としてのこの規定も実は、現在吾々が眼の前に見ている諸種の事情に就いて云えば、まだ実際的ではない。一体この規定は、主としてカントを批判するためにヘーゲルが使った処のものに始まるので、無論この規定を適用するのに徹底的でありさえしたら、ヘーゲル自身も、その「観念論」の故に（だがこう云っては説明するものとされるものとが本末顚倒になることに注目！）形而上学的になって了《しま》うわけなのだが、それだからと云って、この規定の云い表わし方そのものが徹底的だということにはなるまい。現在のブルジョア哲学に於ては、例の「観念論」が評判が悪いと殆んど同じ根拠から、「形而上学」も亦、必ずしも愛好されているとは限らない。メタフィジークが哲学と同じ言葉として慣用されている国（例えばフランス）は別として、日本などで自分の哲学を形而上学と呼んで欲しいと思っている哲学者は決して多くはない。彼等の観念論の本質がその形而上学にあるにも拘《かかわ》らず、彼等は「形而上学」を拒むに吝《やぶさ》かではないのだ。

而《しか》も、こうした匿《かく》された形而上学は、必ずしもみずから機械論に立っていることを標榜しないのは云うまでもなく、却って機械論の断罪者としてさえ現われるのがその大部分であって、W・ジェームスやベルグソンによれば、バラバラな固定物処ではなく、流動こそが事物の本性だということになっている。二十四時間の長篇ジョイスの『ユリシーズ物語り』は、およそ機械論などというものとは縁の遠い現実そのものの「リアリズム」だと、「文学的」リアリスト達は讃美する。更に又、現代の匿された形而上学の内には、進んで弁証法を包括し或いは弁証法に立脚すると考えているものさえあるのである。（観念論的）弁証法は古来から今日に到るまで嘗《か》つて絶えたことがないとさえ云えるばかりではなく、今日に到って愈々《いよいよ》本当の（神学的な！）弁証法に到着したのだと、一種の覆面形而上学者は誇っている。

そこで私は、以前、色々の機会に、形而上学というもののも少し別な規定を必要とすることを述べたのを思い出さねばならぬ。それによると、現代の形而上学は、推《お》しなべて――機械論的であろうと弁証法を僭するものであろうと――解、釈、の、哲学に他ならぬのである。現代ブルジヨア哲学の勝《すぐ》れたものも愚劣なものも、その殆んど凡《すべ》てが解釈の哲学であることによって正《まさ》に形而上学であり、そういう意味の形而上学であることによって、特に積極的に観念論の名に値いすると、考えられる。云うまでもなく形而上学（従って又観念論）をこう規定することは、唯物論の歴史に於ては決して新しい着想や落想ではない。人も知る通り、資本論に於けるマルクスの有名な短い言葉の内に、すでに之は約束されていたものなのだ。で、観念論の第二の積極的な規定として、吾々は解釈哲学を挙げることが出来るだろう。もしこの規定を利用しないとすると、今日のブルジョア哲学が、どの点に於てその観念論振りを積極的に発揮し又露出しているかを、吾々は遂《つい》に適切に指摘出来ずに終りはしないかを恐れる。

解釈という以上、夫は無論事実の解釈のことである。事実がない処に、どんな意味の解釈もあろう筈はない。と共に、解釈を伴わず解釈を俟《ま》つことのない如何なる事実も無い、ということも亦本当だ。過去の歴史上の事実ならば、解釈の如何によって事実であるとも事実でないとも決定されようが、例えば実験上の事実に就いて、解釈の余地がどこにあるか、と云うかも知れない。自分自身が直《じ》き直きにぶつかった事実のどこが解釈に依っているかと云うだろう。けれどもそう云うならば、純粋な事実としての事実というものは実はどこにもないことになるので、あるものは恐らく単なる孤立した印象か何かでしかないことになる。事実ということは、そういう意味では、事実と解釈されたもののことに他ならない。解釈のないところには事実も亦元来あり得ない。

だから、問題が哲学などになれば況《ま》してそうであって、どんな哲学でも、解釈に依らず又解釈を通らずに、事物を取り扱うことが出来る筈はない。そういう意味では一切の哲学が解釈の哲学だと云っても云い過ぎではないのだ。元来事実の解釈ということは、事実が持っている意味の解釈のことであり、そして、事実はいつでも一定の意味を有《も》つことによって初めて事実という資格を得るものだから（そうではない事実は無意味な事実だ）、事物間の表面からは一寸《ちょっと》見えない聯関を曝《あば》き、隠された統一を掴み出すべき哲学が、事実の有つだろう意味の在りかをつきとめるために、特にその解釈の力に於て勝れていなければならぬのは、寧《むし》ろ当然だろう。

だが実は、この解釈自身に、事実の持っている意味のこの解釈自身の内に、問題が横《よこた》わっているのである。事実は云わば、自分自身を活かし発展させて行くためにこそ意味を有つわけであって、従って事実のもつ意味とは、専ら事実自身の活路と発展のコースとを指すものに他ならない。で、この場合大事なことには、夫々《それぞれ》の事実の持っている夫々の意味は、あくまで夫々の事実自身に対して責を負うているのであって、従って事実は自分の有つ意味を一旦通って自分自身に帰着することによって、初めて事実として安定を得ることが出来るわけだ。意味は事実そのものに戻って来るべく、元の事実に向って責を果すべくあるのだ。だから事実の解釈はいつも、事実を実際的に処理し、之を現実的に変革するために、又そうした目標の下に、下される他はない筈なのである。現実の事物の実際的処置は、いつも事物の有つ意味の最も卓越した解釈を想定している。

処が他ならぬ「解釈の哲学」は、この解釈の機能そのものに於て躓《つまず》くものなのである。ここでは解釈はこの本来の役割から脱線し、事実の実際的処置という解釈元来の必要と動機とを忘れて、専ら解釈としての解釈として展開する。と云うのは、事実の有っている意味が、もはや事実の意味であることを止めて、単なる意味だけとなり、かくて意味が事実に代行し、現実の事実は却って意味によって創造された事実とさえなる。こうした「意味」は意味の元来の母胎であった現実の事実自身の、活路や発展コースであることからは独立に、専ら意味自身相互の連絡だけに手頼《たよ》って、意味の世界を築き上げることが出来るようになる、ということを注意しなくてはならぬ。或る「意味」と他の「意味」とが連絡するのは、夫々の母胎である夫々の事実間の連絡を手頼りにしてである筈だったのに、ここでは意味と意味とが、極めて、奔放に、天才的(?)に、短絡して了う。こうやって現実の代りに「意味の世界」が出現する。現実界はわずかに、この「意味の世界」にあて篏《は》まる限りに於て、意味の御都合に従って、取り上げられ解釈されるだけである。——之が解釈哲学に於ける所謂「解釈」のメカニズムなのだ。ここで天才的(?)想像力や警抜な着想や洞察と見えるものは、実は狂奔観念や安直な観念聯合や、又安易で皮相な推論でしかなかったのである。

こうした繊細な弱点も、ごく卑俗な形のものは誰でも容易に気がつくことだ。近年日本に於ても自殺者は非常に殖《ふ》えて来たようであるが、そのどれもが、新聞記事によると甚《はなは》だ穿《うが》った解釈を与えられている。哲学に凝《こ》ったというのは古いからまだしもとして、最も斬新なのには、父親が×××に加わっていたために娘が自殺した、というような種類の解釈もある。蓋《けだ》し新聞にとっては事実そのものはどうでもいいので、記事が記事として独立な意味を有《も》てさえしたらいいのだ。――併し、この弱点も哲学という甲兜《よろいかぶと》の内に隠れると、取りも直さず解釈の哲学になるので、そうなるとこの弱点も容易にボロを出そうとはしなくなる。一方そこには荘重な名辞と厳《いか》めしい語調がある。而も、時々断片的に、読者や聴衆が持ち合わせた出来合いの知慧に接触するものがあって、それが彼等を感動させ、甘やかし、なだめすかす。分解や論証や質疑の代りに、単に次から次へとタッチがありタップがある。これが解釈哲学の極めて意味のある風味の特色の一つであるが、併し之によって、現実の事物に対する実際的処置は、恍惚《こうこつ》裡に時としては又涙の裡《うち》に、斥《しりぞ》けられて了うのである。世界を「解釈」するということは、拱手《きようしゆ》して世界を征服するということは、確かに楽しい仕事に相違はない。たといそのために涙と共に糧《かて》を食い、眠れぬ床に臥しても、この仕事は専ら楽しい仕事だ。

「生の哲学」と呼ばれるものの多くがこの解釈哲学であることは、今更注意するまでもないだろう。解釈とは、生の哲学によると、生の自己解釈に外《ほか》ならないが、生（その科学的な意義が抑々《そもそも》問題なのだ！）が自らを解釈するという自己感応のおかげで、意味が、事実から独立した純然たる意味の世界として、描き出される。この生の哲学が更に、特に所謂「歴史哲学」や「解釈学的現象学」と不離の関係にあることも、茲《ここ》に喋々《ちょうちょう》する必要はあるまい。この二つのものが、如何に解釈学の方法に準じた哲学であるか、又更にこの二つが如何に文献学（解釈学は夫の方法なのだ）的特色と臭味とさえを持っているかが、それを充分に物語っている。――大事な点はここでも依然として、解釈哲学の本質が意識的無意識的に事物の現実的な処置を回避しようとすることにある、という点である。

　解釈の哲学は、哲学の名の下に、実際問題を回避する処のものである。時事的茶飯事には何の哲学的意味もない、入用なのは実際問題とは独立な原則の問題の他ではない、というのである。実際問題は、この原則問題を時に臨んで応用すればよく、この応用を予《あらかじ》め用意してかかることなどは無用の配慮だ、と考える。例えば社会は、私と汝との倫理的意味関係に基いて発展され得る意味のものであって、その社会が××主義のものになろうとファッシズムへ向おうと、夫は政治上の実際問題ではあっても、少しも哲学上の問題ではない、というわけだ。――解釈の哲学が抽象的なのは、夫が事物を一般的なスケールに於て論じるからではなく、まして夫がムズかしい言葉を使うからなどではなくて、実は、意味を事実から、原則を実際問題から、抽象するからであり、現実の事実と実際関係とを視界から捨象して了うからである。

さて今云ったこの抽象性こそが、正に今日の形而上学の特色をなしていることを見るべきだ。今日の形而上学のナンセンスとユーモアは、之によっては実際問題が少しも哲学的に決定出来ないという処にあるのである。今日のアカデミックな又ペダンティックな哲学が、学校教師のように生気なく誠意なく見えるのは、このナンセンスがその原因の大きな一つになっている。そしてこの形而上学が現在最も有力な最も普及した観念論の形式だったのである。

現実の世界に於ける実際問題を計画的に回避するためには、この解釈哲学＝形而上学＝観念論は、甚だ屢々《しばしば》、実証科学乃至自然科学と絶縁するか、少くとも之に関わり合わない方が賢明だと考える。「歴史哲学者」達は、歴史的なものが、即ち彼等に従えば「哲学的」なものが、如何に自然科学的なものから別であるかを、専ら強調することを忘れなかった。歴史と自然との間に共通し併し発展する本質を見ようとする企ては、歴史を知らぬ者のことであり、人間的文化に盲目な者のことだと云わねばかりに。更に「解釈学」的哲学者に来ると、実証科学や自然科学は哲学にとって全く何の意義をも持たないことになる。哲学の科学性、即ちその客観性（そこから実証的特色と実地的な特徴とが出て来る）は、解釈学的哲学では少しも問題ではない。哲学とは全く別な全く関係のないそれ自身の秩序を持っている。世間的な俗物はとに角として、本来的生活者としての人間的存在は、エキジステンツは、一体実証的な世俗の知慧と何の関わりがあろう、とM・ハイデッガーの一派はいうのだ。

こうした僧侶階級的な反科学主義（尤も科学主義――ルダンテークなどが代表する――は決して尊重するに値しないが）は、実際問題を回避しようとする高尚な行い澄ました解釈哲学の、必然的な結論なのであって、ただ初めはカントや（ヘーゲルでも実はまだそうだ）下って新カント派の手によっている間は、それ程正直に本音を吐かずにいたものが、ブルジョア社会がその矛盾を自然科学のせいにまで転嫁しようと始めた近年に到って、初めて真向からその正体を現わして来た迄なのである。

だがわが解釈の形而上学は科学特に又自然科学のどの点に向って刃《は》向《むか》って来るかと云えば、それは実は何も科学の合理主義や又科学の先天的制限や、又その非人間的な枯淡さが本当に気に入らないのではなくて、実は科学の実際上立脚している処の物質的生産技術の要求が、わが解釈の内容にまで手を伸ばしはしないかを恐れているのである。物質的生産技術が実際的に実行され実地に運用される筈のものであることは、到底解釈学的にも言いくるめることの出来ない事実だから、之は世界の「解釈」にとって、甚だ厄介な代物《しろもの》と云わざるを得ないだろう。だから実は反技術主義（尤も技術主義は少しも尊重されるべき主義ではない）こそ解釈形而上学に於ける例の反科学主義の真髄だった。恰も近年、資本主義の諸矛盾の責任は、ブルジョアジーによって、その技術の自発的な行きづまりにまで転嫁される。解釈の哲学が召し出されるのはこの時を措《お》いてあろう筈はない。

処で、注意すべきは、解釈哲学＝形而上学も、とも角一つの纏《まとま》った哲学であるためには、一定の範疇体系を組織して持っていなくてはならぬということだ。だが無論之は、世界を専ら解釈するためにだけ役立つような範疇であり範疇組織でなくてはならぬ筈であった。そこで世界解釈のための論理の最も古典的で典型的なものは、ユダヤ教・キリスト教・的世界創造説の右に出るものはない。創造説は、世界の秩序を、あます処なく組み立て、残る処なく解釈する。その出来始めとその後のコースとその出来終りとを説明出来るならば、事物の「解釈」はそれ以上の完備を望むことは出来ない筈だ。世界は神の善意志によって、計画的に創設され計画的に歴史発展をし、そして最後の審判の日が来ると神の世界計画は実現し終る。こうして現実の世界が実際に嘗《な》めて来た貴重な時間上の自然的秩序は、寛大な天帝が濫費する恩寵の秩序で以て置きかえられる。この転心した新秩序の上に、解釈の形而上学の範疇星座が分布されるのである。

私は嘗《か》ってこの種の範疇を神学的範疇と名づけた。元来が他の世界秩序に基いているこの範疇を、現実の実際世界の秩序の維持に使おうとしても役立とう筈はないので、その意味から云ってこの神学的範疇は、実際性・実地性・実証性を、即ち地上に於ける検証を、持つことは出来ない。物質的生産技術によって秩序づけられている現世の俗界ではテスト出来ない範疇が之だ。だから私は之を曾つて非技術的範疇だとも云ったことがある。（拙著『技術の哲学』。）解釈の哲学は、神学的範疇に立っている、と云って一応今迄のことを纏めておこう。

之まで云って来たことは、併し、私が今まで何遍も繰り返して云って来たことに他ならぬ。処が最近、わが国に於て、この解釈の形而上学が一種独特な形態を取りつつあることを注意しなければならなくなった。その結果今や、観念論の第三の積極的規定を摑み出す必要に迫られる。この第三の積極的規定を取り出して見ると、之によって、観念論の例の第二の規定（解釈哲学として）が、第一の規定（形而上学として）さえもが、却って明らかに定着されるように思われるのである。

まず手近かにある一つの現象を注目しよう。この一年あまり以来、マルクス主義の陣営は遽《にわ》かに後退したと云われている。それがどういう意味であるかを、私は必ずしも理解していないのであるが、とに角一頃《ひところ》到る処に充ち充ちていたマルクス主義のファンや好意ある弥次馬が、世間から最近著しく整理されたのは事実だ。そして特に文学の世界に於て、この現象が人目を惹くように見えることは、今の話の筋から云って、興味あることなのである。今ではマルクス主義に立つ文化団体は残らず解散して了ったが、そして之は必ずしもマルクス主義的文化運動が消えたことを意味し得ないのは云わなくても判っていることだが、特に文学の世界に於て、文化団体の解散が著しい荒波を立てたことを誰しも知っているし又現に見ているだろう。左翼の文学運動は今ではいくつかの編輯中枢に分散し、時によっては左翼文学運動とは何の意識的な連《つらな》りさえもない文学分子と、混淆している。或る者は文藝復興の名の下に、何物よりも先に、文学それ自体の発展が焦眉の急だと云って、文学の××的首尾一貫性をまで犠牲にしても、プロレタリア文学の従来の桎梏《しっこく》を打ち倒さねばならぬと主張する。無論文藝復興の名を借りると借りないとに区別なく、反マルクス主義的文学者や純藝術派的文学者は、得意になって、或いは皮肉の腹いせの心算《つもり》で、この新しい現象を歓迎している。

マルクス主義的文学者にとってはとに角、其の他の文学者達にとって、この現象が事実上一つの文学至上主義を意味していることは、マルクス主義的文学者のもっと怠らない注意を喚起していい事実だと思うが、とに角文学の世界（尤もそういう別な世界があると思うのは私の又は人々の誤りだが）が、日本の現状の多分に漏れず、文学なりにマルクス主義に対する反動の態勢にあることは根本的な傾向なのであって、恰もこの文学至上主義が今日この傾向の最も著しい特色をなしているだろう。なぜなら、従来マルクス主義文学理論の根本テーゼであった文学と政治との結合が、之によって殆んど完全に解き放されたかのように、大抵《たいてい》の「文学者」達は考えているらしいからだ。

処が他方、文学に於ける評論が、文藝評論が、近年甚しく「哲学」化したという事実をもう一つ注意すべきである。云うまでもなく之は、一つには之まで私が述べて来た例の様々な偽装に手頼ったブルジョア観念論哲学一般の復興（？）に依るものであり、一つには唯物史観に立脚した科学的文藝批評が、例の文学と政治との関係の問題から、左翼的作家自身からさえ一種の不満を買ったからで、この二つの契機によって、ブルジョア観念哲学的な文藝評論が、続出することになったのである。

そこで、第一に文学に於けるこの文学至上主義と、第二に、文学に於けるこの哲学化とから、第三に哲学そのものの「文学」化が発生するのである。云う迄もなく哲学と文学とは、その本当の意義に於ては特別に不離な関係にある筈のものなのだから、文学（文藝評論）が哲学化しようと、哲学が文学化しようと、初めから当然なことで、珍しくもなければ況《ま》して悪いことでも何でもないのだが、併し今の場合、哲学が文学化したというのは、取りも直さず哲学が文学至上主義化したことでなければならぬことになるのである。

だが、文学に於てこそ文学至上主義という言葉の意味もなり立つが、関係は同じでも、哲学に就いて云う限り文学至上主義という言葉は恐らく無意味だろう。言葉が無意味なだけではない、そう云っては哲学のこの文学化の本質を曝くことが出来なくなる。実はこの現象は寧ろ哲学の哲学至上主義と云った方がいい位いかも知れないが、今はこの哲学至上主義自身を何か他の言葉で説明するためにこそ、文学の文学至上主義を引き合いに出したわけであった。――哲学は文学でないから文学至上主義になる懼《おそ》れは元来あるまい。その代り、現在のブルジョア観念論＝形而上学＝解釈哲学が陥る新しい変貌は、哲学に於ける文学主義と名づける必要があると思う。文学主義こそ観念論の第三の積極的な規定だ、というのである。

哲学は仮にそれがどんなに文学主義的であろうと（尤も文学主義の意味は今から説明するのだが）、とに角哲学の体裁を具《そな》えている以上は、何かの範疇組織を使って物を云う他に途《みち》を持っていない。処が文学主義哲学とはその範疇が特に文学的範疇である処のものを云うのである。だが、文学的範疇というのは一体どういう意味か。

文学が言葉の乗具に頼るものである限り、文学は概念を俟って初めて成り立つ。尤も概念と云えば、感覚を欠いた抽象的な観念の輪廓に過ぎないと考える向きもあるかも知れないが、それはこの言葉を単純に俗悪に使ったままで、理論的な用語としては全く取るに足らない迷信だ。そこで文学に於けるこの諸概念の中、比較的重大であり機動力に富み他の諸概念の結節点に当るようなものが、根本概念即ち範疇なのだ。だが文学に出て来て文学の内に用いられているからと云って、その範疇がすぐ様文学的範疇だと考えてはいけない。

哲学・科学其他一切の理論の内に現われる範疇、そうした云わば哲学的乃至科学的・理論的範疇と、文学に於ける範疇と結局別のものであってはならぬことは、少し考えて見れば絶対的に自明なことだろう。なぜなら、もし範疇の性質そのものが原則的に別なのなら、一体どうやって文学と哲学との間に、一定の密接な連絡や対応や一致や共通性等々が存在し得るのか。よく聞くことだが、二つの事物の間に原則的な連絡・対応・一致・共通性・等々が欠けている時、二つの事物は範疇的に異るとも云われているのだ。

だから文学の内に現われる諸範疇は、別に普通と変った範疇でも何でもなくて、哲学や科学が基いているその同じ世界観から、一様に誕生して来た普通の範疇、哲学的乃至科学的範疇のシーリースのうちにぞくするものなのだ。なる程或る範疇は主として文学のもので、他の範疇は主に哲学にぞくする、ということはいくらでもあるだろう。又同じ言葉によって呼ばれている一範疇も、科学の世界と哲学の世界とでは別な変容を持つことも出来るだろう。そういう意味での文学的範疇ならば、そういう意味での哲学的乃至科学的範疇からは異っていると云っても好《よ》い。だが問題は、個々一つ一つの範疇が、どの世界にはあってどの世界にはない、とか何とかいう事柄にあるのではなくて、一定の組織秩序を持った範疇体系に、そういくつもの種類があっては困るという、論理上の要求にあるのだった。

科学や哲学は一種の範疇のシーリースを有っており、文学は之に対して、このシーリースとは種類の違った別な範疇のシーリースを持っている、ということは、論理的に云って、範疇の一般論から云って、あってはならない約束なのだ。この約束を無視して、哲学的乃至科学的範疇秩序とは別な、従って之とは範疇的に、原則的に、異った、文学にだけ個有だと信じられそうな範疇秩序を想定し、又は不用意に使うならば、それが文学的範疇（文学主義的範疇）というものになるのである。

文学的範疇秩序の弊は、それが往々、不幸にも哲学的な——普通の——範疇と同じ名前を沢山含んでいるという、甚だ紛わしい事情のために一層悪質になるのである。リアリティーと云い現実と云い、真理と云い誠実というが、どれも哲学的範疇であると同時に、現に或る種の文学者によって「文学主義」的範疇として濫用されているのが、現在の事実だ。もし人があって、私の所謂文学的範疇は実は哲学的範疇と結局同じものであって、而も文学の方が夫を多少とも弾性に富んだフレクシブルなものとしてより繊細に把握するのに、哲学の方はより判然と普遍性の下に併し粗大にしか把握出来ないのに過ぎないのだ、と云うなら、そういう哲学なり文学なりが、とりも直さず文学的範疇で考えられたり書かれたりしている当のもので、そういうものを批判することこそが吾々の今の目的だったのだ。

だが、なぜ文学的範疇が往々——文学主義者によって——愛好され、而もなぜそれの方法上の弊が容易に気づかれないか、を説明しない限り、文学的範疇の意義は実は摑めまい。関係は、文学が科学的乃至哲学的表象を用いる代りに、当然なことだが、文学的表象を用いる、という処に横《よこた》わる。本当の場合を云えば、文学も哲学乃至科学も、それが使う範疇は、根本概念は、終局に於て同一組織にぞくするものなのだが、併しこの諸概念に直覚的な形態を与える段になると、即ちその概念に対応する表象——感覚的観念——を求める手法に来ると、文学的表象はもはや哲学的乃至科学的表象と決して同じではないし、又あってはならない。つまり哲学は哲学的範疇を哲学的表象を借りて使用するのだが、之に反して文学は、この同じ哲学的範疇を使用するのに、是非とも文学的表象を借りなければならないわけだ。

処が表象と概念とが、論理的な訓練の足りない普通の通俗常識から云えば、つまり同じものにされて了っているように、大抵の場合文学的表象と文学に於ける範疇とが一緒にされているのは必ずしも無理からぬ弊害だ。文学には文学独特の諸表象が感覚的諸観念がある。文学者は一応は単にこの感覚的諸観念、諸表象を駆使するだけで、立派に仕事が出来るだろう。だが、文学を多少とも批評し評論しようとすれば、文学者と雖《いえど》も諸表象・諸観念を貫いてこれを組み立てている見えない鉄筋の枠を、文学の内から探し出さなくてはならなくなる。その時は恰も、文学に於ける諸概念を、範疇を、求める時なのである。併し一般に云って、文学至上主義に移り行くべき物質的根拠を有っている今日の一種の文学者達は、この点に来ると直ちにその哲学的な訓練の不足を曝露する。と云うのは、文学に於ける概念のメカニズムをば文学的表象を通して掘り当てる他ないのは当然だが、その故に文学に於ける諸範疇が、文学的表象になぞらえられてしか工夫出来ないようになるのだ。文学者はその得意の文学的表象を手頼りにして、独自に文学上の諸概念・諸範疇を（表象をではない）構築する権利を有つように空想する。そうやって「文学的」範疇秩序が築き上げられるのである。文学至上主義の文学者は、哲学者になる時、文学主義者とならざるを得ない。

文学的表象と文学に於ける範疇・概念（況《いわ》んや文学的範疇）とを区別したが、そして文学に於ける範疇乃至概念に私は哲学上の興味の重点を置いたが、無論文学自身の立場から云って文学的表象のもつ文学的価値の大きいことを見逃そうと云うのではない。ここではすぐ様、文学の創作方法の、更に又文学に於ける世界観の、問題が結びついているからだ。それだけではなく、文学作品上に出現する多くの不朽な性格の独創は、之亦《これまた》決して概念や範疇の関わり得る問題ではなくて、正に文学的表象の貴重な所産の一つでなくてはならぬ。哲学的には範疇組織が文学の生きた側面だが、それと同様に、それに対応して、ハムレットやドン・キホーテ、バザロフやカルメン其の他等々の性格の創造が、文学的に云って文学的表象の価値だ。――私は嘗つて、概念と性格とを結合しようとする論理学的な試みをやって見たことがあったが、そこには今述べたような次第によって或る無理があったのであり、而もややもすれば文学的範疇の沼地に引きずり込まれる危険がなくはなかった。（拙著『イデオロギーの論理学』の最初の章参照。）

文学主義的範疇は、今日の文学者の多くの文学至上主義者達がその文学活動に於て私《ひそ》かに信頼している論理的根拠であるが、この根拠は文学者の文藝評論と来ると、もっとハッキリ日向《ひなた》にさらけ出される。文学的表象の発達した卓越した文学者も、少し筋の通った評論を企てる時には全く愚にもつかぬ評論家に堕するという事実は決して珍しくないが、夫は多分ここに原因の主なるものを持っているのだろう。――だが、話は文学のことではない、問題は哲学自身、こうした文学的範疇に立脚している場合が、わが国のブルジョア文化社会に於ては甚だ著しいということにある。この点が特に見易くなるのは、ここでも亦、そうしたブルジョア観念論哲学者達の或る者が、文藝評論を試みようとする時であって、事実又そうした哲学は元来、文藝評論向きに出来ているという処に、「文学的」な良さと弱みとを有っているのだ。この種の文学主義哲学が実証科学に対して、生産技術のイデオロギーに対する役割に就いて、一般に合理的理論に対して、どういう態度を取っているか、また取るわけがどこにあるかは、読者に一任していいだろう。

　哲学的意識或いは又生活意識は、一方文学的意識となって現われると共に、他方政治的意識となっても現われるものだ、ということをもう一つ注意しなくてはならぬ。そこで文学主義が文学意識となって現われたものが文学至上主義であったに対応して、文学主義の政治的表現は、文学的自由主義と呼ばれていいだろう。文学的リベラリズムに就いては一五に述べるが、最近文壇でも注目に値いするテーマになりかけているようだ。之は元来、政治上の哲学的範疇である自由主義が、専ら文学意識によって支えられる他に歴史的に云っても社会的に云ってもその物質的根拠を有たない結果、いつの間にか文学的範疇で以って置き換えられた、という日本に著しい一現象を云い表わす言葉なのである。だから今日の日本の可なり多くの文学者が一種の(即ち実は「文学的」な)自由主義者であり、そして今日の日本の自由主義が政治の世界に於てではなく狭義の文学の世界に於てその支柱を見出さねばならぬという現状は、今日の日本の代表的な自由主義が主に文学的範疇としてしか受け容れられていないという関係を物語っているのである。実際今日、自由主義を文学的範疇によってでも理解しない限り、夫が世間で進歩という表象と何か不離な関係におかれているかのように云い振らされたり思い做《な》されていたりする理由を、到底理解出来ないだろう。

文学的範疇に立って物を云うことは、事実一見して非常に綺麗なことである。だが夫は結局生活の一つの美人画に過ぎないのだ。文学的範疇によって世界を解釈することは、その解釈を一等安易にし滑《なめら》かなものにする。解釈哲学として、だから文学主義哲学程、目的に適った形態はないのである。単なる神学的範疇であっては、到底この種の、云わば「人間学的」な魅力を持つことが出来なかっただろう。だからここに解釈哲学は特に神から人間に眼を転じて文学主義にまで前進し、自らを有利に展開しようとするわけである。これによって、現実の(この現実という言葉が又不幸にして最もよく文学主義者に気に入るのだが)、哲学的範疇による本当の現実の、実際問題を、原理にまで回避し、例えば実際世界の見透《みとお》しや計画や必然性や自由は、人間学的「情念」にまで、そして現実界の矛盾は人間的「不安」にまで還元され、之と取り換えられるのだ。――恐らくこれ程蠱惑《こわく》的な形而上学は、之《こ》れまで無かったとさえ云っていいだろう。だが又之ほどシニカルでモラル（実はモーラリティー）の欠乏した形而上学も珍らしいだろう。（文学者が「モラル」というのは実際界のモーラリティーとは異って元来が文学主義的概念に過ぎないのだ。）モラルの本家としては、最近アンドレ・ジードの呼び声を聞くことが多いが、このモラリストのジードは、一方夙《はや》くから仏領南阿の奴隷制に於ける資本主義的機構に、その「文学的良心」を痛く衝《つ》かれたということだ。彼が所謂転向を伝えられるのは、彼のモラリズムが、すでに完全な文学主義的形而上学として踏み止まることが出来ずに、実際的なモーラリティーに呼びかけねばならなくなったことを、告げているのかも知れない。

第一に形而上学、第二に解釈哲学、第三に文学主義哲学、この三つのものが順次に重なり合って、少くとも現在の日本に於ける「近代的観念論」の積極的に偽装した標本として、吾々の眼の前に与えられている。

「文学的自由主義」の特質——「自由主義者」の進歩性と反動性

『日本イデオロギー論』、一九三五年七月

自由主義を文字の上から解釈することは、最も馬鹿げた解釈であるが、自由主義が流行している今日では、之《これ》が案外、多くの自由主義者達のひそかな拠《よ》り処《どころ》であるように見える。というのは、自由主義とは取りも直さず自由を主義とすることであって、従って不自由主義の反対なのだから、何《いず》れにしても悪かろう筈のないものだ、という考え方が夫《そ》れである。

勿論誰もこんな他愛のない理由を、有態《ありてい》に理由に挙げて物を云っている者はいないが、つきつめると、それ以外の根拠のない場合が、可《か》なり多いのではないかと思う。特に観念論的な哲学者は自由というドイツ観念論の中心問題を無条件に尊敬しているのだし、文学者は高踏派的な又放浪的な又逃避的な自由を愛好しているから、それだけで自由主義の味方をするに充分だと考え勝ちである。

だが大事なことは、自由という観念が、哲学から産まれたものでもなければ文学から出て来たものでもないという点である。自由と云えば哲学者はすぐ「意志の自由」を考えるが、それは実践と云えばすぐ人間の倫理的行為だと考えて了《しま》うのと同じに、哲学者の知識から来る迷信であるし、それに大抵の文学者は一体自由などというものをハッキリと考えたことさえあるかどうか、私には疑わしいのだが、元来それは至極尤《しごくもっと》もな現象なのであって、彼等は自由というものの知識に就《つい》ては知っていたり感じたり考えたりはするが、自由というものの実際的な必要は、一向感じていないで物を云っているからなのだ。元来、自由の必要は哲学者や文学者が感じるよりも先に、企業家や政治家が、感じて来たものなのだ。哲学的又文学的な自由の観念は、経済的又政治的自由の観念の、云わば出しがらだったからである。

で自由主義が、云うまでもないことなのだが、「経済的自由主義」として発生し、それがすぐ様《さま》政治上の自由主義となったということが歴史上の事実であって、社会主義や其他の政治哲学の場合を他にすれば、一体哲学上の又は文学上の自由主義などというものは、いつ始まったのか私には判《わか》らない。今日迄の処、自由主義哲学というものがまだ出来上っていないと見た方が、事実を強いない見方だろうと思う。だが自由主義の哲学などというものは今後も恐らく決して成り立つことの出来ないもので、その理由は後に判る。

自由主義はだから経済的な又政治的な範疇であって、元来哲学者的又文学者的範疇ではなかったのであるが、それが現在の日本などでは、自由主義と云えば、政治上の自由の問題などとは無関係に、哲学者的に文学者的に常識界で通用している。今日では自由主義という常識的用語は、もはや政治的範疇ではなくて文学的範疇になっているのである。云わば文化的自由主義が自由主義の唯一の故郷となっている。

この点に注目しないと、現在の日本に於ける所謂《いわゆる》「自由主義」又は所謂「自由主義者」に就て、適切な断定を下すことは出来ないだろう。自由主義を政治上の問題としてばかり見ていて、之を文学的イデオロギーの問題として見ないとすると、少くとも今日の自由主義者の心事を暴露することは出来ない。

共産主義の勢力が退きファッシズムの勢力さえが峠を越えて、世の中は自由主義の世界になったと一時云われた。けれども、ブルジョア政党政治の必要が強調されたり、議会政治の悪化が説き始められたりするようなブルジョア政治上の行動乃至《ないし》思想の動きは、ブルジョア民主主義の動きではあっても、それだけで自由主義の動きだということにはならぬ。民主主義はブルジョア的政治的自由のための全くの政治的又は政治観的範疇に属する運動で、従って時によっては小ブル・プロレタリア・農民の政治イデオロギーともなるものだが、之に反して自由主義の方は最近では、小ブル・インテリ・ブルジョアの文化的イデオロギーに属するもので、彼等のブルジョア的政治的自由に対してさえ、夫は必ずしも関係があるとは限らないのである。

だからこの現象を見て政治上の自由主義が復興したという風には云えないのであって、その意味では、政治上では、自由主義は一向華々しくなどはなっていないと云うべきなのである。今日復興しそうに見えているものはブルジョア民主主義又は夫れのマガイものであって、必ずしも政治上の自由主義ではないのだ。

自由主義の内で今日復興しつつあるものは、寧ろ文学的自由主義である。そしてここに日本の今日の自由主義の代表的なものの本質が横《よこた》わっているのである。吾々はこの自由主義の擡頭をば、現在に於ける広い意味での「文藝復興」の内に見て取ることが出来る。文学者用の「文学」の内に限られた今日の所謂「文藝復興」(この名称は少し思い上った結果ウッカリつけたもので本当は「純文学復興」ということに過ぎない)を始めとして、結局はここに本部を置く処の、「哲学復興」や宗教復興や、其他一切の復興音頭が、案外「自由主義」の実質的な内容になっているのだから、大体今日の自由主義は要するに文学的自由主義だ、というのである。で、それであればこそ、元来が政治的動向に対しては興味も持たず又見識も持たない多くの文学的又準文学者イデオローグが、この自由主義という「言葉」に、あんなに好意を寄せているのだ。

文化と自然との本当に文学的な又哲学的なリアリティーに対するセンスを持たない「文学者」や「哲学者」で、さりとて又意識的に反動の陣営に投じるだけの悪趣味も有《も》つ気にならぬ者達が、その人間的感官を初めてノビノビさせることの出来る唯一のエレメントが、自由主義の名を以て天降《あまくだ》って来たのだから、誰しも自由主義者であり又自由主義者であったことを、喜ばない者はないというわけになる。

自由主義の進歩性と反動性とに就ては、沢山の人々が説明を与えている。私は今之《これ》を、特に自由主義者の心事を中心として分析して見ようと思う。自由主義をば自由主義者の意識から分析しようとすることは、今日のこの自由主義に対しては非常に相応《ふさ》わしいことで、なぜそうかということは、述べて行く内に判る。

まず第一に、自由主義は個人主義である、という平凡な命題から出発することにしよう。即ち自由主義者は個人主義者であるということになる。処《ところ》が個人主義者という言葉はどういう勝手な意味にでも使えるわけで、今日の自由主義者に於てはこの個人主義者がどういう意味での個人主義者かということを決めなくてはならぬ。プチ・ブル乃至ブルジョア層出身である教養もあり「人格の陶冶《とうや》」も経ている今日の自由主義者達は、決して経済上の排他主義者ではないし又ある必要もないが、更に道徳上の利己主義者でさえ、一応の意味では、ないのである。時によっては至極社交的でさえある処の今日の自由主義者は、貴族的な独尊主義者でない場合の方が却って多いだろう。

今日の自由主義者の個人主義は実は、彼の文学上の又哲学上の観点の内に最も純粋に現われるのである。彼は事物を個人を中心にして考える。社会であろうと歴史であろうと自然であろうと、又そこに行われる一切の価値評価に就てであろうと、個人という存在が判定の立脚点になる。公平で理解に富んだ自由主義者は、併《しか》し個人を決して自分のことに限りはしない、自分でも他人でもいい、個人でさえあって其他の超個人的な客観的事物でさえなかったら、いいのである。

だがこの命題も亦《また》至極陳腐なものだ。問題は、個人を事物判定の立脚点とするということの、その内容自身が何かということに進まなければならぬ。そこで自由主義者は個人をその人格として把握するのを通則とする。人格と云っても自由主義者に云わせると倫理道徳風な概念であってはならないので、個人のロゴスからパトス迄を含み、イデオロギーからパトロギー、フィジオグノミーや「性格学」にまでも連なる「人間学」的な範疇としての人格が、今の場合問題となるのである。

こうした人間は併し自然や歴史や社会から説明されるのではなくて、逆に、自然や歴史や社会が、この人間から説明されねばならぬ。そうした方がより文学的に忠実でより哲学的に深刻だと、自由主義者達は考える。――で今日の（文学的）自由主義は殆《ほと》んど凡《すべ》て人間学主義だという事実を注意するがいい。（曾《か》つて「人格主義」というものがあったが、夫《それ》はこの人間学主義の前派であったと見ていいだろう。）所謂「文藝復興」の文士達によると、人間学主義に立脚して腰をすえることが文藝（？）の「復興」だということになるらしい。人間を研究するからと云って、人間学主義に立たねばならぬという考え方は、自由を欲するから自由主義に立たねばならぬというのと同じに、少し滑稽な推論ではないのかと思う。

処が一般に人間通を以て任じている文学的自由主義者達は、人間という言葉が好きであり、故に又人間学という言葉が好きであり、それ故に又人間学主義ともいうべきものが好きだという結論になるらしい。この推論は論理学的には兎に角、人間学的には甚《はなは》だ尤もである。吾々はここに自由主義者的論理の人間学的なおめでたさの一例に出合《でく》わすのである。

だが人間学主義が個人主義に他ならなかったという点を、もう一遍《いっぺん》思い出して見る必要がある。というのは、この点から云うと、自由主義者にとっては個人と個人とのアトミスティクな結合が、実際問題に際しては口を利《き》き始めるという、一つの「人間学」的な観察を下さなければならないのである。自由主義者が超党派的だというのは、単に之だけの理由から云うのであって、個人主義者である自由主義者は、個人を内部的に結合するような何物をも許すことが出来ない。個人が内部的なものの凡てで、之を更に結合するようなものは全く外部的なものでしかないと考える。だから党派などは全く外部的なもので従って個人にとっては第二義以下のものであらざるを得ない。自由主義者は「人間」を個別的に判定する、そうしないで仮に党派的になど判定すると、それは外部的な作為的な判定になるというのである。之が彼等の「公平」

と呼ぶ処のものだ。

　だが他方文学的自由主義者は、経済上の自由主義や政治的自由主義とはあまり関係がないので、従って、彼等の「公平」は機会均等や「人間平等」の興味とは別であらざるを得ない。だから彼等の個人主義は実は、個人の完全なアトミスティクに止《とど》まることは出来ないのであって、おのずから人間と人間との或る特別な結合様式を必要とするようになる。この個人主義はここに再び、先の人間学主義の必要を感じて来るのであって、この人間と人間との結合様式として人間学的なものが採用されるのである。人間と人間との云わば「パトス」的な結合がそこに取り上げられる。こうやって、この自由主義者によれば、人間は或る一定の人間達だけと、一定の結合関係に這入《はい》るのである。それはどういうことかというと、人間学的趣味判断の上から、好きな人間同志が、一つの社会結合をするのである。処で吾々はこうした社会結合を、セクトと呼ばねばならぬだろう。

　なる程自由主義者は超党派的である（この超党派性が実は一つの立派な党派性だという陳腐な真理は論外として）。彼等によれば個人と個人とを連ねる客観的な、外部的（彼等によれば）な標準はないからである。だが彼等は超党派的であるが故に、却ってセクト的なのである。なぜなら、彼等相互の間を連ねるものは主観的な、内部的（彼等に言わせれば）なもの以外にはあってはならないのだから。

さて人間と人間とを結ぶ客観的な標準がない時、本当の意味での政治はあり得ない。個人主義者である今日の文学的自由主義者が、一般に政治に対して興味と好意とを持たないということはここから来ている。だが彼等が政治を潔しとしない理由には、実はもう少し深刻な根拠があるということを注意しなくてはならない。

文学的自由主義者によると、人間と人間とを結ぶ政治と云ったようなものには、主観的な根拠しかあり得ない筈であった。何故なら、人間と人間とを結ぶ客観的な関係は第一義的に実在的ではあり得ないというのだったから。そうすると彼等によれば、政治というのは人間的な(或いは人間学的な?)カケヒキや策動の心事以外の何物をも意味し得ないことになる。彼等はこうした人間的心事を、少くとも自分の場合に就いて云えば、客観化し対象化し、即ち曝露するのが嫌だから、従って当然、自由主義者は政治が嫌いになり、或いは政治を嫌う義務を感じるということにもなるのである。

だが元来がセクト的傾向のある文学的自由主義者は、必要に応じては、例の心事的な主体的な意味での政治をそのセクト的傾向に結びつける必要を感じなくてはならぬ。そして実際、それは極めて容易に出来ることなのだ。その時文学的自由主義者は最も理想的な真正のセクト主義者として立ち現われることが極めて容易になる。セクト主義者の政治はいつも併し、機会主義(オッポチュニズム)であって、そういうオッポチュニズム以外に、文学的自由主義者は

「政治」的なものを知らないのである。

セクト的傾向を固有している文学的自由主義者は、超党派的であり、その意味で党派性を持たないのであるが、併し党派性に就いて、もっとハッキリ要点をつかまえておくことが必要である。自由主義者に固有なオッポチュニズムというのは、第一にはその理論の首尾一貫性を欠いているということに他ならないが、処が理論に於て党派性というのは少くとも理論のこの首尾一貫性を有つことそのものでなくてはならぬ。そうした「論理」を有つことが理論の党派性の大事な契機の一つなのだ。理論や論理と云っても併し、思想や言論にばかり限られた問題ではないので、却って行動にこそそういった理論や論理が支配的なので、理論の党派性と云えばすぐ様行動の党派性が問題なのだが、オッポチュニストである（文学的）自由主義者は、その行動に於てオッポチュニストであるが故に、その理論に於て無論理であらざるを得ないのだ。彼等の「超党派性」というのは、だから、実は彼等の「無論理」を意味するに他ならない。

党派性を有つことが出来ず、従って論理を有つことの出来ない自由主義者は、どれ程哲学的言辞を弄しても根柢的な意味での「哲学」を持つことは出来ない。そして源生的な哲学のない処に文学だって出来るかどうか疑わしい。で（文学的乃至哲学的）自由主義者から例えば自由主義的哲学とでも云うような哲学を期待する人があるならば、その人は自分が哲学に就いて何等本当の必要を感じていないということをそこに告白しているものに過ぎないだろう。哲学を持たない社会主義者や、哲学の必要を本当に感じていない社会主義者は、容易に××するものだが、不断の××主義者に他ならぬオッポチュニスト自由主義者になると、哲学を持ちたくても持つことが出来ないということになるのである。

処で自由主義者の進歩性と反動性ということになるが、もし所謂「文藝復興」を一時のシグナルとする今日の日本の広汎な範囲の文学的自由主義者達の存在を忘れないなら、自由主義者の進歩性ほど怪しげなものはないということが判ろうと思う。ある立場なり或る人物なりが、進歩的であるかないかは、之を空に論じることは殆んど無意味なのであって、何かクリティカルな条件の下に置いて之を考えて見なければならないのだが、丁度今日の文化情勢がそういう時に臨んでいるわけで、文学的自由主義者が文化の復興？（何からの復興というのかをハッキリ考えて見るといいが）の名の下に、本当は何に興味を有っているかを、吾々は監視していなくてはならない。文藝は復興＝復古されるのだ、決して開拓され創造されるとは、彼等も云ってはいないのだ。

文学的自由主義者が進歩的に見えるのは、その文化復興主義を他にすれば、単にファッシズムや封建意識に対する「反感」（それ以外のものではない）から来るのである。だが之は、彼等が一体から云って党派的なものである政治が嫌いだという、一般的な理由から由来するに過ぎぬのであって、現に彼等はプロレタリアの××などに対してなら、ファッシズムに対する以上に、「進歩的」（！）な役割を演じつつあるという、数限りない事実を参考にしなくてはならない。――結果は凡て、（文学的乃至哲学的）自由主義者の如何《いか》にも文学者風な又「哲学者」風な「無論理」から来るのだ。

批評に於ける文学・道徳・及び科学

『思想としての文学』、一九三六年二月

論理学の教科書などには、表象と概念とを区別して、前者を心理的なもの後者を論理的なもの、としているのが少くない。だが、何かの内容なり対象なりを指し示さない表象はないのだから、表象であってもいつも、何等か例えば「意味する」というような論理的作用に於て成りたつのであるし、それから概念が云うまでもなく観念の一種の資格に他ならなくて、心理的機能にぞくする事も議論のない処だ。して見ると、表象と概念との区別は、心理的であるか論理的であるかという点にあるのではなくて、仮に之《これ》をごく主観的・観念的な看点から見るとすればいずれも心理的な範囲に於けるものの区別だし、又之をもう少し客観的・実在的な点から見ればいずれも論理的な範囲に於けるものの区別なのである。

心理的な区別と云ってもよし、又論理的な区別と云ってもいいが、とに角、表象と概念とが、他ならぬ実在との関係如何《いかん》によって、区別されるということが、今大事な点だ。尤《もっと》も実在と云っても色々の意味と種類と段階があるが、仮に最も疑うことの出来ない実在と考えられる外界の現実を、実在一般の標準にとれば、さし当り問題の混乱を防ぐことが出来る。(自我があるとか自分がいるとかいうような、一般的な抽象物は、それだけですでに実在の資格を欠いている。夫《それ》は実在ではなくて認識論的想定に過ぎないからだ。)

表象は之を観念(アイディア)や影像(イメージ)だと云っていい。と云うのは、フト思いついた着想や、考え出した理想や願望や方針、又は脳裡にこびりついて離れない想念、そうしたものは、多くの場合客観的現実(夫は外界の存在によって条件づけられている)からは無関係な主観の自由意志ともいうべきものだけによって、保証されているものだが、こうした勝手な気儘《きまま》が、一応、表象の有《も》つ本質的な特色なのである。人間は恐らく自由な表象の最も発達した動物だろうが、又人間ほど自由な表象を愛する動物もない。無条件な徹底的アルビトラリネス、全く理由も根拠もなしに悪を為し得るとか、世界を一杯の紅茶に代えても悔いないとかいう、そういう真正の意味に於ける自由意志説は(その論拠はニヒリズムにまで行かなければ停止しないが)、人間のこの自由な表象の偏愛癖が、馬鹿馬鹿しく誇張されて理論の外観をとったものに他ならないのである。

表象の偏愛は云わば人間の論理的本能の一種のようなもので、それが凡《あら》ゆる機会をまち伏せして頭を出すのであるが、併《しか》しそれだけに、そこに何かの合理的な核心が横《よこた》わっているだろう事は、感じ取らねばなるまい。ただ根本的な救うべからざる誤謬（之は正に人間的誤謬になるわけだ）は、この表象なるものがその合理的な核心とは関係なしに、馬鹿馬鹿しく全般化され誇示されて、みずからをナンセンスへ導くという点なのである。（一般に観念論はこのような次第で成り立つのである。）

表象が著しく有っているこの誇張の能力、空想力、示唆力、象徴力等々は、すでに多くの人が古くから今日に到るまで、指摘し続けて来ている。認識を象徴記号の体系と考える哲学者や自然科学者、群集心理や催眠術に於ける示唆の役割の説明、先天的空想力（カントの先験的構想力）による認識理論や藝術理論、それから文学に於ける誇張の積極的な役割の提唱（例えばゴーリキーに見られる）、などが夫《それ》だ。だが、それにも拘《かかわ》らずその合理的核心になると、夫については、余りハッキリしたものを吾々は之まで与えられていないと思われる。――表象がもつだろう合理的核心、それの空想的な肉づけを支える健全な骨格を、解明するものは、処《とこ》で概念でなければなるまいと思う。

表象と概念とを極めて計画的に区別したのがヘーゲルであったことは、人の知る通りである。ただ彼は心ならずも概念をば、自分みずから知ることをその唯一の肉体にしているらしい精神（世界精神）に還元して了《しま》ったので、概念は遂《つい》にただの観念（イデー）の類に帰着して了った。之では科学的・理論的な実証的概念と妄想的表象との最後の区別は、遂に払拭《ふっしょく》されて了わざるを得ない。もし神の世界創造が妄想による計画によったとすれば、ヘーゲルはそういう神様をも義とし、之を弁護しなければならない義理になるのである。——云うまでもなく概念の唯一の真の役目は、夫が実在を把握することであり、従って又把握され反映されたものとしての実在を、それのみが指し示し得るということにあったのである。

吾々が日常使っている諸概念は、人間の経験（生活をテストし淘汰する処の）を通じて歴史的に発達した認識の諸成果であって、従って論理機関の部分品なのである。認識の歴史が織り上げた範疇組織の、繊維で夫はあるのだ。概念とは、理論的認識のために歴史的に用意された云わば科学的写本であって、吾々は日常之を使って（尤も大抵の場合には好い加減にしか使っていないのだが）活きている。技術学、自然科学、社会科学、等々に基く一切の生活上の認識が、皆之から出来上っているのである。

処が併し、実際には世間の人間は、何もこういう科学的範疇・理論的概念だけを使って生きているのではない。彼等の多くの者又は或る者は、概念は死んだものだとさえ言っている。そういう連中の気持では、この範疇＝概念なるものは少しも尊重されるに値しない。彼等は概念とは全く別な何物かを欲している。そこで例の自由な表象の方が採択されるというわけなのである。概念は死んでいる、之に反して表象（観念）は生きている、表象（観念）は自由だが概念は不自由だ、と彼等は云うのだ。

併しもっと悪いことは、単に概念を斥《しりぞ》けて表象を歓迎するだけではなく、概念の代りに表象を動員しようとしたり、概念と表象とを一緒くたにして混成チームを造り上げたりすることだ。科学的理論の代りに妄想の体系をでっち上げたり、理論的分析の中に、平気で詩的文学的な観念連合の一鎖をはめ込んだりするのである。科学的概念で分析する代りに文学的表象で科学的結論を出そうとしたり、科学的概念で或る程度まで行くと、それから先は、何の云いわけもなしに、急に文学的表象へ話しを切りかえて了ったりする。——今日の形而上学（ベルグソン、ニーチェ、キェルケゴール、西田哲学、其他其他）がなぜあんなに文学的な美しさを持っているか、そしてなぜ、にもかかわらず信用出来ないかは、今のこのやり口からよく説明がつく。之は論理上の文学主義とも云うべきもので、概念の代りに表象を愛するというあの人間的偏愛の上に成り立つ処のものだ。云うまでもなく文学自身について云えば、この文学主義が特に著しい。

で、概念（科学的範疇）と表象（文学的諸観念）とを峻別するということは、広く科学乃至《ないし》哲学にとって、又文学にとって、今日何より大事な課題なのだ。——だが、この点、すでに私は何遍も触れたことである。

問題は、科学的概念と文学的表象との区別を通じて、その結合の仕方如何にあるのである。

科学的概念と文学的表象（人間的表象？）との使用法上の峻別を説いたが、すでに多くの人達が概念は死んでいると考えたように、概念と表象との区別は寧《むし》ろ一見初めから明らかであるとも考えられるだろう。併し同時に又、二つはそれ程違ったものではないという外観を呈することも指摘しておかなければならぬ。自然科学に於ける諸概念、例えば質量の概念などを取って見ると、普通之は力と加速度との関係によって定義されている。処が夫は全く便宜的な説明のためにすぎぬのであって、質量の概念は之によって決して定義されて了ったのではない。現に質量には重力質量と惰性質量とが区別されるし、ただの「物質的」な質量の他に電磁的質量も考えられる。でつまり質量という概念は、物理学者の生きた直観に従って使われて初めて、科学的概念となることが出来る、ということが判る。そしてこの種の直観は、直覚的な暗示や聯想を抜きにしては決して働くものではない。自然科学の諸概念も、だから、普通考えられ易いように、死んだものなどでは決してない。数学に於てさえも、こうした直覚が如何に活きて働かねばならぬかという事は、洞察ある多くの数学者の主張する処である。

だから文学的表象まで行かなくても、科学的概念がすでに、示唆や想像や拡張力や象徴力というような直覚性を不可欠なものとして有っているのであって、之は概念が実在を把握し反映するために必要欠くべからざる機能にぞくすると云わねばならぬ。だがここに大切なのは、概念が他ならぬ実在を把握し反映する限りに於て初めてこの機能が必要だったという点なのである。つまり、こうした諸概念を結合することによって実在の客観的認識を齎《もたら》す際に、その結合は常に実在そのものの聯関を再現するように行われなければならぬ、という点が大切なのだ。新量子力学や波動力学では、波動とか粒子とかいう範疇を極めて空想的に使用しているが、それにも拘らず夫が依然として科学的範疇の資格を失わないということは、夫々の理論が、理論的に同価値（エキヴァレント）であることによって、実在関係の唯一の反映であることを説明しているという点から、知ることが出来る。之に反して、例えば精神波動（？「生長の家」の）の如きになれば、第一に文学的表象として貧弱極まるものだろうが、とに角少くとも、科学的範疇では絶対にない。メタモルフォーゼ（転身＝変態）や親和力の観念あたりは、科学的想像と文学的想像との境界地帯に横わっているだろう。文学的表象として之は今日でもその価値を失わないが、科学的概念としては今日では殆んど無用に帰しつつあると見ていい。だがそれにしても、かつてはゲーテ時代の自然科学（進化論は勿論のこと原子価の理論もまだ明らかでない）にとって、こういう云わば文学的想像に近い科学的想像力が、科学的認識に有効であったという歴史的事実は、今日に到っても消えはしない。

　文学的表象は確かに、科学的概念よりも、観念として自由だろう。どういう程度に自由であるかが之からの問題なのだが、とに角自由だ。と云うのは、文学的表象に於ける示唆・空想・誇張・象徴がより自由なのである。だが、本当に徹底的に自由無拘束ならば（尤もそういうことは世界の構造上あり得ない仮定だが、併し哲学的神学者は好んでそういう仮定を採用したがる)、少くとも示唆とか誇張とか象徴とかいう能力そのものが無意味になる。何かの核心があるのでなければ、之を示唆することも誇張することも象徴することも出来ない筈ではないか。残るものは純然たる空想というものでもあろうが、併し実は与えられた現実を踏み台としなかった空想などは、未だかつて無かった。して見ると、文学的表象と雖《いえど》も無下《むげ》に空想的なものではなかったので、その根柢にはいつも何かしら核心があって、その核心の周りを文学的ファンタジーが羽搏《はばた》いていたに過ぎない。之は当り前のことだ。

だから、科学的概念も文学的表象も、いずれも想像力其他の直覚の本性を有っている点では、即ちそういう単に心理的な点だけから云えば、二つは程度の差こそあれ、本質的に別なものではない。――処が科学的概念は云うまでもなく、実在との一致という合理的核心をその直覚の根柢に持っていた。そして文学的表象もその空想の何等かの核心を有っている。で問題は今、文学的表象のこの空想の核心が、どういう場合に合理的であるかという論理的な区別に逢着するわけである。

ここに合理的と云うのは併し、決して所謂合理主義なるものに基《もと》づくことを意味するのではない。世界の認識・世界の探究・のプロセスにとって圧倒的な必然性をもったものが、合理的なものだ。だから、合理主義から云えば非合理的要素に数えられるだろう実践や実験こそが、実は合理的なものの代表者となるのであり、歴史的社会の偶然とも考えられそうなアクチュアリティーこそが合理的な必然性をもつのである。そこで今、文学的表象の核心が合理的であるためには、夫は一般的に云って、自然科学や社会科学に於ける理論的範疇が有つ合理性と、少くとも或る一定の直接的な関係に立たねばならぬということになる。科学は自然や人間社会という実在と自分とが一致することの内に、その認識の合理的核心を有っていた。文学的表象による探究も、科学のこの合理的核心である理論的範疇と一定の不可避な関係に這入ることによって初めて、その合理的核心を得るものだ、というのである。こう、予め一般的な見透しをつけることが出来る。

仮に文学的表象のこの合理的核心なるものが、科学に於ける夫と全く同じものであるとすれば、科学的範疇の組織と文学的表象の結合との区別は、その誇張・想像力・示唆其他の能力に於ける単なる程度の差に帰着して了うわけで、二つのものの根本的な区別は見失われて了うだろう。それでは科学と文学とは一つのものになって了う他ない。では、今云った二つのものに於ける合理性は、どういう風に異るのか。

まず、科学的概念の結合は公式を産むことが出来るものだということを注意しよう。公式とは、与えられた一定条件が存する処にはどこへでも持ち歩くことが出来る処の定式、そういう普遍者、なのである。だがそうだからと云って、公式がただの抽象的図式であるとか、具体的事情に照せばその限り一種の虚偽にすぎぬものだとか、そういう風に安易に考えられてはならぬ。もし本当にそうなら、科学は決して具体的な事実に於いて分析を施すことが出来なくなる筈だ。処が科学は事物の具体的な分析のためにこそ、特に公式なるものを用いなければならなかったのである。一般に、今の場合に限らず、抽象を用いずに取り扱われ得るような所謂具体などは、それ自身抽象的なものに過ぎぬのであって、初めから少しも具体的な事物などではない。科学的概念に基く公式は、正に科学的分析を具体的にするためのものだ。

だが同じく公式と云っても、例えば数学のフォーミュラや物理学の法則の式などと、社会科学に於ける公式とでは、その適用条件を異にしている。数学の公式はとに角として、少くとも自然科学の公式は、社会科学の夫と同じく歴史的な適用条件を附して組み立てられているから、歴史的な一定条件に従ってしか用いられないことに変りはないが、その条件がもつ歴史的限定自身が、自然科学の公式と社会科学の夫とでは、すぐ様《さま》同じに行かない。法則は同じく法則であっても、自然法則と社会法則＝歴史的法則とではその歴史的制約の段階が同じでない。そういう意味に於て、例えば人口法則は決して自然法則の形を有つことが出来ないのである。無論物理学と生物学とでは同一法則が適用しない事は云うまでもないが、併し法則という形から云えば、二つは略々《ほぼ》同じ形の法則と見ていいだろう。処が社会科学の法則となると、その形が、自然科学の夫とは異るのである。だが実は、之は今更事新しく述べ立てるまでもないことだ。で、歴史的社会が、この特有な社会科学的歴史科学的法則＝公式によって、分析されるのだとして（夫が社会科学＝歴史科学というものであるが）、併し之はまだ必ずしもそのままでは歴史記述にはならぬ、ということを今注目しなければならない。尤も、歴史は社会科学的・歴史科学的・公式による分析なしには、記述され得ない。併し社会の歴史的分析を以て直ちに歴史の記述と見做《みな》すことは出来ないのである。記述は分析ではなくて分析を通じての描写だからである。観念論的歴史方法論が、歴史記述を自然科学的研究法と氷炭相容れないものであるかのように対立させたがるのも、だから必ずしも理由のないことではなかったので、ただこの仕方の根本的なナンセンスは、社会科学的分析を抜きにして、なお且つ歴史的記述をなし得るかのように考えた点に横わっていたのである。事実また、従来の歴史記述は、可なりの部分、そうした観念的な又観念論的な想像画に他ならなかった。

処で、歴史記述に於て記述されるものは、もはや公式的に分析（又綜合）されるべき内容ではない、公式はすでに記述のために用いられているのであって、改めて今更用いられる必要を有たない。公式を用いて分析されたものを更に記述する時、そこに記述されるものは、時代や事件や人物の性格なのである。（単に公式によって分析されるものは之に反して歴史の法則だ。）或いは歴史は性格を用いて記述される、と言ってもいいだろう。（之に反して歴史は公式によって単に分析されるだけだ。）――性格と云えば云うまでもなく或るものの特殊な具体的特色のことであるから、夫は全く具体的なものでなければならぬが、併し之も亦実は一種の一般者であることを忘れてはならぬ。なぜなら、一般的に通用する程度にまで纏《まとま》った形を取らないものは、性格を形成したとは云えないからだ。で性格も亦、描写を（今の場合ならば歴史記述を）、具体的に行うための普遍物なのである。この点、公式が分析を具体的にするための普遍者であったことと少しも変らないのである。（歴史的社会についての、この公式的分析と性格描写との聯関を曖昧にすると、例えば理想型というような一種の性格的法則？ の観念などが発生する――M・ウェーバーの如き。）

公式的分析が目標とする事物の具体性（分析の具体性）と性格描写が目標とする事物の具体性（描写の具体性）とは、決して一つではない。その相違を詳しく分析することは一つの仕事であるが、今はその余裕がない。ただこの点は、却って両者に於ける普遍性の間の相違の方から知ることが出来るから、それを簡単に指摘しておこう。と云うのは、性格なるものが持っている普遍性は、例えばフランス大革命とかナポレオンとかいう夫々の実際の性格を離れては、他の事物へ現実には通用しないのであって、もしナポレオンの描写された性格がシーザーにも現実に適用され得るとしたら、夫はナポレオンの性格描写でもシーザーの夫でもなくなって了うだろう。公式の方は之に反して、一つの事物について行われたものは、同じ条件の他の事物についても現実にあてはまるものだ。性格が普遍性を有つのは、同じ条件の事物や人物に現実にありのままにあて嵌まるのではなくて、似た条件の他の事物や人物の性格づけに、或る本質的な参照になるということだ。でつまりこの普遍性は観念的な通用しか有たないわけで、そこにおのずから、性格の認識に於ける示唆や想像や誇張や象徴やという、例の文学的表象に著しい心理が必要になるわけだ。

だがここであくまで念を押しておかなくてはならぬのは、性格描写が、公式的分析を経ずには決して正当には成り立たないということである。この点を無視すれば、性格描写は全くの観念的な勝手気儘な印象か何かに立脚することに終って了うだろう。——ここにとに角、公式と性格とを結びつける合理的な紐帯があるのである。

さて以上は、科学的概念の側から見たのであったが、文学的表象の問題に来れば、この性格なるもののもつ意味が、どれほど生きて来るかが判ると思う。文学的表象は人物と事物との性格を分析し又描写するものだと云っていいからである。——文学内容は具体的でなければならぬと云う、併しそう云われる意味をつきつめて行くと、本当に具体的なものは現実の自分一身というものだ。もし文学的表象がこの自分一身にしか通用しないような意味に於て具体的であるなら、之は何等の客観性も齎《もたら》すことが出来ず、従って又何等の真理でもあり得ない筈だ。少くとも本格的な文学はこの意味に於ける身辺的なものによっては齎《もた》らされない。文学的表象は文学的具体性を得るためには却って一つの抽象的結合を必要とする。夫が恰も、先に云った性格というものに他ならぬのである。丁度之は、科学的公式や歴史記述の性格づけがそうだったのと、あまり変らない関係だ。

歴史記述に於ける性格の機能に較べて、文学的表象に於ける性格の機能は、却って、より抽象的だとさえ言われなくはない。歴史小説は本当の科学的歴史描写に較べて、そういう意味で正しくフィクションなのである。之はつまり歴史記述の目標とする事物の具体性と、文学的表象が目的とする事物の具体性とが、違った意味での具体性だということに他ならないのであるが、他方に於て、文学的表象に於ける性格が科学的概念に於けるかの公式乃至法則と、どんなによく平行したものであるかをも、之は示している。文学的表象は性格によって、事物を単に描写するだけではない。同時に之を分析するのである。恰も科学的概念が事物を分析したように。

で今文学的表象の羽搏きをつなぎ止める合理的核心があるとすれば、之を科学的概念をつなぐ合理的核心から区別するものは、公式と性格とのこの区別だと云うことが出来るだろう。そして、丁度歴史記述に於ける性格づけが、科学的公式を通過しないでは科学的になり得なかったように、文学的表象による性格づけの仕方も、この科学的公式（乃至之に並んでこの科学的記述）を通過しないでは、合理的となることが出来ず、従って又本当に文学的真実をさえも持ち得ない、と云うことが出来るだろう。文学的表象をつなぐ合理的核心はここにあったのである。つまり人間の情意・言動・事件や自然などに就いての文学的性格づけは、科学的概念を通過しなければ文学的真理にもならぬというのである。尤も必要なのは通過することであって、そこに停滞することでは決してないのだが。

　ではこの文学的表象の合理的核心と科学的概念の夫との開き、性格の機能と公式の機能との開きを、吾々はどう解明すべきであるか。と云うのは又、文学的な具体性（文学的現実？）と科学的な具体性との区別が何を意味するか、という問題である。

　自然の上に社会があると云う言葉が許されるとすれば、その社会の上に道徳がある、と仮に云ってもいいと思う。道徳というと色々語弊があるが、例えば社会的習俗や人倫関係、社会的訓練や習慣は、「社会」の方に含まれる。で夫は今云う道徳ではない。もっと主観的な良心や徳目なども亦、社会意識＝社会心理としてのイデオロギーであるから、要するに「社会」に帰属する。――で、ここで道徳というのは、或る事物が自然としてもつ問題でもなく、社会としてもつ問題でもなくて、夫が人間銘々の一身上の問題としてもつ問題のことなのである。但しこの一身上の問題は社会や自然自身の問題と離れてはあり得ないということがここで大切ではあるが。

自己一身上の問題と云っても、社会に対する個人というようなものを問題にするのではない、そういう個人はつまりは社会の一員に他ならないので、社会を問題にすればおのずから解決される筈のものだ。個人一般という問題を解き得ない社会科学は社会科学ではない。では個人一般ではなくて自己という特殊の個人を問題にすることが、今云う道徳か。だがそれは道徳的関心を一種のエゴイズムに帰着させることに過ぎない。ではなくて、実は一切の問題を自己一身上の角度から見るということが、今云う道徳なのである。——存在自身の秩序から云ってではなくて、存在を取り上げる角度から云って、道徳＝モラルは社会や自然の上に横わる、と云った方がいいかも知れない。

社会と自然とは、この道徳の角度から取り上げられない限り、科学（社会科学乃至自然科学）の角度から見られる。之に反して之を道徳の角度から、自己一身上の立場から、見るのが文学なのである。科学は社会生活者としての自己の一身上の立場から事物を取り上げるのではない。なる程、科学的立脚点も亦、実は主体的なものであって、階級性や党派性を持つべきものであるが、併しこの場合の階級的観点や党派的観点なるものと、この階級性や党派性を自分の一身上の問題にまで直接結びつけるということとは、同じでない。そしてこの後者の方が道徳であり、この道徳を探究するものが文学なのである。科学は自然と社会とを探究する、文学は道徳＝モラルを探究する。
処で大事なのは、社会や自然に就《つ》いての一身上の立場からする特別な角度以外に、特別に道徳という分野があるのではない、ということだ。道徳はそれ程、みずからの空しいものであり（道徳と関係の深い良心などを見よ）、従ってこの道徳の探究である限り（文藝的技法の問題や文学史の問題としてではない）、文学も亦みずからを空しくなしうるものだ。科学は不断の自己検討を必要とするが、併し科学自身に就いての懐疑は全く無意味だ。処が道徳とその探究としての文学とは、道徳そのもの、文学そのものを、疑い得るものなのである。道徳と文学とは之を強いて抽出して見れば、確かに一つの独自の世界ではあるのだが、それにも拘らず、自然や社会そのものを見る視角を離れて何か道徳とか文学とかいう特別な分野があるのではない。もしあるとすれば、夫はパリサイ人の道徳かフィリスターの文学かだろう。（俗物に就いては別項を見よ。）

文学的表象の合理的核心と科学的概念の夫との開き、性格の機能と公式の機能との開き、そして文学的具体と科学的具体との開きは、だからすべてここから説明されるだろう。夫は一身上の具体性と、一身外の具体性との開きなのである。之は必ずしも主観に於ける具体性と客観に於ける具体性と云ったような区別ではない。主体の二つの態度に対応する具体性の区別なのである。――この際、いずれも夫々充分に具体的であり得るということを、記憶せねばならぬ。

もし科学的概念によって具体的な世界に徹し得ないならば、科学を追究するものは人間的痴呆でなくてはならぬということになる。

だがそれにも拘らず、科学的概念によって把握された具体性は、文学的表象によって描き出される具体性にまで、延長され高められ深められねばならぬ。と云うのは、そういう要求は他ならぬ一身上の、それ自身すでに道徳的・文学的な要求なのである。科学的探究は文学的探究にまで追いつめられねばならぬ。それが認識というものの意味だ。ここに初めて、文学的表象による示唆や想像や誇張や象徴が、科学的に必要となるのである。

併しここに同時に明らかなことは、文学的探究は科学的探究の延長・高揚・深化としてでなければ、認識の名に値いしないという結論である。探究のこのコースを実際に省略したものが「文学主義」であり、多くのブルジョア的乃至半プロレタリヤ的文学や形而上学なのである。尤も科学的探究を忽《ゆるが》せにしないような風を装う文学主義も決して少なくないのは注意を要するが。空想・示唆・誇張・象徴に於て極めて大胆で高邁な自由をもつ文学的表象の翼を、つなぎ止める例の合理的核心なるものは、この間の消息にあった。つまり、科学的概念は道徳的観点の下にまで打ち出されることによって、初めて合理的な文学的表象となるのだ。そうでない文学的表象は、美しい完全な虚偽だ。

さて私は科学的概念と文学的表象との、合理的聯関を説いた。科学と文学、理論と道徳との関係はこうだった。併し少くともこの関係が、科学そのものの側の自覚からは容易には導けないだろうという事実を見逃してはならないのである。というのは専門の科学者は、あまりこんな風には考えないというのが事実ではないかと思う。科学と文学、理論と道徳、の連絡に興味を有つものは、文学そのもの、道徳＝モラルそのものの側からだ。と同時に又、所謂「文学」としての各種段階のブルジョア文学の専門家も亦、事実あまりこうしたことに興味を感じないらしく見える。

そこで、吾々の問題は、一方に於て道徳家（モラリスト）の問題であると同時に、他方に於ては批評家の問題である、ということになるだろう。実際フランスの多くの批評家、モンテーン［モンテーニュ］を始めとしてラブリュイエールやサント・ブーヴに至るまで、いずれもモラリストと呼ばれることには意味があるだろう。但し歴史的制限を有ったこの所謂モラリスト達が、大抵一種の懐疑論者であったことは、今の場合と切り離して理解しなければならない。道徳や文学の自己自身に対する懐疑の能力と、判断断定の合理的党派性を欠くこととは、別なことだ。

科学を文学に媒介し文学を科学に媒介することが、文学の含蓄であり、理論を道徳に媒介し道徳を理論に媒介することが、道徳の含蓄である。文学についてであろうと科学に就いてであろうと、或いはもっと直接に社会そのものに就いてであろうと、凡て批評なるものの場面がこの媒質だ。

批評一般の文学的・モラリスト的特色と共に、科学的批評とか科学的道徳とかいうものが、決してただの言葉でないことが判るだろうと思う。

（一九三五・一二）

シェストフ的現象に就いて

『思想としての文学』、一九三六年二月

私はシェストフの流行にかられてシェストフを読んだ一人であり、実は又今ここに、この流行にかられてシェストフを論じる一人である。処《ところ》が私は、邦語に飜訳されたもの以外のシェストフを直接に読んでいないのだから、シェストフその人を論じる資格が充分あるとは考えていない。彼を解説したり解釈したり評価したりしている人は他にいくらもあるし、又今後も多少は続いてそういう人達が現われるだろう。だがこの少しの知識によっても、たといシェストフそのものの具体的な内容は知れなくても、少くとも、「シェストフ的なもの」の大体の見当は、他の色々の思想現象との関係から、つくと云っていいようだ。

というのは、実際現在意味を持っているのは、必ずしもシェストフその人の思想ではなくて、正《まさ》にシェストフ的なものであり、例えば「シェストフ的不安」だとか、シェストフ的な評論の構えとかいうものであり、そして之《これ》は更に実は必ずしもシェストフ的なものそのものである必要さえもないので、つまり現代における思想のエーヤポケット（併《しか》し思想というものが何を意味するかに根本問題があるということを予《あらかじ》め注意しておこう）を充たすべき或るもらしいものでさえあればいいので、例えば不安の文学とか（之は思想の無内容そのものを無理に内容化したものだ）、現実とか（何と又之は都合のいい言葉ではないか）、誠実とか真実とか（全く薄弱な範疇だが）、凡《およ》そそうした世界的現実性（ゲーテのファウストならば第一部にはなくて第二部で初めてテーマになるものだ）においてエーテル的サブスタンス（？）が必要なのである。之こそ現代の日本におけるシェストフそのものの本質だと云ってもいい。

有態《ありてい》に云うと、私の読んだ限りでは、シェストフという人物その人の思想は、一国のジャーナリズムを挙げて問題にするに足る程重大性のあるものとは到底思われない。その思想の読者に迫るものが、どれ程真理を有《も》っておろうと、又その真理にどういう限界が無かろうとあろうと、結局之は片隅の思想の埒《らち》を出ないのであって、本格的な思想の列に加わるべきものでもなく、まして本格的な生活内容として列伝されるべきものでもない。シェストフが注目に値いし又知られるに値いすることは承認しなければならないが、之をどんなにたたえ吹聴《ふいちょう》するにしても、今云った点をいつも条件に入れて割引してかかるのでなくては、真面目な評価とは云い難いだろう。

最大級の間投詞で以てシェストフを語ることは、時間が経つと多少恥かしい結果になるだろうことを、覚悟しなければならないのではないかと思う。なぜかと云えば、もしシェストフがそんなに偉大だからと云うならば、なぜまたニーチェはシェストフ同様に流行しないのであるか。(流行ということを今はごく限定された意味で使うことにする。ニーチェをテーマとした文章や刊行物があまりジャーナリズムの上で盛大でないから流行していないというのである。)もしシェストフの一種の解釈家が、シェストフ的不安をハイデッガー的不安と結びつけることを許すなら、そしてこのやり方でシェストフは通用性を相当の程度に拡大されたのだが、それならなぜ同様にキエルケゴール的なものが流行しないのだろうか。で結局、シェストフのわが国における今日の流行には、可能的ケースの比較商量から云えば、多分の偶然性が、そして多分の主観性さえが、介在しているのに気がつく。

ロシアに十月革命が来た。シェストフは逼迫を感じて数年にしてフランスに亡命する。それから、N・R・Fに筆を取る。そしてわが国に紹介される。そこで初めて、シェストフは、ニーチェでもなくキエルケゴールでもなくて正にシェストフが、わが国で流行するということになる。反ソヴエト的なものとして、シェストフ的なものを取り上げたということには、一方当時のヨーロッパにおける国際的な関係に由来し今一方現下の日本における国内的な情勢に由来して、政治的に又文学的に、非常に必然なのだが、それが特にシェストフの名によらねばならなかったという事情に就いて云えば夫《それ》は偶然なものに他ならず、更に又、この偶然的なものに最後の望みのようなものをかけることが出来ると考える一群の文学者のスペキュレーションのようなものになれば、客観的公正を欠いたという意味において主観的だということになる。

シェストフ熱という言葉で可《か》なり適切に現わすことの出来るような現象が、こうした偶然性と主観性とに支配されていることを、吾々は率直に承認すべきではないだろうか。この偶然性と主観性とを取り除けば、シェストフの思想が必ずしもそれ程立ち騒ぐに値する程の重大性を有たないということを率直に承認されて来はしないかと思う。一定の鮮かな特色を有っているということと、重大性を有っているということとは思想の場合、云うまでもなく別なのだ。

ただ漫然とそう云っても読者の内には承知しない人もあるだろうが、それは後に廻そう。そんなに重大性に乏しいシェストフを、ではなぜ又々問題にするかと云うかも知れないが、問題は前に云ったようにシェストフその人の思想にあるのではなくて、シェストフ的なもののエキザンプルとしてのシェストフが問題であり、又ただのシェストフ的なものが問題なのではなくて、思想的エーヤポケットを充たすエーテル的サブスタンスの見本としてのシェストフ的なものが問題だったのである。シェストフ乃至シェストフ的なものの内容は如何《いか》にこの問題の解決の要求を充たすか。それを今見よう。

まず思想というものが何かということを、注意してかからなければならない。思想という国語ほど無意味に濫費されている言葉はなく、従って又之ほど無智な反感を招くものはないように見える。特に最近のわが国の文壇においてはそうだ。一群の人達は思想をイデオロギーとか世界観とかいう程の意味に理解する。なる程本当の意味でのイデオロギーや世界観こそ思想なのだし、又思想を措いてそうしたものはあり得ない。

処《ところ》が彼等によると、ここでイデオロギーというのは政治以外の領域に対して、一定の既成の政治的見解又は政治的要求に応じる予断を強制するもののことを意味しているらしい。彼等の直接の感覚の外から之に註文をつけるものがイデオロギーだと考えられているようだ。だが之ほど俗悪なイデオロギーの観念はなく、又これ程無責任で不用意で悪質な常識観念のうけ売りはあるまい。

イデオロギーとは社会的に発生した統一的意識のことで、内部的な又外部的な感覚の集成展開そのもの以外の内容を持つものではない。イデオロギーでない観念は一つもないので、好みであろうが意欲であろうが、頭の鋭さや鈍さ迄が、よく考えるとイデオロギーのものなのである。そうでなければ今日使われているイデオロギーという言葉は意味がないのだ。――処が「貴方は趣味の方はおやりですか?」などと尋ねられれば頭をかかえて逃げ出すだろう常識軽蔑家も、「イデオロギーで困るね」と云った調子で恬然《てんぜん》としているのである。そしてそういう場合に限って思想がそういう「イデオロギー」の巻きぞえを喰わされるのだ。

世界観というものに就いても事情は殆んど変らない。世界観というと文学や常識や又生活から独立して予め出来上っているレディーメードの輪廓か、造作とでも、人々は考えているように見える。私は屢々《しばしば》、世界観とはドクトリンやテーゼや又ルールのことではなくて、正に言葉通りに世界の直観のことであり、従ってあくまで直接的な感覚の資格を失わないものだと説明するのであるが、多くは世界観が世界直観だという言語学上の洒灑《しゃれ》か何かと思われるらしい。もし之を人生観という言葉に代えれば世界観嫌悪者は忽ち喰いついて来るかも知れないが、一体世界観と人生観とどこが違うのか。ただ吾々は人生観などという言葉は括弧に入れずには使う気にならないだけだ。世界観を嫌悪する人は、実は之によって思想を軽侮しようというのである。

　尤も思想と云っても、それが本当にただの観念か表象のことなら誰も愛好もしない代りに嫌悪もしないだろう。処が他方思想は思惟に通じるという、学校論理学が教える語呂があるのである。そこで人々によると、思想とは、観念を思惟が強制することだ、ということになるらしいのである。否、観念ならばまだいいが、思惟が観念を通じて、生活そのものを強制して、偏極させ歪曲することが思想なのだ、と私《ひそ》かに彼等は考えているらしい。もしそうなら、例えば文学には思想などは禁物でなくてはなるまい――だが一体之は誠に妙な結論ではないのか。思想のない文学といったようなものが、文飾としては兎に角、真《ま》ともに考えられるとすれば、少くとも私はそうした文学に何等の存在理由を許す気になるまいと思う。

イデオロギー・世界観・又思想という名において、思想を嫌い無用視し又軽蔑さえする処の文化的風景は、わが国の左翼文化団体（実は主として文学者団体）の解体と共に、社会の表面に浮び出て来てこの社会の市民権を与えられたように見える。「そんなものはつまり思想ではないか、生活じゃないよ」ということになる。——だが、そういう言葉はまあどうでもいい。大事なのはその内容だが、処がここで思想というものが形式的な機械的な思惟にでも導かれているように考えられているという点を、もう一遍《いっぺん》ハッキリ思い出して見なくてはならぬ。

思惟の形式的で機械的な判断や推理が、思想のメカニズムであり、それが又理論というものであり論理というものであり、又科学というものだ、とこの思想拒絶症は決めてかかっているのである。だから彼等思想拒絶症患者によれば、文学や哲学を救うためには、こうした科学・論理・理論・思想に対する信用を捨ててかからねばならぬということになる。２２が４は論理的に必然だが、２２が５という計算をする人にとっては、この誤謬を犯すこと自身が嘘ではないことを誰が疑い得よう。太郎がお花を絶世の美人と思い、お花が太郎を不世出の英雄と考えたという事実自身は、間違いではないだろう、とそう彼等は云い出すのだ。

それは確かにそうなのだ。思想というものが形式的で機械的な思惟だと決めてかかる以上、全くそうなのだ。確かに間違わないよりも間違う方が或る意味では真理であり、処女のマリアよりも大工の妻君のマリアの方に真理があるだろう。真理は紙片のように裏表があり、嘘から離れて真理はあるまい。真理は一本調子では行かないのが本当だ。その意味において所謂ラショナリズム（デカルト的機械論が之を代表している）に真理はなく、そうした合理的な推理から初めて辛《かろ》うじてデッち上げられたユートピアとしての理想主義（観念論）も、徹底した機械論的ラショナリズムとしての唯物論と同様、全くただの観念にしか過ぎないのであって、真理と何の関係もなかろう。

処が思想というのは他ならぬこうした真理の把持のことではなかったのか。だから私に云わせれば、罪は思想にあるのではなくて、思惟に、形式的機械的な思惟に、或いはそうした思惟を思想のメカニズムと決めてかかった思想拒絶症自身の機械主義に、横《よこた》わるのである。彼等にとっては思想と云えば専ら機械的なものにだけ見えるのだ。だから何かの形の無思想こそ、その唯一の思想内容でなくてはならぬと考えて来る。その一つの結果はニヒリズムともなるのである。

処がこの思想拒絶症が、マルクス主義哲学を通って来たばかりの現在の社会が呈している症状だという点を重ねて注目すべきである。と云うのは、マルクス主義的思想は、一方、元来から云って、凡そ思想なるものが機械論であってはならないということを、実に繰り返し繰り返し唱道したのであった。社会は当時その弁証法提唱を聞き飽きたのだが、聞き飽きたが故に、今ではこの論理学的急所を綺麗に忘れてしまったように見える。

否、論理学的急所を綺麗に忘れてしまうということは、何も機械論排撃のテーゼに関するとは限らない。マルクス主義哲学は、理論の、科学の、論理の、党派性ということに就いて実に数え切れない程の言葉の数を費した。夫はどういうことだったかと云うと、つまり思想のメカニズムによる云わば新陳代謝における首尾一貫——思想が自分で何を食ったら成長出来るかを見て食物を選択すること、——のことだったのだ。この首尾一貫性こそ思想の生命で、この命によって思想が初めて存在するのだった。こうした思想の首尾一貫的な貫徹（徹底とかラディカル＝根柢的とか云われた）＝党派性の公式も亦、見事に忘却の河で洗い流されて了《しま》った。マルクス主義も、その論理学的・哲学的な急所になると（文学上又は社会思想上の形ではとに角）全く皮相な流行であったかのように、ケロリと払拭されて了う。

単に自然と忘却したばかりではない。忘却するように今や仕向けられているのである。その必要が実際にあるのだ。（その必要は今ここで分析するまでもない。）だからそのためには思想・科学・論理・理論、等々に対する機械論的形式論的な仮定は、決してそのままの形で現われないのであって、却ってそうした仮定を検証するかのようなものとしての擬装の下に、この仮定の代理者が現われて来る。反ラショナリズム・反理知主義・等々がそれであったが、現下の社会の熱心な要求は、マルクス主義による思想上の党派性＝首尾一貫性から自らをかく解放する（例えば文学の政治的なるものからの文学一般としての解放）口実をば、もっと内具的に、内密的に発見することを必要とする。で合理性の拒絶は、今や生（生命・生活）の哲学の名の下に権威づけられる。理性が何を要求しようとも、どういう効果を眼の前でひけらかそうとも、それを蹂躙することは「私」の自由ではないか。私は一体単に合理的な知的存在につきるとでも云うのであるか、と彼等シェストフ的者は云い始める。

だがここには実に沢山の問題が雑居しているのである。まずヘーゲルの理性がその意図においてただの合理主義のものでなかったということは、大いに彼等に反省を需《もと》めていい点だが（又しても機械論）、もう飽き飽きしたから云うのは止《よ》そう。生の哲学と云っても色々あるわけで、同じく主知主義の反対と云っても生物学的なものもあれば（ニーチェやベルグソン）歴史的なものもある（ジンメルやディルタイ）。何も無理にエゴティスティック（必ずしもエゴイスティックとは云うまい）な自己に世界の生を収斂させて、虚無や不安に身を横えなくても、かの要求には間に合う筈なのである。

自由意志の問題も亦《また》ここに顔を出している。実に整然と並んでいるものには悪戯がしてやりたくなり、絶壁の上から下を見ると飛び込みたくなることが心配になる。そうしたアービトラリネスこそ正に自由意志の真髄だが、同時に之程《これほど》日常的な常識的なことはないのだ。そして之を計算に入れない思想はまず現実にはあるまい。あるとすれば彼等の機械論的な飛込台としての「思想」か「論理」かに過ぎまい。「魂」を科学的な機械論から護るには（そしてこの時この科学や機械論は唯物論！　のユニフォームを着せられるのが常だ）、哲学的操作としてはまず自由意志を機械論から護ることにあるだろう。処が機械論を本当に克服したものは却って正に唯物論に他ならぬ［ママ］弁証法だった。生の哲学や神秘説やは、機械論の角を矯《た》めるために、論理の牛を殺して了ったものだが、機械論の方は依然生き残っているわけである。

一体魂や自由意志と云うが、どの理想主義どの観念論が、今まで一体意志の自由を解明し得たか。夫が得た凡てのことは、意志の自由を吾々が自覚している、という一つの事実に過ぎない。この自覚上の事実を認めない思想のある筈はないので、ただ問題は、この自覚上の事実が、客観的事実であるかどうかにあるのだ。

つまり、こうした知的なものに対する生の強調や、それから生としての生に個有な懐疑（人間学的なるもの――モンテーニュ以来現今に到るまでそうだ）、そして人々は之を不安というそれ自身疑わしい概念で以て興行化したが、その「不安」、これ等のものは認識と生活との形式主義的機械論を仮定した上の、そのごく一般的に抽象的なアンティ・テーゼに他ならない。――之が思想の欠落のエーヤポケットを充たすシェストフ的なものの現象の根本的規定であって、このシェストフ的なるものが、之を充たすエーテル的サブスタンス――永遠性を有った無内容――として如何《いか》に打ってつけであるかが見られたことと思う。

だが、現代日本のインテリジェンス（必ずしもインテリゲンチャのことではない）のこの空隙を満たすに適したものは何もシェストフ的なものには限らなかった。それが特にシェストフ的なものを以て満《み》たされるように見え、又充たそうと考えられるのは、偶然性であり主観性であると云った。この点をもっと具体化しておかなくては、シェストフ的現象の本質を鮮明したことにはならぬ。

普通シェストフの哲学は、不安の哲学として紹介されている。或る人は之をハイデッガーのエキジステンツの哲学と均等して摂取し吐き出そうとする。だがシェストフに果して、例えば不安を介して人間の本来的存在を解明しようというような積極的な「救済」があるだろうか。私の知る限りではこの点が疑わしいものだ。不安の哲学と一口に云っても、その意味は殆んどナンセンスに近いので、不安を克服する哲学なのか不安についてお喋りをする哲学なのか、不安を説いて安心する哲学なのか、一向判らない。併し少くともシェストフのは、読者を不安の淵までつれて行きそこから読者をつき離す処の哲学であるように見受けられる。実はここにニヒリスティックな或いは又アナーキスティックな卓抜さがあるのであって、同じ思想の退潮期の穴埋め材料としての宗教復興などに較べて、卑俗さが遥かに少ない所以なのである。

処で既にここからも判るように、シェストフ的エーテルは著しく文学的要求に相応しているものであって、つまり、思想の空隙を文学というサブスタンスの資格で以て、文学的に充たすものが、このシェストフ的エーテルだったのである。シェストフは自らの哲学を文藝評論的なものと考え、又その文藝評論は、文藝において哲学を探し求めるものだと云う。シェストフの哲学が即ちそのまま文学である所に、シェストフ的なものの穴埋め材料としての特色があったのだ。

哲学と文学とを相即することは、統一的な着眼としては大事な事だが、その相即のさせ方によっては哲学自身の、従って又文学自身の根本的な誤りを導き入れるだろう。このことに就いて私はすでに述べたことがあるが（『文藝』十月号、「反動期における文学と哲学――文学主義の錯覚に就いて」）、一二の文学者を除いては、多くの批評家はその核心を捉えなかったようだ。文学の縄張りとか仁義とかいうクダラない点に着眼する位いが精々だったが、私の云いたいのは、文学主義的範疇ということについてだったのだ。恰《あたか》もシェストフなどは文学主義的範疇を哲学的範疇として使う処の最もいい例で、之は彼の科学や理論の機械的な拒否に全く相応《ふさ》わしいことなのである。文学的諸表象で以て思想を構成すると、その構成要素が、範疇が、文学主義的に（即ち哲学的でなく）なるのである。シェストフの哲学上の、思想上の、ナンセンスは根本的には之に基づくのである。

もしこういう文学主義的なカラクリがなければ、シェストフ的なものは、ああまで世間的な卑俗性に訴えることは出来なかっただろう。普通シェストフ的不安の哲学は現代社会の不安に、特にわが国のインテリゲンチャの不安に、訴えるものだというのだが、その真偽は問題であるのだが、少くともこの文学主義的卑俗性だけでも、わが国の現在のインテリや読者層に訴えるに充分だということを忘れてはならない。

宗教復興が社会生活の不安の反映だと云われているが、実は必ずしもそう云っては済ませないので、そこで社会的不安というのは思想の欠落、真空状態を本当は意味するに過ぎない。偶々《たまたま》宗教的なものは何かしら模索の対象となるかも知れないというところから、即ち民衆のそうした卑俗性に触発されて、初めて所謂社会的不安が宗教運動と見做されるものを産み出したということになるので、正当な意味で社会不安が宗教復興に反映したのではない。

丁度それと同じに、又夫と平行して、特に文学的読者層においては、社会の思想的真空を充たすべき最も通俗的な卑俗な内容が、偶然にも、全く偶然にも、不安の哲学という名で以て現われたから、偶々、夫が社会不安の良心的な反映であるように思い違いをされたに過ぎない。所謂社会的不安＝（思想の欠落）を反映するものは、必ずしも「不安」のレッテルを持つ必要はないので、行動主義でもよければ、ネオ・ロマンティシズムでもネオ・ヒューマニズムでもいいだろう。ただ之等のものに較べて、シェストフ的なるものは、特別に又特有に文学主義的であることに相応して、多少のインテリゼンス（之は実は似而非《えせ》インテリゼンスなのだが）を有《も》つように見えるものの、最も平均的な原生的な卑俗な、その意味においては最も日常的で常識的な、感覚に訴えるものだったのである。之は善い意味においても、案外動物的な甘いものなのだ。

さて、こうしたシェストフ的現象が、時間的にも文化的にも倒錯的なこの現象が、シェストフその人の活動に最初意味のあった時代から三十年も経って、ロシアからフランスを通って日本に輸入され、シェストフ的現象として実を結ぶ必要がなぜあったか、という限りでは、社会現象としては論じるまでもなく明らかなことだ。問題は、こうした社会現象が、どういう思想的布告の上で行われているか、という点にあったのである。

（一九三五・一）

日常性について

『思想としての文学』、一九三六年二月

一

私は、現在に於ける新しい型の俗物に就《つ》いて述べた（「24 俗物論」）。その主旨は、今日みずから超俗物を以て任じたり、超俗さを有難がったりすること自身が、何よりも著しい俗物の特色だ、ということにあったのである。なぜワザワザそんなことを云い出したかというと、そういう逆説的な僧侶的俗物が、可なりの程度に現在この世の中で幅を利《き》かせている現状を見るからである。で、もう少しその話しを続けたいと思う。——尤《もっと》もそうした俗物のことは実はどうでもいいので、私は、説明したいと思っている或ることを今説明すればいいのである。

考えて見ると、最も俗物的に理解されている近代哲学的用語の一つは日常性という言葉である。俗物によると日常生活は最も俗悪なものであって、夫《それ》は本来の生活からの堕落だということとになっている。多分所謂日常生活者も又この信心深い本来生活者（？）もこの点には異論がないようだ。なる程日常性という言葉が神学的用語である限り、無条件にそうなることに決っている。一体神学上の範疇組織は、こうした本来生活者を、例の日常生活者である無産者的大衆（大衆は昔から貧乏だった）から社会階級的に引き離すのに役立つように出来ているからだ。このことを信じないものは取りも直さず彼が広い意味の神学者であることを告白しているに他ならない。

併《しか》し話は神学のことではなくて哲学のことにあったのだ。吾々は日常性という概念を哲学的に、即ち神学的にではなく、用いなければならない。そうするとどういうことになるか。処がまだ一向この日常性という概念が哲学的にも分析されていないようである。

神学者（即ち又超俗物派の哲学者）は日常性の特色を「人々」という関係に見出している。世間の平均的な「人々」はそう云っている、「人々」はこう思うだろう、ということが或る一人の人間に於ける日常性だというのである。コンベンションや歴史の必然性（だがそこで云う歴史の必然性とは一体どういうことか？）に縛られ、ひたすら之に追随するのが日常性だというわけだ。併しそうした信仰文学的な凡庸なテーゼはどうでもいいとして、それにコンベンションや歴史の必然性などを文学的に（文学主義的に）片づけられては非常に迷惑だが、問題は日常性の哲学的分析にある。

吾々は毎日一定の社会に於て一定の生活条件の下に、感受し反省し計画し実行するというサイクルを反覆している。これが日常生活で、この日常生活の持っている根本特色以外に日常性の哲学的観念はあり得ない筈だろう。コンベンションや歴史の「必然性」などにそのまま追随していては日常生活など実はやって行ける筈はないのであって、日常生活はいつもコンベンションを破り新しい必然性を造り出して行くことによってのみ事実保たれている。そうしなければ、神学者はとにかく、少くとも吾々は食って行けないではないか。束縛されたり追随したりしかしていないように見えるのは、日常生活の皮相な現象で、それは却って日常性がまだ完全でない処の日常生活に於ける随伴現象に過ぎない。日常生活は俗物が考えるよりもズッと「神聖」に出来ている。日常生活以外に、本来的生活が必要だと思う人達は、多分、本来的生活は極めて良心的に、そしてその代りに日常生活は極めてオッポチュニスティックに、使い分けてやって行く人達だろう。そういう「人々」もいることは、なる程一つの社会上の事実ではある。「人々」のいう「日常性」が何を云い表わしたいかを私は知らないではない。だが日常性というものはもっと日常的に（ペダンティックにでなく）本当に文学的に理解されなければならないのだ。

二

日常生活の特色、実は生活それ自身の特色に他ならないのだが、その特色は、一見雑然としている処の物的関係の綾をば、生活の原則が、忠実に而《しか》も高邁に貫徹して行くという、ごく平凡な併しそうかと云って決して凡庸とは云えない処の、性質の内にあると云っていいだろう。この際徒《いたず》らに高尚なものや徒らに深酷なものは、最も無責任なものだ。そういう意味では最も物的に具体的なことが、単に肉体的であるとかザッハリッヒであるとかではなく、正に物体的に条件を具象しているということが、日常実際生活の特色である。

よくこの頃「人々」は現実という言葉を好んで口にしている。だがどんな具体的なものでも抽象的に把握されることが出来ると同じに、どんな現実的なものも、甚だ非現実的に観念的に、甘チャン式に、観念出来るものなのだ。公知に欠けがちな「意欲」や「主体」や乃至《ないし》要するに「身辺」の使徒である或る種の文学者達が現実と云っているものと、実際の現実とは似て甚だ非なるものなのである。この似て非なるものとは根本的に範疇的に別なものだという点こそ、正に本当の現実の、即ち人間の日常生活の、特色をなしている当のものなのである。日常性の原則は他ならぬそこに成り立つのである。

吾々は現実などという言葉を今の場合信じてはいられない。場合によると之は自分と他人とをゴマ化す観念論者の最も都合のいい口実だからだ。日常生活の原則を一口で云い表わすには寧《むし》ろ実際性（Actuality）という概念の方がいいだろうと思う。——尤もアクチュアリティーという言葉も色々に使われて来ているので、例えばジェンティーレのファッショ哲学でも使われるし又却って極めて形而上学的な（形而上学的ということは実際的でないということだ）意味にも使われている。例えば働くもの（アクトを有《も》つもの）の世界がアクチュアリティーの支配する世界で、働くものが何かの意味で物体的な資格を脱し得ない限り、アクチュアリティーの世界は要するに単なる物的世界以上のものでないから、最後の世界ではあり得ない、ということになる。又他の例を採れば、今度は反対に考えられて、物的世界では本当のアクチュアリティーは見出せない、その根柢は純粋な意識の中に（例えば直覚の中に）横たわるというのだ。実際性（アクチュアリティー）という観念を、之等《これら》の哲学のように勝手に形而上学的に蒸溜して使う限り、折角の実際性という範疇も、凡そ日常生活とは無縁な反対なものにさえなって了《しま》う。——一体「哲学化」された（実は形而上学化された）範疇位、事物の本質をあらぬ処へ持って行って了うものはない。その弊害は文学化された範疇使用法以上かも知れない。

だが実際さということはもっと実際的に考えられて然るべきだ。例えば最近、満洲で関東庁の警察官と領事館の検事との間に対立と決裂が発生したという事件があるが、こうした事件は哲学的（？）には、即ち形而上学的原則に関わる限りは、全く問題にならなくてもいいかも知れない。処が之こそ見遁《みのが》すことの出来ぬ大事な時事問題で実際問題なのだ。吾々の日常生活の問題はこうした時事問題乃至実際問題を抜きにしては、殆んど全く無内容になる、という平凡な一つの事実を、哲学も文学も、もっと正直に考えなくてはならないのである。

だからアクチュアリティーを、実際性などと書くから妙に形而上学化されて勝手な解釈が這入《はい》るので、之をもっと日常的に、時事性又は時局性と書けば、その云わんとする処がもっとスッキリと判《わか》ると思う。日常茶飯事と云うが、そして之は所謂コンベンションの本質を好《よ》く云い表わしてもいるが、一体日常の茶飯が満足に行くかどうかということが、今日の大衆の日常生活に関する時事問題の最も重大なものではないか。

三

現実とか実際とかいうと、歴史の必然性と自由との関係などを持ち出して、とや角云いたがる人もあるが、歴史に於ける必然性とか自由とかいう概念の使い方は、すでにマルクス主義哲学で科学的定式を与えられているのだから、この定式を利用しないで勝手なことを云うものは、科学的に真面目な対手《あいて》に出来ない。そんなことよりも日常性の原則にとって大事なのが、前に云った時事性というものなのである。哲学が唯物論であるかないかの標識の重大な一つもここにあるのだ。無論時事問題に関心を示しさえすれば唯物論になるなどというのではない。その場合ならばその時事問題の処理が科学的であるかないかが標識になる。尤も科学的な処理内容を特に文学的に表現することは大事なことだ。だが初めから文学主義的な思考のメカニズムなどを以て片づけられた時事問題は、決して唯物論的ではないのである。

曾《かつ》て知人がイタリヤのパレト［パレート］の業績を話しながら、私に、パレトの晩年は新聞記者のようになって了って、学者としては駄目になったと云っている人もあるそうですと教えて呉《く》れた。もし十分考えた上で自信を以てそう云ったのだったら、このパレト批評者は一言にして愚を表わすものだと私は思う。新聞記者になったというのではなくて新聞記者のようになったというのだから（尤も夫が本当かどうかは私自身調べてはいないが）、多分ジャーナリスティックに、即ち時事評論家風に、なったということだろう。それが学者として悪いというからには、学問は時事性から純粋であるべきだというのが、この批評者の哲学上の信念になるわけだ。日常性を抽象し去ったこうした純正哲学は、丁度サラリーマンの謡曲のようなものであるか、それとも深刻な哲学文学者のように日常生活の方が余技になるかも知れない。とにかくそのどちらかに相違ない。読者はここでも超俗的な俗物が如何に生活に不忠実かということを見るだろう。

前に云ったこともあるが、一体ジャーナリズムというものの哲学的意義は今日哲学的に全く理解されていないばかりではなく、殆んど問題にさえされていないのである。ジャーナリズムに喰いついたり喰いつこうとしている人間の内には、無知なくせにマセた人間も特に少《すくな》くないだろうから、資本主義的ジャーナリズムやジャーナリストがアカデミシャンから軽視されたり軽視するような態度を採られたりするのも無理ではないが、併し日常生活が哲学的に問題にされなくてはならぬとすれば、時事性を中心とするジャーナリズム現象が哲学上又文学意識上の切実な実際問題になる所以《ゆえん》が判《わか》らない筈はあるまい。ジャーナリズム現象乃至新聞現象に対して、どれだけの哲学的な関心を示すかによって、その哲学なり文学なりの、水準を知ることも出来る位だと私は見ている。

日常性という問題が、こうした時局の問題にすぐ様《さま》結びついているという明白な日常生活の現実（尤もこうした現実は自称理論家や自称文学者にとってはあまり気づかない現実なのだが）を眼の前にして、日常性が世間大衆の平均的なイージーゴーイングな生活様式だとか何とかいうようなことにばかり話を持って行って、誰も彼もそこで足踏みしているのは、彼等が僧侶ででもない限り、余程どうかしていると云わざるを得ない。

神学とか形而上学とか文学主義的文学意識と云っていいものとかは、その使う範疇が単なる解釈用の範疇を出ないもののことをいうのであるが、この解釈の範疇は、時事的現実の実際問題に対しては、茫然自失するか顧みて他を云う他はないのである。そして抑々《そもそも》唯物論は、こうした頭脳の上っ調子を克服すべく今日発達して来ているのだ。

四

新聞を議論したものには時々新聞と歴史との関係に触れたものがある。少くとも新聞が今日以後史料の内で最も大切なものの一つとなるだろうということを考えて見れば、今云う意味は判ると思う。そういう点ではジャーナリストと歴史家との必然的な連続が注目に値する。事実今日日本などでもジャーナリスト出身の歴史家で世間から重んじられている人は少《すく》なくない。尤もその研究方法は今までの所謂「ジャーナリズム」からの影響によって、アカデミックにも科学的にも可なりの欠陥があるだろうが。

とに角新聞現象（広くジャーナリズム現象という意味に於ける）と歴史との聯関は、実際問題から云えば極めて重大な注意に値する。社会の時事に関わる処の新聞現象を抜きにして、歴史現象を論じ得るかのように考えるのは、歴史哲学ででもない限り恐らく不可能なことだ。歴史哲学は歴史理論からその時事的なアクチュアリティーを抜き取って了う歴史形而上学のことで、神学の近代的形態の一つのことだが、併し現実の実際の歴史は、歴史哲学や又はそれに伴うと云われる「歴史的感覚」によって把握されるものではなくて、社会の分析やそれに必要な社会的感覚（即ちジャーナリスティックな時事的センス）によって初めて把握されるものだ。日常性の嫌いな超俗物派の俗物は歴史の問題に就いても、自分が袖にした日常性から復讐されているのであるが、それを知らないのは俗物自身だけだろう。要するに事柄は、「歴史哲学」と史的唯物論との根本的な反対対立ということに帰着するのだ。

日常性の問題から当然思い起されるべきものは批評の機能である。或いはもっと卑近に云えば、多分文筆業者達は新聞と云うとすぐ様批評を思い浮べることだろう。尤も気ムヅかしやの作家達の或る者によると、批評というものは甚だツマらぬ怪《け》しからぬ無益なもので、特に時評に到ってはなっていないということだ。まして匿名批評に到っては言語道断だと云っている。匿名批評のもつ社会的機能の意義に就いてはすでに述べたが、今は、時評の方の時事的機能に注目しよう。実際、前から云っていた時事性から出発しなければ、凡そ批評（批判・評論）というものは、哲学的に全く理解出来ない。

期間が一日であるか一世紀であるかは問わぬとして、とに角一定の時期やセーゾン（季）に立つ時事性を出発点にすることによって、初めて批評は批評の機能を果すことが出来る。その意味から云って一切の批評は（そして一切の批評の価値はそれの社会的機能にあるのだが）、時評でなくてはならぬ。時評と云うと新聞や雑誌に載る月旦のことで、哲学的に問題にならない下等なものだと考えて見せる向《むき》も多いようだが、それは却ってその人間が如何に現在の「ジャーナリズム」になずんでいるかを告白するものだ。広義の時評以外に批評はない、もしあるように見えるなら、それは批評ではなくて批評主義という一つの「解釈の形而上学」のことでしかあるまい。

私はひそかに思うのだが、今日まだ批評というものに関する哲学的分析が、実は殆んどないのではないだろうか。之は哲学を一種特定の意味での（尤もそれには可なり面倒な条件が付くが）批評だと考えている私にとっては、驚くべきことだ。だがそれも尤もで、日常性というものが殆んど少しも哲学的に反省されていない所に、批評というものが真面目に問題になれる筈はないだろう。

以上のようなものが、なぜ私が超日常的俗物を軽蔑する必要を科学上持っているか、ということの一斑である。――独り文藝時評や論壇時評に限らず、一般に時評が、特に又社会時評そのものさえが、哲学であり乃至文学であると云えるのである。

（一九三四・九）

道徳に関する文学的観念

『道徳論』、一九三六年五月

通俗常識では極めて漫然と、倫理学では不変不動な超越的な一つの永久世界として、社会科学では発生変化消滅せねばならぬ一イデオロギーとして、取り扱われた道徳は、結局、道徳という一つの何等か特定な領域を意味するのであった。この地域は道徳であり、その外の地域は道徳にぞくさない、という風に考えられた処の道徳であった。その点から云って、社会科学＝史的唯物論が、道徳に関するブルジョア卑俗常識（倫理学というアカデミックでペダンティックな名を持ってはいても）を、根柢から批判克服し去ったに拘《かかわ》らず、この社会科学的道徳観念自身も亦《また》、なお依然として通俗常識のものだと云わねばならぬ。

尤《もっと》も私はこの道徳に関する史的唯物論の理論が、間違っているとか、不完全であるとか云うのではない。通俗常識そのものやブルジョア倫理学は、倫理に関する常識としても理論としても、極めて不充分なもので、そして間違ったものだと私は思うのだが、史的唯物論による道徳観念・道徳理論は、実はそのままでの真理だと云って少しも差閊《さしつか》えはない。なぜなら、つまりこの社会科学的な道徳観念によると、一領域としての道徳の世界なるものは、終焉せしめられる筈だったからだ。にも拘らず之《これ》はなお、領域道徳という通俗常識をば、想定し仮定し利用している。だからまだ之は通俗常識のものだと云うのである。

処《ところ》がこうした領域道徳の観念だけが、実は真の常識による道徳観念の凡《すべ》てではない。一体極めて通俗な常識は、とかく何かと云うと、道徳というものに就《つ》いて拘泥する、事物を道徳的に角立《かどだ》てたがる。審美的判断よりも所謂《いわゆる》道徳的判断の方が、下し易いし興味も多い。つまり通俗常識とは通俗道徳で物を考えたり云ったり生活したりすることだろう。——だが少し教養のある常識（教養は必ずしも教育と同じではない）は、道徳というものをもっと自由に理解しているのが、世間の事実だ。既成の所与の所謂道徳などに拘泥しないことこそ、或いはそういう拘泥を脱却するだけの見識を持つことこそ、道徳的だ、とこの常識は考えるだろう。道徳道徳と云うことが道徳ではない、丁度人格者というものの人格程貧困なものはないように、とも考えられる。道徳は、所謂道徳という名がつきレッテルがはられ看板が掲げられてある処にばかりあるのではない、ということになる。丁度自称の良心は却って決して良心的ではないだろうし、俺は偉いと称する人間は必ず馬鹿であるというようなものだ。処が馬鹿な人間ほど、俺は偉いと自ら称する人間を本当に偉いと思い込むものだ。

で、之こそ道徳だとみずから名乗り出るものは、実は道徳としてあまり尊重すべきものではなく、却って所謂道徳という領域には普通属していないものに、道徳の実質があるとも考えられる。之は私が道徳という言葉をそう勝手に拡大して使おうと欲しているわけではないので、事実、少し気の利《き》いた常識のある常識は、道徳を今云ったようにしか見ていないのだ。例えばこの常識は勝《すぐ》れた歴史叙述の中に道徳を見る（その極端なものは「春秋」や「通鑑」の類だろう）。又例えば衣装さえが道徳を象徴する。（カーライルの『サーター・レザータス』を見よ。――或る批評家はこの衣装哲学の著者の極めて不道徳にも古びた帽子を見て、彼が衣装に就いて哲学を語る資格を有《も》たないことを主張した。）併《しか》し何より知られているのは、藝術作品に於ける、特に直接には文藝作品に於ける、道徳というものだろう。それが仮に藝術のための藝術であり、又純粋文学であるにしても、それだけにそれが表わすモラルは、却って純粋だとも云えるのだ。所謂道徳なるものを目指していなければいない程、そのモラルは純粋になりリアリティーを有ったものとなる。道徳の否定そのものが、又優れた道徳だ（多少文学的とも云うべき哲学者、ニーチェやスティルナー［シュティルナー］などを見よ）。そしてこういう文学は、よい常識・良識ならば、実は苦もなく夫《それ》を理解出来る処のものだ。そういう大衆性を有たない純粋文学は、そのモラルが偉大でないからこそ、ケチ臭ければこそ、非大衆的なのだ。

だから常識のある常識は、世間の道徳や人格商売屋や倫理学者達などが道徳を感じない処にこそ、却って自由な生きた闊達な道徳を発見するのだというのが事実である。殆《ほと》んどあらゆる文化領域・社会領域に即して、道徳が見出される。だからこの道徳は、もはや単なる一領域の主人を意味するのではないことが判るのだ。

こうした広汎な含蓄ある道徳の観念は、これまで色々の名称で呼ばれて来ている。文化的な自由が（自由は経済的・政治的・文化的・等々に区別されるだろう――文化的自由は人道的自由とも呼ばれている）その近代的な名称の一つだし、ヒューマニティー（人道ではなくて寧《むし》ろ人間性）はその近世的な名称である、等々。――夫は併しもっと適切にはモラル又は倫理と呼ばれている処のものだ。モラルというフランス語は（之は後に見るようにフランス文化を離れては歴史的に理解出来ないものなのだから）、大体物理という言葉に対立する。つまり之はフューシス（物理・自然）に対立する処のエトス（倫理）であり人事であり精神なのである。

処でこのモラルという言葉が今日では全く文学的な用語として通用していることを忘れてはならぬ。人々は文学の内に（文学を必ずしも狭く文藝に限らず広く藝術の思想的イデーと理解してよいが）、常にモラルを求めている。処がこのモラルが所謂道徳――例の領域道徳として善悪とか道徳律とか修身徳目とかに帰する処の通俗常識的道徳――でないことは、判り切ったことだろう。文学の内にそういう通俗常識的道徳律や勧善懲悪や教訓を求めることは、専ら通俗常識か道学者かの仕事であって、常識ある文学読者のなすべきことではない、ということに世間では事実なっているだろう。

さてこの文学的良識によると、道徳は、吾々が之までの各章で見なかった処の或る別な相貌を以って現われて来るわけだ。夫は現にモラルという名の下に、文学の内に最も著しく現われているのだ。或る意味に於て、文学が追求するものこそこのモラルだと云うことが出来る。——でこのモラル乃至倫理を、私は仮に文学的な道徳観念と呼ぶことにしよう。

繰り返して云うが、道徳に関するこの文学的観念は、少くとも夫が普通世間に存在している形では、全く一つの——但し相当優れた——常識にぞくする。と云うのは、この文学的観念としての道徳に就いては、まだそれ程出来上った既成乃至《ないし》自明な理論的科学的な概念が与えられているとはいうことが出来ないからである。事実文学者連が好んで使っているモラルという言葉は、概念としては至極曖昧であることを免れないだろう。この道徳観念が概念として曖昧であることは、必ずしも道徳に就いてのこの文学的観念が貧弱であったり成っていなかったりすることを意味しないのであって、事物の文学的検討や叙述には、夫でも結構事は足りる場合が多いだろう。だが吾々は、この観念を理論的に明らかにし、之を道徳理論に於ける一つの根本概念として取り出すことを必要とする。

文学(広く藝術に於ける精神)がモラル(この文学的道徳の観念)を追求するものだという

事実は、文学が常に常識に対する反逆を企てるものだという処に、一等よく見て取れるだろう。文学は大抵の場合常識に対立せしめられる。処でこの反文学的な常識とは、例の低俗な通俗常識のことに他ならず、それが又通俗常識的観念による所謂道徳のことに他ならぬ。かくて文学的道徳・モラルは結局通俗常識的道徳に対立しているわけなのだ。ではどういう風に之に対立するのかと云えば、要するに通俗道徳に対してその批判者として立ち現われるのが、モラルだということに他ならぬ。夫が通俗道徳を批判するものである限り、夫も亦一つの道徳でなくてはならぬ、モラルでなくてはならぬ。だが夫と同時に、夫はもはや通俗道徳という意味に於ては、道徳ではない。でモラルという観念自身が、所謂道徳なるものを解体する処のものを意味せねばならぬ。だが単に道徳を道徳でないものによって道徳でないものにまで解体して了うのでは、夫が科学的手続きによるのでない限り、道徳の単なる否定というものにしか過ぎない。それでは例の通俗常識による道徳という通俗観念さえが、事実上納得され得るようには克服出来まい。道徳を納得的に否定し得るものは、一種の道徳の他にはあり得ない。モラルは少くとも現在、事実上そういう一種の道徳の観念だ。

社会科学的な道徳観念も亦、道徳を解体し道徳を道徳の否定にまで導く過程に生じる処の、道徳観念であった。だが夫は道徳を本当に科学的に終焉せしめて了うものだ。之に反して道徳の文学的観念は、道徳を道徳として、モラルとして、云わば止揚し且つ高揚する処の観念に他ならない。ただ文学自身では、この観念が極めて曖昧で無限定なのだ。そこで今吾々は、之を理論的に表現しなければならぬというのである。

だが、或いはだから、文学的道徳の観念を吾々は無条件に信用してかかってはならないのである。それは誤謬へ導くかも知れない多くの諸規定を無定量に含んでいる、それがこの観念の理論的に曖昧である所以だ。吾々がこの観念について、理論的な概念を造るためには、実はこの文学的道徳観念の特有な弱点から、まず注意して行かねばならない。

一体現在の事実問題として見る時、文学的道徳観念であるこのモラルは、どういう内容を与えられているか。云うまでもなくパッションやペーソスから始めて一切の規定を含んではいるが、その骨組みは例えばまず幸福というものにあるように思われる。本来モラルは言葉通りに一切のものであり得る。実を云うと、吾々の日常生活が社会に於ける階級闘争の形を一つ一つ取らざるを得ないような時、モラルとは階級道徳のこと以外のものではあり得まい。そうでなければ吾々は満足しないからだ。処がこの所謂「モラル」という言葉は、事実上必ずしもそういう現実内容に即して用いられている言葉ではないのである。「モラル」という流行観念の実際のニュアンスは、もっと形式的な処にあり、又その形式そのものをその独自の内容として居坐らせたものに他ならない。階級闘争のモラルは、夫が階級社会の実践的活動分子たる人間に満足を与える限り、初めてモラルとなる。だからモラルは、その階級闘争の情熱や憎悪や意慾という内容にあるのではなくて、之が満足に帰するというその形式にあるのであり、そしてこの形式が満足という一般的な内容に直ったものがモラルの内容だ、ということになる。でモラルはそれ自身に個有な形式的内容を有つ。夫が一般に満足ということで、やがてよく云われる所謂幸福というものが夫だ。

モラルの内容（実はそれに個有な一般的内容）を幸福に求める文学者は、無論極めて多い。否殆んど総《すべ》ての文学者はモラルの追求の名に於て幸福の探究を企てる。例えばA・ジードの自叙伝『一粒の麦もし死なずば』や『文学とモラル』などはこの意図をよく物語っているだろう。K・ヒルティーの『幸福論』（岩波文庫訳）によると、「哲学的見地から或いは勝手に反対することも出来ようが、しかし人が、意識に目覚めた最初の時からその終りに至るまで、最も熱心に追求してやまないものは、実にただ幸福の感情である」というのだ。

慥《たし》かに道徳・倫理・モラルは、善だとか悪だとか、正しいとか不正だとかいうことよりも、幸福ということとの内にあるだろう。ヘドニズムの疑うことの出来ない根拠は全くここにある。真に幸福について考えて見たことのない人間は、決して道徳を知った者ではないかも知れぬ。――だが理論的に忘れてならぬことは、この幸福なるものが、実はモラルの形式的な規定に過ぎなかったという点、或いはこの形式的規定がそのまま一転してモラルの一般的従って又抽象的な云わば形式的内容になったものに過ぎぬという点、なのだ。なる程、一切のものは幸福に帰趨するだろう、エピキュリアニズムは固《もと》よりストイシズムもアスケティシズムも、夫々《それぞれ》一種の幸福感・満足に帰趨するだろう。併し逆に、幸福というもの自身からは単に幸福をしか導き出すことは出来ぬ。幸福からはモラルの本当の内容を導き出すわけには行かないのだ。もし幸福のモラルからコンミュニズムを導き出した文学者がいたとすれば、彼には一つの転向が必要であったに相違ない。と云うのは、幸福のモラルからコンミュニズムを惹き出したと云うのは、実は方向を反対にしてコンミュニズムから幸福のモラルを惹き出したことに他ならない。

　幸福のモラルは、モラル自身の形式そのものを云い現わす個有な特別な一般的抽象的内容に他ならないが、併しそれであるが故に、このモラルは形式的なものであり、このモラルの観念は形式主義的な条件を免れ得ない。幸福の説は恰もそういう形式主義的なモラルの観念に基くものだ。――形式主義とは形式が内容の「鍵」で「窮極の基礎」だと考えることだが、恰もヒルティーなどは「幸福は実に我々のあらゆる思想の鍵である」とも云い、「幸福は、あらゆる学問・努力・あらゆる国家的及び教会的施設の窮極の基礎である」とも云っている（前掲書）。之は全くキリスト教徒の声だ。なる程社会変革の運動は大衆の幸福を目標としているには違いなかろう。だが大衆の幸福をそれ自身如何に捏《こ》ね廻《まわ》しても、神の国かユートピア以上のものは、決して出て来ないのだ。

　で幸福とはこうした形式主義的なモラルの内容だが、恐らくこの点が、実際に世間に行われている所謂「モラル」の特色を最もよく云い表しているだろう。モラルは文学者の用語だが、文学者は之によって、極めて形式的なモラルを影像として受け取っているように思われる。と云うのはモラルとは何か身辺のアトモスフェヤとか、特定内容から切り離された抽象された生活感情とかというものであって、生産機構に発して産業や経済生活や政治活動やを踏み分て通った処の、社会そのものの脱汗の粒々たる結晶としての生活意識とは、おのずから別なのである。つまりモラルは多くの文学者にとっては、個人身辺のものであって決して社会的なものなどではない。

吾々は、処で道徳に関する文学的観念たるモラルのこの観念から、こうした文学者的な皮相さを除《と》り去らねばならぬ。もしそうしなければ、モラルは主観的道徳感情とか個人道徳とかというものになって了って、例の倫理学が眼の前に置いて考えていたような道徳の、而《しか》もごく不体裁な模造品にすぎぬものとならざるを得まい。夫ならば社会科学によって、すでに解決と解消とを完了された処のものに過ぎない。今更モラルでもないわけである。

で吾々にとってまず第一に必要なのは、モラルという文学的観念を、どうやったならば科学的な道徳(モラル)観念にまで、洗練出来るかに答えることだ。そのために社会科学的道徳観念とこの文学道徳観念との、相違点をもう少し考えて見なければならぬ。

一般に道徳が社会意識と不離な関係にあるらしいことを、私はこの本の初めの方で述べた。道徳が社会の汗か脂のようなものだとも云った。従って道徳は常に社会的なのである。併し又本当に個人が考えられていない処に道徳というものもあり得る筈はない。社会意識は個人が社会に対して持つ意識か、それでなければ社会という主体が持つと譬《たと》えられた意識のことだが、社会という主体が統一的な意識を有てるかのように仮定するマクドガル的な Group mind の観念も、社会に於ける個人が有つ個人的な意識の社会的総和という風に理解しない限り、心理学者のフィクションに過ぎぬものとなるだろう。社会意識たる道徳意識も、だからこうした個人意識としての道徳意識の総和であるか、それとも個人が社会に対して有つ道徳の自意識に他ならぬ。——いずれにしても道徳は、社会と個人との関係に於てしか成り立たないことを見るべきだ。

社会科学的道徳観念の科学的高さをなす所以の一つは、道徳が社会と個人との関係に於て初めて成り立つものであって、単に個人自身の内で成り立ち得るものではないという、云われて見れば初めから当然至極なこの関係を、ハッキリ組織的に解明したことにあった。往々世間では、史的唯物論が客観的な社会機構だけしか問題にし得ないもので、個人にぞくする諸問題は之を忘れるか避けるかするのだ、という風に誤解しているが、この誤解は少くとも史的唯物論による道徳理論を見るならば、氷解することだろうと思う。元来社会科学は個人を問題にしないどころではない。実は例えば、如何なる個人は如何なる社会条件の所産であるかを問題にすることこそ、社会科学の具体的な現実的な課題なのだ。なる程社会科学が与える諸々の公式は、一般的な通用性（尤も之は歴史的な適用条件を持っているのだが）を有っていればこそ公式である。併し又特殊の夫々の事情に向って特殊的に適用されないような公式は、元来何等一般的な公式ではないのだ。公式はいつも特殊化され得るものだし又特殊化されねばならぬ処のものだ。従って社会機構の一般的諸関係を云い表わす社会科学的公式は、当然個々夫々の特殊事情に相当する処の各個人の場合場合について、特殊化され得るし又特殊化されねばならぬ。社会科学が個人を問題に出来ないという説は、何かの誤解だと云わねばなるまい。

だから道徳が如何に個人のものであり個人を介してでなければ成り立たないにした処で、それを理由にして、道徳が社会科学的に分析出来ないものだなどと考えたり主張したりすることは、許されないわけで、そういう非謗は偶々《たまたま》、個人主義的なブルジョア倫理学自身の自己弁解を物語る以外のものではないのである。道徳の個人的特色（階級道徳も亦この道徳の個人的特色の必然的な規定だ――なぜなら個人そのものが社会における個人でしかなかったから）を最もよく説明したものは、他ならぬ史的唯物論だったのだ。

道徳は社会科学的観念によって、いつも個人化され得る。その意味でなら、客観的な道徳も常に主観化され得るし、客体的な道徳も必ず主体化され得る。――だが社会に対するこの個人、又或る意味で（後を見よ）客観乃至《ないし》客体に対するこの主観乃至主体、とは何か。社会や客観乃至客体は、論理的には一つの普遍者である。と云うのは、個人（或る意味では主観や主体も）の多数の複数を通じて共通に横《よこた》わる或るものだ。之に較べれば個人（或る意味では主観乃至主体）は、憖かに論理的に特殊者だ。個物は特殊者だ。処がこの個人なるものも実は、社会の普遍性とは異った併し一種の普遍性・一般性を持っていることを見落してはならぬ。「これ」とか「この」とか云っても、「あれ」も吾々がそこを注意すれば「これ」であり、「あの」も吾々がそこへ行けば「この」に他ならぬ。つまり「これ」ということと「これ」と云われるものとの間には、一向必然的な結合はないのだ。吾々はバットを「これ」と指さしてもいいし、チェリーを「これ」と呼んでもいいわけだ。——尤ももしもバットに霊あらば（あまり唯物論的な仮定ではないが）、彼は自分をしか「これ」と呼ぶことは出来ず、チェリーとチェリー氏はいつも「あれ」とか「かれ」とか呼ばれるに違いないが。でこの特殊性をもった個体は一般性を有《も》っているものだ。

　だがこの一般的な個人（或る意味では主観や主体もそうだが）は、まだ決して「自分」（「私」「我」「自我」等々）ではない。と云うのは、ナポレオンという個人が個人的であり個性的であることは、シーザーという個人が個人的であり個性的であることと、共通なことである。無論二人の個性は別だが、歴史家は二人が夫々の異った個性の、有ち方までを異《こと》にしているとは考えない。そういう不公平な歴史家は少くとも科学的な歴史家ではなくて、ナポレオン党員か何かだろう。処がナポレオン自身は、自分がナポレオンであるという関係と、或る男がシーザーだという関係とを、同一共通なものとは考えない。もしそうでないと反対する読者がいるなら、その読者が偶々ナポレオンでないからに過ぎない。何人も「自分」の自分を他人の自分と取り換えることは出来ない。ここに古来人間が一日も忘れることのなかった「自分」というものの意味があるのである。この自分はもはや決して個人ではない。個人はなお一般的だ、従って「自分」こそ最後の特殊的なものだ、ということとなる。――処でモラルはこの「自分」というものと深い関係があるだろう。

問題はそこでまず、この自分なるものが社会科学でどう取り扱われ得るかである。自分というこのごく日常的な常識にぞくする観念を、下手に哲学的に解明しようとすると、忽《たちま》ち札つきの観念論に陥らざるを得ない。事実之までの思い切った観念論（バークレーやフィヒテの主観的観念論）は、単に観念を馬鹿馬鹿しく尊重したことがその動機なのではなくて、この「自分」なるものを観念のことだと思い誤ったり、又之を観念的に摑むことが相応《ふさ》わしいことだと思い込んだりしたことに由来する。「自分」は社会科学（つまり史的唯物論――唯物論）でどう取り扱われるか。

M・スティルナーは何と云っても参照を免れまい。スティルナーに云わせれば、「神と人類とは何物にも頓着しない、自分以外の何物にも。だから自分も同様に、自分のことを自分の上に限ろう。神と同じく他の凡《すべ》てのものにとっては無である自分、自分の凡てである自分、唯一無二である自分の上に」(『唯一者とその所有』――岩波文庫訳)、である。「自分にとっては自分以上のものは何もない」のだ。自分だけが自分の唯一無二の関心事だ。――だがどうしてそんな馬鹿げたことが主張出来るのか。併しスティルナーが、自分というものを人間や人類というものから区別しているという点を今忘れてはならない。スティルナーが云っているのは、個人が凡てだというのではない、個人ではない処の「自分」が凡てだというのだ。そう云われて見れば、この唯我独尊主義も、決して簡単な妄想ではなくて相当複雑な虚妄であることに、戒心しなければならないだろう。

処がスティルナーの「自分」は「創造者的な虚無」だというのである。と云う意味は、自分が一切のものの創造者であり、世界はつまり自分の所産だというのである。そして自分は世界を創造するに際しても何ものにも負うのでなくて自分自身にしか負う処がない。だから「無からの創造」だというのである。人間の生涯とその歴史的発達は、この自分の創造物だというのだ。――だがこうなるとこの自分と人間(個人)とはどうして別なのだろうか。なる程人間(個人又はその集合としての人類)ならば、それが歴史を創ったということも何とか辛《かろ》うじて説得出来るかも知れない。併し誰が一体、自分が古代から現代までの歴史を造ったと実感するものが、狂人でない限りあるだろうか。——自分なるものが個人や人間と別な範疇だという論理はよい、だがそうだからと云って、「自分」なるものの形而上学的体系は困る。之は独りスティルナーに限らず、彼の先輩たるフィヒテに就いても同様に困る点だ。

『ドイツ・イデオロギイ』(唯物論研究会訳)の大半をこの「聖マックス」・スティルナーの批判に割いたマルクスは、処で彼をこう批評した。「若しも聖マックスが、種々な「事」及びこれ等の事の「所有主」、たとえば神・人類・真理をばもう少し詳しく観察していたならば、これ等の人格の主我主義的な行状に立脚せる主我主義も、これらの人格自身と全く同様に、仮構物であらざるを得ないという、反対の結論に到達する筈だったのだ」と(多少訳を変更)。——つまり「自分」の体系としての形而上学に立脚しようとするが故に、却って「自分」というものが個人という人格物に帰着して了うわけだ。

スティルナーの根本的なナンセンスは、彼が「自分」というものを正面へ持ち出したことではなくて、却ってこの自分を安易にも、結局に於ては個人人格というようなものだと想定し、そしてこの個人人格から歴史と社会とを体系づけようとした処の、観念論的な大風呂敷にあったのだ。彼の人間に関する理論が、機械的で非歴史的で意識主義的であるのは、全くここから来る。

自分というものを個人（人間）から区別しながら、なお結局に於て自分を個人と考えねばならなくした根本的要求は、自分を何か世界の説明原理としようとする企ての内に存する。個人を世界の説明原理としようとするのが典型的な観念論であるが、之に倣《なら》って「自分」なるものを世界の「創造者」という説明原理にしようとしたのが、スティルナーによって典型的に云い表わされたエゴイズム（理論的又道徳的）なのだ。——だが「自分」とは実は、そういう世界の説明原理（創造者・元素・其他）である或る物ではなくて、単に世界を見るものであり之を写す（模写する）ものなのだ。「自分」は個人とは異って交換することの出来る物ではない。自分とは自分一身だ。之は鏡面であって物ではない。

社会を特殊化せば個人になる。ここまでは明らかに社会科学の領域だ。併しこの個人を如何に特殊化しても「自分」にはならぬ。一体もはや特殊化し得ない分割不可能であるということが個人乃至個体（In-Dividuum）の意味だったのだから、これは寧ろ当然だと云わねばならぬ。もし同じ特殊化の原理で「自分」というものにまで到着出来るのなら、この特殊化の原理を恰もその科学的方法としている処の社会科学は、同様に「自分」というものをも、そのままで、科学的に取り扱える筈だが、特殊化の原理が「個人」以上に進行し得なかったのだから、社会科学的方法は個人の処で止まらざるを得ない。つまり一般に社会科学的概念は、そのままの資格に於てでは、「自分」という事情をうまく科学的に問題に出来ないのである。

そこで考え得られる対策は二つしかない。一つは、個人を社会科学的に自分にまで押して行く代りに（夫は不可能だった）、「自分」から出発し、そして個人の方へ還って来ようという仕方である。だが之も亦不可能であった、なぜなら自分とはそういう世界の説明原理であってはならなかったから。もし夫が世界の説明原理であるかのように思われるとしたら、夫はもはや「自分」ではなくて個人のことだろう、処が個人で以て世界を説明することは途方もない観念論だった。――でこの方向が駄目だとすると余る処はただ一つの方向だけである。それは個人から自分にまで行くには、社会から個人にまで来るのに使った社会科学的方法・社会科学的個別化原理を、何か適当に改革乃至修正しなければならぬということだ。恐らくこの仕方以外に、理論的に「自分」なるものの概念を規定出来る途はないだろう。モラルの概念も亦、ここで初めて理論的に成り立つことが出来るだろう、ということになる。

だがもう少し「自分」というものを分析して見る必要がある。一体自分というものは、スティルナーが夫《それ》で熱中していたに拘らず、存在するものかどうか、そういう一見奇妙な疑問を出してかかる必要があるのである。なる程個人は立派に存在している。そして個人が持っている精神や心というものも、丁度物体に力が存在しているような意味で存在している。処が自分というものの存在に就いては、古来哲学はその証明に苦心しているのだ。たしかに自分はあるようだ。併しどういうことが自分が存在しているということであるか、又なぜ自分が存在していると云うことが出来るか、という問題になると、解答は極度に厄介なのである。デカルトの、「自分が考える、故に自分が存在する」というのが、何等の推論でないことは云うまでもないので、この「故に」は単に、彼が自分というものの存在を事実上すでに仮定していることの告白を示す気合か掛声にしか過ぎない。——とに角、少くとも自分というものは、普通の意味での存在性を持ってはいない、普通の意味では存在しない、従って普通の意味では無だ。(無であるとは云えない、ただ無だ。)

処で之と同じような事情におかれたもう一つのものがある。夫は意識だ。意識も丁度自分に対立する自分という個人のように、精神や心と考えられればその存在性に問題はないが、それが本当に意識と考えられると、夫が存在するかどうかが問題だ。意識(Bewusstsein)は Das bewusste Sein という或る存在(Sein)であるように書かれるが、之は単にドイツ語で哲学の術語を造る時の便宜から起きたことに過ぎない。そして之は恐らく「意識ある存在」という意味にはならずに、「意識された存在」、即ち存在が意識された、という意味になるのだろう。いずれにしても、存在と意識とは別であり、従って意識は存在ではない、存在しない、無だ。——自分は自分で自分を考えることが出来る。自分が自分で自分を考えなければ、即ち自覚しなければ、即ち又自意識を有たなければ、自分というものは考えられない、処がこの考えるとか考えられるとかいうことが、他ならぬ意識するということだ。で之を以て、自分というものと意識というものとが、同じ性質のものだということが判る。その意味で、自分はあるかないか知らないが、とに角夫《それ》は意識だ、と云うことが出来る。

物質は云うまでもなく普通の意味で、存在している。之を写し反映するものが意識だ。簡単に機械的に考えると、物質を反映し模写するものは頭細胞其他の物質だ、と云われるかも知れない。だが外界の物質と頭物質との関係は物質相互間の物的因果交互作用関係にすぎないのであって、それ自身は反映でも模写でもない。反映・模写とは物質と意識との間にしか起きない関係を云い表わす言葉だ。で外界の物質と頭細胞物質との物質相互の物的関係が存在していて、その存在に沿って随伴して起こる或る関係が、意識による反映・模写ということであり、つまりそういう作用としての意識なのである。この関係は存在に随伴することなしには決して起きない。存在が存在しなくなれば起きなくなる関係だ。それでこの存在とこの関係との間には又何等かの関係がある。之は一応不離な関係だが併し直接には因果関係ではない。反映・模写という言葉は、こうした非因果的な直接関係を云い表わす範疇なのである。だから実は意識があって存在を反映するのではない（意識は元来なかった）、却って反映という存在の随伴現象が意識ということだ。夫が「自分」ということなのだ。

自分乃至意識は、存在に随伴する関係であるが（その随伴の仕方関係が意識とも反映とも模写とも写すとも見るともいうことだ)、処が一般に存在に随伴する関係は、意味と呼ばれる。意味は厳密に云うと存在の因果所産でも何でもなくて、存在が有つ処の一つの関係のことだ。存在に意味があり、存在が意味するのである。(意識が意味するのではなくて存在が意味するのだ。インテンションとは実は之だ。)意味があるとは、意味が存在するということではなく、又意識が意味を産み与えるというのでもなくて、存在が意味を有つということだ。で意味はないのだ。——そうすると、例の自分乃至意識は意味にぞくするものだということになるだろう。

さて私はここに二つの秩序界を並べねばならぬ事情に立ち到った。一つは存在・物・物質の秩序界だ、もう一つは自分・意識・意味の秩序界だ。前者は存在し後者は存在しない。そして後者は前者の存在に随伴するのである。——「個人」と「自分」とを隔てたあのギャップは、実はこの二つの秩序界の間に横わるギャップであった。而もこのギャップならば、随伴という橋渡しは一応ついた。

併しそうすると、つまり自分というものは個人に随伴するというだけでケリがつきそうだ。それなら社会科学は個人の問題を取り扱うことによって、随伴的に自分というものの問題を取り扱えばよいわけだ。処がそう簡単には行かない。自分・意識・意味はそれ自身一つの秩序界だ、というのは、独自の体系をなすことが出来る。(尤も夫は存在の世界の体系ではないが。)今物質界乃至存在界が独自の体系をなすことは自明だろう。処でこの二つの独自の体系が並べられたとすると、簡単に一つの存在と一つの意味とを対応させて済ますことは出来なくなるので、意味は更に意味同志、存在は云うまでもなく存在同志、の間に、意味的聯関や因果的交互作用的関係を有っている。――この二つの体系を綜合することは、二つを簡単に加え合わせるようには行かぬ。二つを掛け合わせなくてはならぬ。と云うのはつまり、存在の体系に意味の世界を附加することによって、存在の体系をば意味の世界を含んだ体系にまで、拡張的に組織し直さねばならぬということだ。個人から自分なるものへの橋渡しをするためには、そういう論理的工作が要るのである。――モラルとはこの論理的工作の内に、必然的に出て来るものだ。

私は少し長々しく、認識論めいた議論を試みたが、之は全く、自分というあの一見判り切った日常観念を、少しばかり而も常識的に反省して見る必要があったからだ。でその結果は、存在の体系を、どうすれば意味の世界をも含んだ体系に、拡張出来るかという、論理上の工夫を考えねばならぬということに帰着する。

存在の体系の諸規定を云い表わす諸範疇は、実験的・技術的な検証性を有った処の、技術的な科学的概念である。だが之だけでは意味の世界を含んだ体系を築くカテゴリーにはなれない。そこでこの科学的範疇を、意味の世界との連絡と云い表わし得るようなカテゴリーにまで、改造しなければならぬ。それには他の手段はないので、実験的技術的に検証し得るというこの科学的範疇の性質を、或る点で制限し、比較的且つ一応そうした検証的実証性から独立に見えるような性質を、外被のように之にかぶせる他はないだろう。実験的科学的機能だけではなく、そういうものから一応比較的に独立であるように見える機能をば、この実験的科学的機能という肉体の上に、被服として纏わらせねばならぬ。こうしてこの科学的概念は、様々のニュアンスを得、一種のフレクシビリティーを得、例のギャップを飛躍する自由を得るのである。この機能は空想力（想像力・構想力）とか象徴力とか誇張力とかアクセント機能とかだ。

こうして大体象徴的な性質を有たされた限りの科学的概念は、もはや之までの科学的概念ではなくて、文学的表象・文学的影像である。象徴や空想や誇張其他は、そうしたニュアンスやアクセントは、正に文学的な影像と観念との、特色ではないか。――この間の消息の内に、一般に、科学と文学（独り文藝に限らず広く藝術一般に於ける精神・イデーでよい）との論理的聯関が設定される。そして今この科学的概念が社会科学乃至史的唯物論のものだとすれば、この文学的表象が持つ象徴や空想や誇張その他の、この非存在的な機能が、自分というものを個人から区別する例のギャップを埋めるものに他ならぬ。個人とは社会科学的概念だ。之は史的唯物論によって片づく。之に反して「自分」とは、文学的表象だ。之は一切の文学的又実に道徳的なニュアンスとフレクシビリティーとを有っているだろう。個人に関する体系は立派に社会科学という科学になる。だが自分に就いての体系は、文学にはなっても科学的――実証的・

技術的——理論とはならぬ。ニーチェやスティルナーなどの自我思想が文学的特色を有つのは、広義に於けるそのスタイルの問題には止まらない。

さて私はどうやら道徳・モラルの問題に帰ることが出来るようだ。以上述べた科学的概念と文学的影像との関係、科学と文学との関係、の内に、正にモラル（文学的観念による道徳）なるものが横わるだろうからだ。

モラルとは自分一身上の問題であった。尤も之は何も個人道徳を意味するのでもないし、又道徳が個人的なものだというのでもない。個人が自分と別だということは既に述べた処だ。寧ろモラルは常に社会的モラルだ。社会機構の内に生活する一人の個人が、単に個人であるだけでなく正に「自分」だということによって、この社会の問題は所謂社会問題や個人問題としてではなく、彼の一身上の問題となる。一身上の問題と云っても決して所謂私事などではない。私事とは社会との関係を無視してよい処のもののことだ。処が一身上の問題は却って正に社会関係の個人への集堆の強調であり拡大であった。社会の科学的理論の体系も亦《また》、この一身上の問題を単に私事として顧みずにおくことは出来ない。モラルはこうしたものだと云うのである。——科学的概念が文学的表象にまで拡大飛躍することは、他でもないので、この科学的概念がモーラライズされ道徳化されヒューマナイズされることだ。この概念が一身化され自分というものの身につき、感能化され感覚化されることだ。今や、自分＝モラル＝文学は一続きの観念なのである。社会の問題が身についた形で提出され、自分一身上の独特な形態として解決されねばならぬということが、文学的モラルを社会科学的理論から区別する処のものだ。

処で考えなければならないのは、すでに述べた文学的モラルのあの抽象性（幸福の如き）に就いてである。というのは、道徳に関する文学的観念としてのモラルは、事実の問題として見る時、文学者が有たねばならぬ社会科学的認識とは、殆んど全く無関係な場合が普通なのである。吾々はモラルと社会科学的認識とを区別はしたが、その区別の根拠は実は寧ろ両者の橋渡しの説明の上に立ってのことだった。科学的概念による社会科学的認識と、文学的表象による文学的認識との間に、一定の合理的な関係を設定したればこそ、科学的認識と文学との間の区別も出て来たわけであった。処が多くの文学的モラルは、社会科学的認識と関係なしに、何か自分だけで纏まり得たようなモラルとなっている。そういう独自に自分だけで結末のつくモラルの内容は、精々かの幸福のようなものだったろう。そしてそういう超社会科学的幸福は、事実上は、独善的な逃避的な貧弱な幸福に堕す他はあるまい。之は富まずして淫するモラルである。

こうした独善的モラルの観念を私は、文学主義的なものと呼ぶことが出来ると思う。文学的表象はその現実的肉体として、社会科学的概念をその核心に持っていなければならなかった。

処がこの科学的核心がない時には、文学的表象は自分自身で勝手な核心を——再び全く文学的にすぎぬ核心を——造り出す。そうやって文学的表象をそのまま文学的な概念（之は何と矛盾した表現だ！）にして了う。要するに科学的概念を排撃して文学的概念を、手近かににわか造りするのである。こういう文学的表象の幽霊か漫画かのおかげで、その際なり立つモラルも幽霊か漫画のようなモラルとなる。而もそういうモラルに限って、社会的には無知な反動的勢力として凡《およ》そ社会のモラルを蹂躙するものなのだが。そしてその際「自分」や自我は、極めて皮相な思い上った又は卑屈な自意識となって了うのだ。

真に文学的なモラルは、科学的概念による認識から、特に社会科学的認識から、まず第一に出発しなければならない。この認識を自分の一身上の問題にまで飛躍させ得たならば、その時はモラルが見出された時だ。逆に初めから文学的モラルから出発するなら、遂に何等の科学的認識へも行きつくべき方法を見出すことは出来まい。そのモラルは自慰的なものとならざるを得ない。そしてこの自慰的環境から脱出するには、もはや文学的モラルでは間に合わないだろう。——例えば階級対立が社会そのものの一切の本質的な規定を決定しているこの社会に於て、階級道徳を抜きにした文学的モラルなどは、本当は想像も出来ない代物だろう。社会のこの歴史的なリアリティーのあくどさや強大さに心を動かさぬということは、モラルのないことの証拠になりはしないか。——「自分」を発見するということは、そんなに素手で方法なしに出来るものではない。そしてその方法は社会科学的認識の淵をばモラルにまで飛躍するという機構であり手続きであるのだ。之を抜きにして見出された自己などは、誠に賤しいものだ。

文学とモラルとのこの結びつきを、特別な形で示しているものは、フランスの文学的伝統の一つであるモラリストたちの立場であろう。モラルという文学的な道徳の観念や言葉も、実はこのモラリストのものであったのだ。道徳の倫理学的観念が初めイギリス的乃至ドイツ的であったに対して、モラルという文学的観念は主としてフランスのものだ。処でモラリストの特色の一つが、矢張《やはり》「自分」を探究することにあったのを忘れることは出来ない。――F・ブリュンチエール（之はレーニンによると済度すべからざる反動家だが）は、モンテーニュの『エッセー』に就いて言っている、「それは、人が自己を描こうと企てた最初の書物である。自己を並々の人間の一例として考察しつつ、その自己の中に摑みえた発見を以て人類の博物誌を豊富にしようと企てた最初の書物である」（『仏蘭西文学史序説』――岩波文庫訳に基く）。モンテーニュは云わばモラリストの父だが、夫が自分を描こうとした最初の人だというわけである。処がこの自分・自己とはモンテーニュでは何か。彼の『エッセー』は云っている、「各人は自己の前方を見る。私は私の内部を見る。私はただ私に用があるだけだ。私は私を考察し、私を検査し、私を思料する。……私は常に己れの内を省る」云々。（ブリュンチエール前掲書参照。）――処でこの言葉だけを取って見ると、このルネサンスのフランスの貴族文学者は、まるで十九世紀の「ドイツの小市民」の、あのスティルナーそっくりではないか。ただその自己がもっと文化的に教養が高かったというまでだ。とに角ここでいう自分とは、内部のことだ。自分を単に内部として感じることは、自分を「自分」としてではなしに人間として感じることだ。（フランスにはメーンドビラン［メーヌ・ド・ビラン］の『内部的人間学』なるものがある。）つまり夫は、欲すると否とに関係なく、自分を自分としてではなしに、例の個人という物体として見ることに帰着せざるを得ないだろう。――かくてモラリストの立場は、所謂人間学に甚だ近いと云わねばならぬ。実際また人間学の多くの型は、モラリストの哲学から生じたものでもあった。パスカル（『パンセ』）やラロシュフコー（『道徳的省察』――『箴言録』）を見れば、この（内部的）人間学が何であるかは容易に判る。そこでは自分は、人間の名に於て、社会的認識とは殆んど全く独立に、探究されている。之に較べれば、ラブリュイエール（『性格』）やモンテーニュ自身は、実はもう少し社会的関心をもった「自分」であったかも知れない。

だがそれにも拘《かかわ》らず、モラリストは、文学とモラルとの必然的な結合を、その意味で、道徳に関する文学的観念の一つの典型を、思想史の内に印象づけた。その歴史的意義は之を尊重し又利用すべきだろう。――もし多少の歴史的語弊を忍ぶとすれば、道徳に関する文学的観念は、正にこのモラリスト的な道徳観念だと云っていいかも知れぬ。ただ吾々に必要なのは、之が科学的認識、特に社会科学的認識を踏み渡った上での、道徳・モラルでなければならぬという点だったのである。

最後に科学と文学とを図式的に対比させることによって、文学的観念による道徳なるものの、一つの総括的な意味を、云い表わしておきたい。――科学は云うまでもなく事物の探究だ。文学も亦この科学的探究を踏み渡った揚句、課題を新《あらた》にした事物の探究である。処で科学の探究の対象は真理と呼ばれる。之に対して、文学の探究の対象が道徳・モラルなのである。この人間的（実は「自分」の）真理は吾々のムードやマナーの末にまで現われるのだ。かくて道徳・モラルとは、一身上の真理のことだ。

だから道徳とは、丁度科学的真理がそうであるように、常に探究される処のものなのだ。その点から見れば、道徳は与えられた道徳律や善悪のことや一定の限定された領域などのことではない。特に、科学が決して、真理と虚偽との対立を決めるというような妙な形の興味を有つものではないと同じに、何が善で何が悪かというような設問の内を堂々巡りしていることは、道徳の探究の道ではなく、従って又道徳の本義ではないのである。

道徳が自分一身上の鏡に反映された科学的真理であるという意味に於て、道徳は吾々の生活意識そのものでもなければならぬ。そういう生活意識こそ偉大な真の常識というものだろう。

そしてこの道徳を探究するものこそ、本当のそして云わば含蓄的な意味に於ける文学の仕事なのだ。モラル乃至道徳は、「自分」が無かったように、無だ。それは領域的には無だ。それは恰も鏡が凡ての物体を自分の上にあらしめるように、みずからは無で而《しか》も一切の領域をその内に成り立たせる。

私が道徳を社会科学的に見ることに満足しないで、何か文学的に見ようとした、と或る種の人達は考えるかも知れない。併し科学が文学に解消でもして了わない限り、道徳を文学の探究対象のことに他ならぬと見ることは、決して道徳に就いての余計な観念でもないし妙な観念でもない筈だ。何となれば、もしそうでなかったら、一体、文学というものは何のために、何をなしつつ、存在するのか。

（第四章に就いては拙著『思想としての文学』――特にその第一項――を参照。）

（終）

風俗の考察——実在の反映一般に於ける風俗の役割

『思想と風俗』、一九三六年十二月

一

カーライルは『サータ・リザータス』に於て、なぜこれまでに衣服に就《つ》いての哲学が書かれていないか、を怪《あやし》んでいる。衣裳ほど日常吾々の眼に触れるものはないのに、之《これ》に就いて哲学が語られたことがないというのは、何としたことだろう、というのだ。イギリス人などが衣裳哲学に考え及ぶことなどは想像も及ばないだろう、ドイツ人なら或いは衣裳の哲学に向いているかも知れない、というわけである。そこで無耶郷のトイフェルスドロェック教授なる人物の書物が出て来て、衣服の考察が始まるという仕組みである。

トイフェルスドロェック＝カーライルはこの際、要するに衣裳という人間の装飾物の否定者であり、アダム主義者（アダミスト）的裸体主義者であって、ドイツ観念論式に抽象的で純粋な「純粋理性」を信じる先験主義者であるのだが、併《しか》し衣服というものが有《も》っている社会的で歴史的な特有なリアリティーに就いての関心を強調していたことが、今日の吾々にとっても興味のある個処だ。なる程衣服に就いて書かれたものなら山ほどあろう、各時代の又様々な地方の。だが衣服が有っている社会的政治的な意義、歴史に於けるその積極的な役割、それから思想・哲学・文学・藝術・等々に於ける不可欠の一ファクターとしてのその特異なリアリティー、こういうものはカーライル以後もあまり真剣に注目されなかったのではないかと思う。そういう意味に於ける「衣服の哲学」は、流石《さすが》哲学好きのドイツでも発達しなかったようだ。

カントはイギリスの新聞に床屋の哲学というのが載っていたと報告しているし、ヘーゲルは靴屋の哲学の批判をやっている。併し哲学に就いては今はどうでもよい。問題は、衣服というものが寝ても起きても実在しているもので、そういう生々しいリアリティーを持っているにも拘《かかわ》らず、このリアリティーの特色そのものに就いての理論的考察は、甚だ影が薄いのだが、それはどうしたものか、という点にあるのである。カーライル＝トイフェルスドロェックは自分が或いはサンキュロットであるかも知れぬ、と弁疏している。サンキュロットとは云うまでもなく、フランス大革命時に於ける一つのプロレタリヤ的な勢力とも見ることの出来る分子で、短袴をつけぬ無礼者の一団のことだ。実際衣裳の思い切った変革は、それがただの流行の誇張や新しがりでない場合（いや新しがりでもそうだが）、多くは思想的な意味を有つものなのだ。

衣服は着ている人間の経済的生活を象徴すると共に、その人間の階級と階級的思想とを象徴する。サンキュロットなどはそういう意味で注目すべき名称である。でとにかくそれ程衣裳というものはリアリティーを持っているのだ。衣裳の革命など、よく考えて見ると事実相当に革命的な象徴なのだ。それ程衣服は社会的リアリティーを持っている。

併しどうせカーライルはただの衣服に就いて語っているのではない。衣服とは彼にとっては人類のもつ象徴のようなものなのだ。処《ところ》でこの衣服という象徴は一体人間について何を象徴しているのだろうか。夫《それ》が風俗だと私は思う。実はカーライルなどというドイツ式観念論者はどうでもよい。問題はまず風俗なるものの理論的な観念を得ることにあったのだ。

風俗生活をしていない人間は勿論世間には一人もいない。裸で外を歩く文明人がいないと同じである。だから風俗そのものは初手から或る大衆的現象だ。そして風俗に就いての関心そのものも亦《また》極めて大衆的であって、大衆的にお互いの間で容易に了解されるものなのだ。風俗画であるとか、風俗美人画であるとかいう、やや難解らしい言葉も、世間では苦もなく大衆的に通用している。――だがそれはそうでも、一体社会科学的に云って風俗とはどういうカテゴリーなのか、こうなると、あまりハッキリした既成の結論はないのである。処が、社会生活百般の事象に就いての考察が、或る本当の意味での大衆性をもたねばならぬならば、風俗の考察こそは、最も大事な理論上の設題の一つでなければなるまいと私は思う。之は大衆性というものの理解にとっても、必要欠くべからざる一つの社会理論上のファクターだ。

二

風俗習慣などと続くように、風俗は勿論《もちろん》社会的習慣と密接な関係を有っている。処で云うまでもないことだが、社会に於ける習慣、或いは又習俗は、社会の生産機構に基く処の人間の労働生活の様々な様式関係によって、終局的に決定されているが、二次的にはこの生産関係を云い表わす社会的秩序としての政治・法制が維持発展させる処のものであり、そして三次的には社会意識や道徳律が観念的に保証する処のものだ。その際習俗は、云わば歴史的な自然性（意図的でも人工的でもないというわけで）を持った一つの与えられた社会的制度であると共に、同時にその制度が概略の大衆の意識にとって安易快適（アット・ホーム）であるという場合のことだ。処でこの云わば制度と制度習得感としての習俗が、一見片々たる細々した手廻り品や言葉身振りにまで細分されて捉えられた場合が、恐らく風俗というものだろう。

風俗は社会の基本的機構の一つの所産である。決してその逆の源泉などではない。風俗そのものが独自な積極性を持っていて、夫が社会機構の過程を左右するファクターになる、とは云われない。だが又風俗は社会の基本的機構に基く一つの結論でもあるのだ。という意味は、社会機構の本質が、風俗というものに到ってその豊麗な又は醜い処の肉づけと皮膚とを得るのであり、その最後の衣裳づけを終るのである。風俗は社会の本質の云わば社会的（経済的・政治的・等々と区別された意味での社会的）な結論であり、社会の最も端的な表面現象である。社会の人相が風俗であり、社会生活の臨床的徴候が風俗である。風俗は社会の本質を診断する時の症状である（デカダンス其他はこの診断の用語だ）。

　勿論風俗などというものは、右に云ったような次第で、社会の本質から抽出された一つの抽象物に過ぎない。だがそれ故に又他の意味で、右に云ったと同じ次第によって、最も具体的であり具象的なものなのである。愛情に於ける恋人の肉体のようなもので、抽象的と云えば抽象的、具体的と云えば具体的なものが之だ。ここに風俗という社会的リアリティーの、理論的カテゴリーとしての強みと弱点とが横《よこた》わるわけである。

　社会の構造的分析から見て、具体的とも見えるし抽象的とも見える処の、この風俗という特有な社会現象は、どうも社会の物質的基底とその上部という普通の社会科学的段階づけの内には、いきなり適当な位置を発見出来ないように思われる。風俗乃至習俗は前にも云ったように一方一つの制度として現われる。生産労働の様式そのものについてさえ形をとって現われる処の、一種の制度としてなのだ。その意味から云うと之はいつも社会の物質的基礎のどこにでも随伴して発見されるものだ。処がそれと共に、風俗乃至習俗は他方、その制度の内に生まれ又教育された人間の意識の側に於ける制度習得感にいつも随伴する。するとこの場合の風俗は明らかに上部構造としてのイデオロギーの一部にぞくすると云わねばならぬ。

だからつまり、風俗乃至習俗というものは、本当は社会の本質の一所産であり一結論に過ぎぬにも拘らず、それが社会の本質的な構造の夫々の段階や部分に、いつも衣服のように纏《まつ》わって随伴している現象のことなのである。従って社会の構造全般に跨って現象している或るものだという風にも之を考え得るので、夫が何か独自の独立した社会的本質の一つででもあるように考えられ易いわけだ。風俗は経済現象でもなければ政治現象でもなく又文化現象でもない。而《しか》もそうした諸現象を一括すべく用いられる処の社会現象という言葉は、風俗にとっては打ってつけではないだろうか。つまり経済現象・政治現象・文化現象・等々という社会の物質構造上の段階と関係なく、そういうものを無視しても、そうした諸段階全般を貫く或る共通な一般的な一つの「社会現象」が風俗だ、というような風に考えられ易いのだ。

社会学（ブルジョア社会科学の代表者）には大体に於て、社会が実際にこうした共通な一般的なファクターから云わば出来上っているものだという風に、仮定する癖がある。社会機構に於ける物的構造上の秩序を第一義的な分析の規準とはしないで、いきなり社会の之《これ》あれの一般共通な徴候・現象をとり出して、之が何か社会の本質的な諸要素ででもあるように考える。風俗はこういう社会学的方法によれば一等通俗的に簡単につかみ易いように見えるだろう。（その極端なものは「モデルノロジオ」の類だ。）之に反して史的唯物論の方法から行くと、風俗という現象は方法上一種の副次的操作を要する処の却って高度な複雑な現象なのだ。――だがそう云うことは決して、風俗を社会学的（現象主義的）に安易に取り上げる仕方が正しいということにもならず、まして史的唯物論の方法によって風俗という題材の解決がつきにくくなるだろうということをも意味しない。元来、現象なるものは直接なもので直覚的には簡単なものだ。だが、夫は分析の上からは最後になって出て来なければならない程複雑なものなのだ。

処で実際問題として見ると、ブルジョア社会学に於ても（日本では空疎な方法論がまだ盛んなようなわけで）、風俗というものはあまり「科学的」なテーマにされていない、恐らく之はあまり理論的な価値のないもののように思われているせいだろう。この事情は実は併し、世間が風俗に就いて有っている知的な興味が如何《いか》に薄いかという事実を反映しているに過ぎぬのであって、新聞紙面から判断しても風俗は甚だ不真面目にしか取り上げられていない。風俗は俗なもので卑しいものだというようなわけで、大した社会問題の資格は有てないらしい。

そのくせ世間は流行などについて極めて敏感であるし、又恐ろしくおせっかいでもあるのだ。例えばモダーン風俗などに対しては一般の世間は何かワザワザ調子を下げてやに下《さが》って対手《あいて》になる。モダーニズム風俗は云わば揶揄《からか》われる対象としてしか世間の眼に写らない、それが世間普通の常識だ。風俗の本質の一つは性的なものにあるが、性的能力を自分の社会的生存の大きな支柱としている従来の社会の女達は、この社会では特別に風俗的な特徴を持たされている。そこで女も亦《また》婦人問題というような社会問題の内容として世間の眼には写らずに、云わば揶揄《やゆ》や娯楽の対象である美人としてばかり、世間の眼に写るというような次第だ。こうしたものが今日の、通俗な風俗の観念の現状なのだ。

風俗問題にぞくする一つの観点を、少くとも社会科学的な意図から取り上げたものとして注目されるのは、思うにW・ゾムバルトの Luxus und Kapitalismus（1912）である。資本主義社会の発生発展過程に於ける、愛慾・婦人・又奢侈、等の役割に就いて、一応テーマの纏《まと》まった考察をしているのがこの本の価値だが、併し力点は、奢侈が資本主義を産み出したという関係に集中されているのである。「奢侈の需要の発生が近代資本主義の発生にとって如何に極めて重大な役割を有っているか」が力点である（一四〇頁）。「奢侈からの資本主義の誕生」であって、その逆ではないのだ。奢侈という資本主義の一所産一結論たる目前の絢爛《けんらん》たる風俗現象が、唯物論的な弁証法の途をよく理解しないこの社会学者の眼を、全く眩《くら》まして了《しま》っているのである。このやり方は本質に於てブルジョア社会学的なやり口であり、例の通俗的な風俗観の、単に専門家風な学術的な仕上げにしか過ぎないのである。

三

私は今風俗に就いて、内容的に社会科学的分析をするだけの準備がないし、又その場合でもない。今必要なのは、こうした卑俗に通俗的にしか把握されていない風俗という観念を、さし当り必要なように訂正して、理論上意義のある一つのカテゴリーに仕立てておくことだ。そこでまず第一に、風俗が道徳に属するものである所以《ゆえん》を注目しよう。

前に風俗が習俗・習慣・風習に直接するものだと云った。そして習俗が一方に於て制度を指すと共に、他方に於てその制度の習得感情をも指すことを述べた。例えば家族制度という習俗が、一方家族という制度を指すと共に、他方家族的感情や家族的倫理意識を指すことは、今更云わなくても判っていることだ。習俗とは歴史的伝統を負った処の社会的規範であり、その意味での人倫や道徳というものに他ならない。この判り切ったことが即ち又、風俗がまず第一に道徳的なものだということになるのである。

風俗は、社会のただの習慣や便宜や約束ではない、又単なる流行其他の類でもない。単に世間が皆そうしているという事実だけではなくて、この事実が社会的強制力を持っており、そして道徳的倫理的権威と、更にそれを承認することによる安易快適感とを惹き起こしつつあるものが、風俗である。風俗にぞくする規定の代表的なものは、前にも云ったように社会に於ける性関係だが、事実この性風俗が最も端的な通常道徳の内容をなしていることを、注目しなければならぬ。風俗壊乱という一種の反社会的現象は、主に性風俗の破壊を指すことは云うまでもないので、これが社会風教上の大問題だと政治的道学者や風紀警察当局は考える。風俗は全く道徳的なものだ。

性風俗が可なりに衣服服飾と密接な関係のあるのは興味ある点だ。性別を社会的に表現するものは無論何よりも服装なのであるが、この服装風俗が極めて性的意義と共に道徳的意義に富んでいることを反省して見るがよい。奢侈・化粧・お洒落から始めて、お行儀や作法やゼントルマンシップや淑女振り等々から、家庭的儀式や支配権力の威儀や宗教的支配の荘厳にまで及ぶ、一貫した或るものがあるだろう。このように服装は性関係を道徳にまで連絡づける。アンデルセンの『裸の王様』を、こういう点から見て見ると、又特別の面白さがあるだろう。――でこうした一見末梢的な風俗たる衣裳さえが、一つ一つ道徳的重大さを持っていることは、今更事新しく説くまでもあるまい。

併しそれはそれでよいとして、一体風俗がぞくすると考えられたこの道徳なるものは何であるか。最も通俗的な規定としては、善し悪しを判定する標準のことか、又は善し悪しを決める場面のことだろう。これが通俗常識による道徳の観念であって、そこではつまり、出来るだけ早く簡単に善いか悪いかを決めることが目的になっている。処が或る事柄の善い悪いを決めることと、その事柄に就いての有効な（然り人生にとって有効な）批判的・科学的検討とは、殆んど全く別のことなのである。事柄の理論的研究と、その事柄の善悪の宣告とはまるで別だ。と云っても私は何も、理論や科学が超利害的であるとか又公平無私（？）で超党派的・超階級的なものだ、などというようなブルジョア科学論の一節を暗誦する心算《つもり》で云っているのではない。例えば日本に特有な形態の人身売買制度（娘の身売りなど）をどんなに悪いことで不道徳だと宣告しても、それで少しもこの現実の風俗は善くはならないのだ。問題は善いか悪いかではなくして、如何にしてこの欠陥を救済するかというための理論的な研究なのだ。処が道徳は往々にして、正にこうした科学的検討そのものを省略するための唯一の手段として出馬するものだ。道徳的ということは反科学的・反理論的・没批判的ということだ。日本ではこの頃、こうした意味での道徳的社会観や政治観や文化観や、経済観さえが、盛んである。

こんな道徳の観念はそれ自身、打倒される必要のあるもの以外の何物でもない。一定のあれこれの道徳律や道徳感情の打倒というより、寧ろ道徳のかかる観念自身が打倒されねばならぬのだ。マルクス主義的社会科学乃至《ないし》文化理論は、之を徹底的に打倒した。マルクス主義にとっては、あれこれのブルジョア道徳律やブルジョア道徳観ばかりでなく、この種の道徳なるものそのものが元来無用有害となり無意味となる。――で、もし風俗の観念も、単にこうした意味での道徳の観念に接着するだけなら、夫は理論的に無用でナンセンスな困ったカテゴリーに終るだろう。

だが、道徳に就いての文学的観念ともいうべきものこそ、道徳現象に就いての論理的に（又広義に於て認識論的と云ってもよいが）有効な唯一のカテゴリーだろうと私は思う。普通の所謂《いわゆる》「道徳」という観念はこれの前には解消して了う筈であるし、又「道徳」という観念によって指し示された所謂道徳なるもの自身は、この文学的な道徳観念に照らされることによって初めてうまく把握され得るだろう。――最近文藝評論家が口にするモラルという言葉はこの「文学的」な道徳観念にやや近い。だが併し根本的な相違は、所謂「モラル」が往々にして単に道徳意識や生活感情という観念物以外の何物でもなくて、現実の客観的社会の本質的機構や現実的な思想内容や、又風俗とさえ、関係なしに口にされているという点だ。つまり所謂モラルは文藝創作方法に結びつけて考えられているらしいにも拘らず、夫が一向、創作方法上の論理学（乃至認識論）的根本概念の資格を、発見出来ずにいるのである。之ではモラルも充分に理論的なカテゴリーにはなれぬ。

道徳の文学的観念を私は、云うまでもなくあれこれの道徳律とも道徳感情とも考えない、又あれこれの習慣とも風俗とも考えない、却ってそうした所謂「道徳的」な諸現象をそういうものとして把握させるような一つの認識の立場の名が夫だと考える。現実のそうした反映をやる場所や媒質の名が、道徳＝モラルだ。処で文学というものは、恰《あたか》もこの実在反映の仕方の如何によって、科学から区別されているのである。文学と科学とでは方法は勿論のこと世界観の形象も実は全く同じとは考えられない。なぜなら世界観とはすでに一つの実在反映の結果のことだから。すると文学の認識＝反映の場所や媒質が即ち道徳＝モラルだ、ということになるのである。この道徳観念を文学的道徳観念と呼ぶ所以は之であり、世間の文学がモラルを語る所以も亦之だ。

今この道徳の立場、即ち又文学の立場が、科学乃至理論の立場とどこで異《こと》なるかを説いている暇がない。夫は恐らく形象の問題と自己（自我・自意識・等々）の問題との関係の内に横わると思う。（コムアカデミー編『文藝の本質』――ヌシノフ――の稿及び岡・戸坂著『道徳論』中の拙稿「道徳の観念」に問題を譲ろう。）だがとに角必要なことは、右のように考えて行けば道徳という概念が理論的に確立出来るだろうという点だ。で、もしそれが出来れば、それにぞくするものとしての風俗の概念も、理論的に確立出来る見込みが立つわけだ。――つまり風俗という観念、カテゴリーは、その本質を以上述べたような意味での道徳の内に持っているということである。風俗とは、道徳的な本質のものとして用いられるべき理論的用語だ、という当然至極のことに過ぎないのだが、今それが理論的に説明され得る、ということの説明みたいなものをやって見たわけである。

こういう廻りくどい間接な接近の仕方を選んだというのも、結局、風俗という観念にもう少し重大な理論的意義を認めよということが専ら云いたかったからであって、さっき第一に風俗が道徳にぞくする所以を強調したが今度は第二に、風俗が思想的な本質を持ったものだということを強調したい。之も亦、判り切った現象に就いての観察に基くわけで、服装や態度一つにもその人間の思想が現われているし、国民の風俗習慣は俗に国民性と呼ばれて、何かその国民の国民思想であるように云われているのである。――だが例えば風俗は思想が表現となって現われたものだとか、風俗は思想の一つの実現だとか、というような安易な理解の仕方はやや危険である。なる程思想は風俗に於て表現される、風俗は思想の表現である、之は大事な認識であり又事実に就いてのよい理解である。けれども表現という言葉は解釈上の又は解釈学上の用語であって、決して無条件に説明上の科学的用語でない。だから風俗が思想の表現だと云っても、思想が本当に風俗という形をとって現われて来たことではないのだ。吾々は言葉の綾にだまされてはならず、言葉の洒灑にひっかかってはならぬ。思想は一つの観念物だ、併し風俗は目に見える風物だ。思想という観念物が風俗という風景となって現われるというような神仙譚ではなくて、単に風俗が思想を云い表わしている、一種の思想を意味している、という事実だけが本当なのだ。

思想乃至意識に就いても説明しなければならぬ要点があるのだが夫は省かねばならぬ（前出

『道徳論』参照)。併し少くとも、思想という言葉も亦、一方今云った観念物を指示すると共に、他方、この観念物を云い表わしている一切の物的風物――風俗などがその一つだった――のもつ「意味」をも指示している。その点だけは注目すべきだ。だから本当の「思想」という観念は、もはや単なる観念物をいうのではなくて、そういう観念物をも又更にこの観念物を云い表わすような物的風物が有つ「意味」をも把握させる処の、反映・認識の機構上の一つの個処を指すと云わねばならぬ。先に道徳＝モラルが恰もそういうものであり、夫は文学的認識・反映の場処や媒質であったが、思想もつまりそういうものと大して異ったものではないことが判る。道徳＝モラルが問題になる処では、事実同時に、いつも思想が問題になっている。現に文学の場合などがその証拠だ。――で、そうだとすると、道徳的本質を持つ筈だった風俗が、思想という意味を有つことは、尤も至極なことだったわけだ。(思想が風俗となって初めて熟する所以を「現下に於ける進歩と反動との意義」――『日本イデオロギー論』の内――に於て私は少し説いた。)

四

さて、風俗というカテゴリーが論理的に有つべき性質の、大体の輪廓を私は描いて見た。つまり風俗とは道徳的本質のもので思想物としての意味をもつものだという、一見平凡至極な結論なのである。だがこの結論は、風俗が有っている社会的リアリティーの特質――大衆性の一ファクターに注意を喚起するのに役立つだろうばかりでなく、この特有な社会的リアリティーに就いての観念や表象や概念やカテゴリーが有っている処の、理論的・文学的な論理上・認識上の重大さとを、注目させるにも充分ではないかと考える。――この考察は、社会理論の一見末梢的な課題を、社会理論の中心問題へ真直に連絡するばかりでなく、それと同様に重大なことには、文藝乃至藝術に於ける実在の反映・認識・表現の機構に於て、風俗なるカテゴリーが占める理論的意義を暗示するに役立つかも知れない。ここに再び、藝術乃至文学に於ける大衆性の問題が取り上げ得られる。そういう実際的な効用をねらっているのだ。

一体文学作品の凡《すべ》てに含まれている風俗という要素は、その意義をもう少し一般に注目されてもいいのではないだろうか。と同時に又その反対に、特に風俗的な特色を有っている一種の作品様式に就いては、そこに口を利いている風俗なるものの観念を、もっと厳正に重厚に評価し高揚させねばならぬのではないか。私はひそかにそれを思っているのである。風俗描写を欠くことが作品にどういう本質的欠陥を齎《もたら》すか。例えば長篇小説（ロマン）の「面白さ」というものが一方に於てストーリーのもつ文学的リアリティーに基くらしいことはほぼ明らかだと思うのだが、それと共に、之は風俗描写のもつ文学的真実さと何かの重大関係があるのではないか。面白さと大衆性との関係だ。之に反して短篇小説は、主として身辺エッセイか又は極端な場合にはモーラル・レフレクションやモーラル・ディスカッションをさえその本質としているが、そこでは如何に風俗が虐待されがちであるか、そして同時に夫が如何に「純」文学的で「面白くない」か。等々。

風俗が映画などに於て占める特別な意義に就いては、後に述べる。(「映画の写実的特性と風俗性及び大衆性」。) 視覚に訴えることをその本領とする処の映画は、文学などに較べて、風俗のもつ社会的リアリティーの再現に努めることを著しい根本性質とするだろう、と考えたからである。そしてそこにこそ映画のスクリーン自身のもつ特有の大衆性があるだろうと考えた。この点、映画以外の藝術形式(例えば舞踊其他)にもあてはまるのではないかと思われる。

五

なお特に、風俗の文学的役割に就いて述べておこう――

私はすでに岡邦雄氏と一緒に、『道徳論』という本を書いた。共著というよりも二人の論文を合わせたものである。私の書いたのは道徳の観念が何かということについてであった。私はその論文で、道徳の観念を四つに分けた、第一は世間の通俗常識による道徳観念で、大体修身によって理解されるものであり、第二に倫理学的観念で、ブルジョア倫理学や実践哲学などで考える道徳である。この二つがどれも科学的な道徳観念でないということは、道徳を社会科学的に考察して見ればよく判ると思うので、従って唯一の科学的な道徳観念は社会科学的道徳観念だと考えた。之が第三の観念である。

この第三の観念によると道徳は生産機構に基いて発生し、そのことによって独自のイデオロギーとして道徳価値感を生む処のものだが、夫はつまり道徳の発生と本質と意識とが階級的な実質のものであるということを意味するに他ならない。理論的・論理的・科学的な認識が階級的に一種の歪曲を必要とする時、夫が道徳という形を取るのであって、真実か否かの問題が、善いか悪いかの問題に引き直されて片づけられるのが、道徳の社会的役割だと考えられる。この意味から云う限り、道徳とは認識の不足そのものをしか意味しない。階級的分裂が消滅する社会に於ては、かかる不合理な本質を持つ道徳も亦消滅するだろう、と云わざるを得ない。

だが之で凡ての道徳観念が悉《つく》されるのではない。道徳が問題になるのはいつも自分というものの日常行動思想が課題になるからだ。他人の行動ばかりを問題にしたがる日本人的お節介道徳は道徳ではなくて寧ろ反道徳だろうが、併しそういう出来損い現象も、つまりはわが身に引きくらべて他人の身の上をとや角云うのである。一つの自己弁解である。――そうすると道徳の観念も単に社会科学だけでは片づかないものがあるということになって来る。なぜなら社会科学では個人というものや個人の個性やを論じることはカテゴリー上常に可能だが、併しそのままでは、銘々の自分の我性に基く活動を論じるのに足りない点がある。この我性という銘々の自分の一身上の課題を解き得るような立場に立つことによって初めて、道徳の最後の科学的・哲学的・観念が得られると思うが、処がこうした立場は恰も文学する立場なのだから、私は之を文学的な道徳観念と呼ぶことにした。之が第四の観念である。所謂モラルとは之でなければならぬのだ。

併し私の主張したいもう一つの要点は、この文学的な道徳観念と社会科学的道徳観念との結合の問題なのである。所謂モラルを云々する文学者には、この結合に何等の関心を払っていないように見える人が甚だ多い。モラルは何かただの身辺的な私事としての心理のようなものだと考える類がその例だ。処がそんなモラルは実は、お天気の加減一つで吹き飛んで了うだろうような、空疎で薄っぺらなものなのだ。吾々はその深刻そうなポーズに惑わされてはならぬ。本当に文学的な真実である処のモラルは、何よりも卓越した、かつ行き届いた、純粋な客観的認識によらなくてはならぬ。社会機構の、又自然のヴァラェティーの。モラルは科学的認識を自分という立場にまで高めたもので、現実の反映としての「認識」の特殊な最高段階以外のものを意味するものではない。その意味では科学の対象が真理であるように、文学の対象はモラルなのである。

で考えるのに、文学作品(創作・評論)及び文藝現象を評論するにも、いつもこのモラルなるものが観察の焦点でなければならぬ。モラルは倫理とも云われているし、又思想と呼ばれてもいいし、又之を世界観と呼び直してもいいのだが、併し文学の内に部分的に含まれている処のそんな倫理や思想や世界観だけを取り出して見ることが、文藝批評だと云うのではない。創作の技法だけを取り出して問題にするのはバカげたことで又事実不可能なことだが、それと全く同じに、これはバカげたことで不可能なことだ。尤もバカげた不可能なことも、実際には出現するというのが事実ではあるが。

最近モラルの問題の一つとして恋愛論が相当盛んである。モラルの興味の中心が恋愛乃至性道徳にあるということは重大な意味のあることで、この意味だけを強調すれば、場合によってはローレンス的な世界観へ行く理由もあるのだが（ローレンスの『恋愛論』——伊藤整訳による——は可なり莫迦げた観察も含まれているが一読に値いするものと思う）、併し一方問題をもう少し方法論的に整備する必要がまだ残されていると私は思う。文学とモラルとの認識論(?)的な聯関を探ねて来た私にとっては、なお手前に残された問題がある。それが風俗という問題だ。

風俗に就いても亦、すでに社会科学的な観念は多分に存する。否寧ろ風俗はあまり手近かなもので科学的な考察が忘れられ勝ちだから、却ってその科学的研究は意識的に盛んであると云ってよい。社会学的な実証的研究は乏しくないし、社会科学的な史的研究も少くない。すでに述べたゾンバルトの『奢侈と資本主義』など、とに角注目すべきものだ。――併し風俗は他人の風俗であるよりもまず自分自身の風俗でなければなるまい。そうなると之は趣味とか好みとか云った安価なようなものになるが、併し趣味や好みは良心の端的な断面で、認識や見識や政治的意見さえのインデッキスになる。吾々は理論や主張に濁った不審なものを持っている人間を警戒しなければならないが、之は証明の限りではなくて実は一種特別な趣味判断によるらしい。風俗はモラルの徴表だ。

でこうした意味にまで深められた立場から見た風俗は、文学的な意味に於ける風俗だ。その意味での趣味も亦、文学の本質だとさえ考えられる。(シュッキングなどは問題ではあるがとに角そういう主張の見本の一つにはなる。) 無論風俗は吾々が旅をして世界の人情風俗を見聞して見たいと思うように、客観的なそして末梢的でさえある肉づけを持った具象物だ。而《しか》も夫がモラルの徴表なのである。モラルの感覚的・物的・分泌物が風俗だ。――私は文藝評論の一つの観点として、風俗描写というものを強調したいと考える。今云ったような意味での掘り下げられた立場からする風俗が描かれているかいないかは、そこに把握されたモラルが生きているか死んでいるか、性格個性を有つか有たないか、に関係するし、それだけではなく、その作品がリアリティーを持つか持たないか、又更に、その作品が大衆性を持つか持たないか、或いは「面白い」か面白くないか、ということにさえ、直接の関係があるだろうと思う。

さて風俗の最も著しい内容は性風俗だが、そこから恋愛論というモラル問題に行く途も開けると思う。恋愛論のための文学上の方法論が必要ならば、この辺の見当ではないかと考えている。

宗教における思想と風俗

『思想と風俗』、一九三六年十二月

一

「ひとのみち」教団の教祖御木徳一氏が初代教祖の位置を隠退すると時を同じくして、関係者一同と共に検挙された。数名の処女を宗教的暗示によってだまして犯したという犯罪が、被害者の一人の家族による告訴から露見したというのである。同氏はその犯行を認めて性犯罪の罪名の下に送局された。

当時の新聞社会面を一見すると、初めは何か、ひとのみち教団そのものに手入れがあったように読者に感じさせるものがあったが、検察当局の握っている弱点はまだ教団の教理に触れたものではなく、また教団そのもの――その組織・経済的内実・等――にさえも触れてはいなかったのである。之《これ》までの処《ところ》問題は全く教祖一個人の犯罪につきるのであって、単にこの人物が偶々《たまたま》この教団の始祖であったというまでであり、あるいは教団の始祖であったが故に初めて宗教的威力が自由になったので、こういう犯罪に陥ったといった方が正しい、というまでである。

勿論《もちろん》この犯罪の実質は決してただの個人的な性質のものではない。この場合に限らず一般の犯罪はそういうものだが、しかし普通の場合には犯人個人の立つ社会的バックは問題にしないことになっているのに、今の場合は信徒二百万と号する教団という特別のグループと宗教教理という特別な運動原理が控えているおかげで、問題は個人から一種の社会的バックにまで一続きのように受け取られ易い。当然これはしかあるべきもので、普通の場合にそれを社会的条件にまで遡源させて見ない方が間違っているのだ。——当局は教理に不敬がありはしないか教団会計に横領がありはしないか、と見ているのであり、またひとのみち教団が宗教行政に適応するために名目上自分でその一派と名乗っている扶桑教にも検察の眼を向け始めたものである。

大本教の検挙はこれとは趣を異にしていた。大本教の検挙の法的根拠はその教理内容の実際が不敬にわたることだった。不敬というのは国体と観念的に相容れぬことであり、それというのも実は却って国体の不敬な模倣であったからであり、つまり似寄っていたからであるが、この点になるとひとのみち教団の教義内容も極めて国体主義的なものなのだ。恐れ多くも教育勅語がその教典の一つになっている位《くら》いだ。その点教育関係の当局や有識者の大いに参考になる点だが、しかし教育関係者がなお安心してよい点は、ひとのみち教団はまだほとんど何等の政治的綱領を有《も》っていないらしいということだ。そこでまだいわゆる不敬にならずに済んでいるのである。

「ひとのみち」は宗教的世界征服計画は持っていない。これが大本教と異る処であり、またこの頃日本で流行の大陸教や南方教と異る処だ。禅宗僧侶の出身と伝えられる「おしえおや様」御木氏は、もっと市井猥雑の間に行われ得るものを以てした。夫婦の性行為を強調する処の性的宗教と見なされて来ているゆえんである。でひとのみちの刑法的価値は、今の処《ところ》思想警察関係というより、風俗警察関係にあるというべきだろう。

ひとのみち教団は類似宗教の公式的典型だ。こういっても私は別にひとのみち教団だけを特別に悪いと考えているのではない。悪いのはいわゆる新興宗教全体であり、それよりもっと性《たち》の悪いのはいわゆる正信や既成宗教や宗教圏外の権威を持つ宗教的信念であるのだが、ひとのみちは偶々正直にも、この悪いものの代表としてみずから買って出たものであって、この点むしろ極めて誠実な犠牲的なそして天才的ともいうべき現代「宗教」なのだ。

ひとのみちにはキリスト教や仏教のような文献上や文学上の長所がない。だから宗教学者のいう「宗教的真理」を持ち合わさない。品も悪く柄も悪い。しかし下等な人格や品の悪さにも拘《かか》わらず美人というものがあるように、恐らくこの宗教にはある甘美な風俗感を催させる何かがあるのだろう。そこに問題があるのだ。

二

たとえば、類似宗教に数えてしかるべき「生長の家」の谷口氏は、一種の文学的才能をもっている。講演したものを読んでみると、一種キリスト風のソフィズムを感じるのである。倉田百三氏の『出家とその弟子』などと、ジャンルは別だが文化的本質を同じくしているだろう。既成大宗教もその阿片的魅力の大部分は実はこういう文学的な魅力であることを、注意しなければいけないと思うが、処が「ひとのみち」になると（天理教や大本教でもそうだが）そういう文学的魅力はまるでないのだ。

通り一遍《いっぺん》の文化人は、この非文学的な宗教を見て、一遍に軽蔑してしまう。そしてこれこそインチキ宗教のインチキたる証拠だと考える。そこへ持って来て、猥雑な観念とデリカシーを欠いた趣味の悪い実践とだ。いよいよインチキだということになる。——だがこうした点はインチキ宗教のインチキたる症状ではあっても、そのインチキ性自身ではない。発熱は病気の症状だが、病気の本質ではない。熱が出ずに次第に命を落とす病気も多い。文化人の趣味や嗜好にとってインチキに見えないようなインチキが沢山あることを忘れてはなるまい。だから「ひとのみち」だけがインチキ宗教なのではなくて、たまたまそれが露骨なために、宗教なるもののインチキ性を思い切って露出したまでだというのである。

しかし社会の既成観念の秩序が乱れて来ると、教養あり教育ある人間も、その趣味や嗜好ではもうやって行けなくなる。その趣味や嗜好の洗練が物の役に立たぬとなれば、文化人も平俗人も結局同じものになる。でそこに、一種風俗感を催情するものとして立ち現れた「ひとのみち」やこれを典型とする一連の類似宗教は、識者と無識者とを問わず、斉《ひと》しく風俗的魅力を有《も》って来る理由があるのである。この風俗的魅力とは思想における最も抽象的な共通物のことであって、丁度猥談が最も抽象的で共通な論議であるようなものだ。軍人や学者や政治家や実業家という偉い人達が、類似宗教に投じる所以《ゆえん》であって、その際インテリの既成宗教についての教養などは、問題にならぬのである。——小僧をもっとよく働かせる手段として「ひとのみち」の類を信仰するのだ、という風にばかりは私は考えない。もっと親切な(?)見方が必要のようだ。

さて新興類似宗教のこの特殊な風俗的魅力は何だろうか。つまり何だって見識のありそうな人までがこういう無知なグロテスクなものに熱中しなければならぬか、ということである。内務省と文部省との意見が一致した処によると、そこには大体四つのものがあるそうである。第一、既成宗教が無気力であること。第二、大衆の生活不安と思想混迷。第三、医療制度の不徹底。第四、宗教復興・精神作興・の声の利用。というのである。

当らずとも遠からずの説明ではあるが、しかしこれをどういう風に理解するかで、見解は全く別なものにもなるのである。既成宗教が無気力であるために類似宗教が勃興して来たというのは本当だが、それでは既成宗教を盛大にすれば類似宗教はそれだけ下火になるのだろうか。宗教団体取締法によって宗教を国家的に統制したり、また権威づけたり、学校に宗教情操教育を持ち込んだりすれば、類似宗教は多少とも参るだろうか。いや一体そういうやり方でいわゆる既成宗教の気力とかが生じて来るだろうか。宗教の気力は一つの場合には政治的な反抗意識として、また他の場合には地上の権力的支配意識として、燃え立った歴史を持っているが、今日の日本の既成宗教にそういう気力は絶対に期待出来ない。

大衆の生活不安なるものの内には医療制度の社会的不備を含ませねばならぬ。非科学的治療を信頼することが迷信であるというような観念は、単に医学博士的なまたは自然科学の教授然たる迷信の観念にすぎぬ。類似宗教のインチキ治療が、医者の治療よりも安そうだと思えばこそ、同じ死ぬなら金のかからぬ治療方法で以て死のうという次第なのだ。だから迷信を極めて合理的に運用している場合もあるのだということは、注目に値する。これが迷信的治療の極めて理想的な本質なのだ。迷信にさえ理性的本質を与えるということが、今日のいわゆる生活不安の悲しむべき作用なのである。

三

類似宗教擡頭の原因の一つを、現代思想の混迷に帰せようとする内務・文部案もまた、間違ってはいない。だが一体今日の思想は混迷しているのだろうか。マルクス主義乃至《ないし》唯物論の側に立つ思想も、勿論今は絶対的安定を得ているなどということは出来ないが、しかし結局においてハッキリとした見透しを持っているわけで、混迷などとは似ても似つかぬ事態の下にあることを、思い出さねばならぬ。混迷している思想というのは、ある特別な思想に限るのである。

思想の混迷とかいうものはどういう時に発生するか。既成思想の崩壊に当って、これに代るべき新しい生きた思想が、与えられない時だ。あるいは与えられたように思われても、その与えられたのが輪廓の潔くない、その意味で不潔な、尤もそうなまた尤もらしからぬ、不信用な観念である時である。そして特に、当然行くべき思想段階に行きつこうとして、しかもそれを強力的に妨げられる時、思想は最もいちじるしく混迷し腐敗するものなのだ。

だから思想の混迷を矯正するといって、思想を強制的に統制しようとし始めたりすれば、それこそかえって思想をくさらせて混迷に導くものなのである。内務省や文部省が思想の混迷を類似宗教発生の一原因と見なす場合、思想の進歩と代謝とを圧制することによってこれを混迷させたものも自分達なら、また次にこれを強権的に統制して重ねて混迷へ導くものも、自分達自身であるということを、あるいは自分でも知らないのだろう。類似宗教征伐に最も熱心であるものが、あに計らんや類似宗教の温床であるということ、こういう一種の「インチキ」は政治事情の上ではいつもあることだ。暴動を鎮圧したと見せかけるのが暴徒の一味だったり何かするものである。

最後に、宗教復興・精神作興・の声を利用して類似宗教が進出したという関係当局の見解は、最も天晴《あっぱ》れといわねばならぬ。全くそうなのである。だから私は、当局の思想対策と類似宗教簇出とは、社会的に同じ本質の二つの現象だと云っているのである。特に注意されてしかるべき点は、類似宗教中、最もインチキな部類にぞくすると見なされて、社会で兎や角話題になるものの大部分が、何等かの神道に関係の深いものだということだ。大本教・ひとのみち（扶桑教にぞくす）を初めとして、天津教・島津治子教（？）・などいずれもそうだ。脱税問題で問題になりかけたり教義についてある種のうわさが流布されたりしている天理教を見てもよい。とに角「類似宗教」乃至類似宗教類似の宗教は、惟神《かんながら》の道や国史的言論と密接な関係があるということを、あくまで重大視せねばならぬ。

それであればこそ、却って初めて類似宗教は大体において不敬問題をひき起しやすいのである。島津治子女史一味の不敬は精神病学専門家の判決（？）によると、精神病に原因するそうで、一味の婦人達はにわかに松沢精神病院へ収容された。だが、幾人かの婦人達がある特定の不敬な妄想内容を共通にするということは、恐らく精神病学的に特別な興味をひくものだろう。精神病のこの種の社会的カテゴリーが発見されれば、今後の歴史家は歴史上における反動現象を記述するのに、大変重宝《ちょうほう》がることだろうと思う。と同時にこの調子で行くと、社会思想を取締るには、すべてこれを社会的宗教的な発狂と診断すればよいことになりそうで、安心がならぬわけであるが。

島津治子教の不敬は病理現象だとして、天津教の如きは極めて手の込んだ国体的文献学に基づいているらしい。形式からいって、また内容からいって、この教えが不埒であることは、狩野亨吉博士が鑑定し証明した通りだろうと思う。また大本教の不敬についてはあまりに有名だし「ひとのみち」その他のものといえども決してそういう羽目に陥らぬとは断言出来ぬ。

だが問題は不敬宗教が決して、不逞な意図から出たのではなく、かえって宗教復興・精神作興・の意図そのものの側から出て来ているものだという点にある。不敬を生んだものはほかならぬ敬虔の社会的強制そのものなのだ。――要するに類似宗教の一切の害悪は、現代における一切の宗教主義の単なるカリケチュアに帰するにほかならない。だから眼くそが鼻くそを笑うことは出来ない筈である。

ブルジョア哲学とその宗教化的本質

『思想と風俗』、一九三六年十二月

今日のブルジョア哲学は、いうまでもなく、殆んど総《すべ》て観念論である。観念論という規定は言葉としては稍々《やや》マンネリズムに堕した感がなくはないが、併《しか》し今日夫《それ》が意味する内容に就《つ》いて云えば、極めて、生々《いきいき》とした概念だといわねばなるまい。それはあとに述べるとして、今日の所謂《いわゆる》ブルジョア哲学というものが何を指すかも、問題でなくはないのである。この点を少しハッキリさせておかないといけないだろう。

元来の単純な意味ではブルジョア哲学とはブルジョアジーのイデオロギーとしての哲学を指すのである。つまりブルジョアジー階級の哲学であるが、ブルジョアの階級哲学と云ってもいいだろう。ブルジョア階級出身の哲学者による哲学には限らぬ、又ブルジョア階級にぞくする哲学者の哲学には限らぬ。又ブルジョアジーの経済的・政治的・文化的・利害乃至《ないし》意識を、無意識的又意識的に表現した哲学だけがブルジョア哲学でもない。なぜかというと、現代社会は勿論ブルジョアジーだけで出来上ってはいないが、それにも拘《かかわ》らず資本制の支配する社会なのである。だからブルジョアジーの経済的・政治的・文化的・な利害や意識を、必ずしも直接に云い表わしたものでなくても、それがブルジョア社会の支配的権力と観念的連絡がありさえしたら、やはりブルジョア哲学なのである。ブルジョア社会に於ける政治的支配と平行して支配的な哲学、という意味でも亦《また》ブルジョア哲学の名は価《ねうち》があるのだ。

日本のブルジョア社会に於て支配的な政治的権力を持つものが、必ずしもブルジョアジー自身でないことは、勿論のことだ。或いは純粋なブルジョアジーは日本のブルジョアジーを代表するものではないと云った方がいいだろう。封建的・軍義的・官僚的なファッショ（日本型ファッショ）が直接の支配者である。だからもし、ブルジョア哲学なるものを、ブルジョアジー自身の、又は純然たるブルジョアジーの、哲学に限定して了《しま》うなら、日本に於けるブルジョア哲学は、極めて数が少ないか或いは極めて微力であるか、それとも全然今はないとさえ云っていいかも知れない程だ。では今日の多くの日本主義思想乃至哲学、東洋的神秘主義と見做《みな》されているもの、其他等々はブルジョア哲学ではないのか。少くともそういう日本ファッショ哲学乃至日本ファッショ的哲学は、このブルジョア制社会に於て、支配的なのだが、そういう支配的な哲学はブルジョア哲学ではないのか。ブルジョア哲学が、単純にブルジョアジーの哲学だと云って片づけられない所以《ゆえん》である。

西田哲学がブルジョア哲学か、それとも封建的哲学であるか、という問題が出されたこともあるが、この設問はだから同じく誤っているのである。日本の多くのブルジョア哲学が封建的な関心なしにはブルジョア哲学になり得ないということが、大切な要点だ。つまり日本のブルジョア社会に於て、その政治的支配力と平行した支配力を有《も》つ哲学は、ブルジョア哲学であろうと封建的哲学であろうと、ブルジョア哲学にぞくさねばならぬわけだ。区別はその後に与えられねばならぬ。

かくてブルジョア社会に於ける支配力と平行して支配的である哲学が、ブルジョア哲学というものの意味であるが、このブルジョア哲学の諸型態の多くが、今日観念論だというのである。観念論の規定は精神から自然を説明することにあると云われている。この際精神とか自然とかいう用語は、一定の哲学史的常識に沿うて用いられているわけで、この言葉を別の仕方で理解するなら、この規定は全くの無意味にさえなるのであるが、従って吾々は常にこの種の規定を、現在に生きている具体的なカテゴリーによって具体化してしか実用に供することは出来ないわけだ。だから之を以て直ちに観念論の形式的な定義だなどとは思いもよらぬので、吾々は現下の文化事情にそくして、観念論を歴史的に定義しなくてはならない。所で今日の観念論、つまりブルジョア哲学は、どういう規定をもっているか。

古来からお誂え向きに出来た露骨な観念論＝観念唯一主義や精神万能主義＝などは極めて少

なかった。露骨な観念万能主義を被覆する点に於て複雑化したことは、特に今日の観念論の特色をなす。今日の観念論は極めて高度の発達をしているから、心理学的な意識や精神、自然科学的な自然や物質、を直接の問題としない。例えば自然と云われるものはもはや自然科学で取り扱っている自然ではない、そういう自然は本当の自然のほんの常識的な一部分に過ぎない。本当の自然はその内に客体と主体との対立の統一を含んでいる。その意味から云うと自然の内には精神が含まれている。否精神と自然とが対立し乍《なが》ら一つに統一されることによって、初めて自然も精神もあり得るのだ、云々と云う。この際の精神なるものは無論心や観念のことではなくて、かの形而下的でない、超物理的な、自然の対立物としての或るものなのだ、という具合にである。

　用いられるカテゴリーがこのように形而下的で日常的なものから、形而上的な形而上学的なものにまで変質するのが、今日の観念論の一つの共通な特色である。尤《もっと》もこの際如何に形而上的なカテゴリーが事物の関係を説明するにしても、その説明が説明される事象自身にピッタリ要点要点で当っているなら、その結果は決して形而上的だとは云われない。処《ところ》が観念論の特色は、そういう実証的な検証を与えることも出来ないし、又与えようとも欲しないという処にあるのである。人間にぞくすべき主体のモメントが自然の内にすでにあるという、そういう主体的契機がなければ自然は哲学的なカテゴリーにならぬという。そういう自然が何等《なんら》の実証性を有《も》たないことは、宇宙開闢《かいびやく》直後の自然に就いてでも考えて見ればすぐ判ることで、今日の自然科学的常識は、人間のいない自然がまず存在したことを実証する観察や実験に基いているからだ。

観念論はここに実証界と非実証界との不遠慮な峻別を想定している。と云うのは実証界に就いての理論の代りに、非実証界に就いての理論を以て、凡《すべ》てを悉《つく》そうとするのである。之は単純なことであり、知れ切ったことのように思われているが、実は根柢的な意味のあることだ。古来の所謂形而上学に対する不信は、単に形而上的なカテゴリーで物を云うから起きたのではない。哲学が物理的・形而下的・なカテゴリーだけで物を云うことの出来ないのは当然であって、そこに哲学の深い真理もあるというものだが、併し不信を買った根拠は、実証界とは独立に非実証界の秩序を打ち建て、この天上の秩序を以て地上の秩序におきかえたり、之に干渉したり、之を統制したり、しようとする企ての内にあったのである。

神のものは神に、カイゼルのものはカイゼルに返せ、ということから始まって、神のものはカイゼルのものを支配することとなり、更に神のものがカイゼルのものとなり、又逆にカイゼルのものは神のものとなる。神の秩序のカイゼルの秩序からの独立、神の国のカイゼルの国からの独立、そして前者の支配、それから前者の唯一独立存在、理論の上でそういう事情になるのが、古来の形而上学の特色であった。今日の観念論はそういう形而上学の理論的に精練されたものに他ならない。

現代の観念論は併し、観念論として他に特有の発達を持っている。従来の観念論は精神や観念を中心概念として持ち出した。その後の近世観念論は意識という根本概念を中心とした。実体論から認識論にまで進んだのである。だが認識論は一方に於て意識の歴史的内容に注目しなければならなくなり、意識は認識論からフィロロギー(文献学)主義の世界へと移された。歴史的観念論は歴史からフィロロギーを導き出したのである。かくて意識は今や論理学的乃至先験心理学的な意識から、文化論的な意味に於ける意識にまで、つまり「意味」というものにまで、変って来たのである。観念も精神も意識も、この意味というものに帰着する。意味とは事物の存在ではなくして事物の存在が吾々にとって持っている処の「意味」のことなのだ。勿論事物自身とそれが有つ意味そのものとは別であるが、実際は事物が意味を有つという一つのリアリスティックな関係が大切なのだ。

処が現代の観念論の最も進歩した形のものは、この意味を事物そのものから脱臼して、意味は意味同志、他の「意味」との関係に置かれることを、最も手際のよい哲学的理論と考える。それが解釈ということであり哲学的説明ということであって、この際事物に当るものは、もはや事物ではなくて意味の所有者という資格を新しく与えられた「表現」というものになる。初め事物が意味を持っていたのに、今度は意味がその担い手であるものを生産して之を表現と名づける。表現はもはや事物ではない。茶碗は手工業によって粘土から造られたものであるないに拘らず、とに角時代や民族や社会の生活の一表現に他ならない、ということになる。

でつまり、事物の実在の世界と意味の通用の世界とが区別されることによって、事物の物的存在は表現の意味的表出に変って了ったわけだ。ゲーテはイタリヤ旅行に際して、歴史上のローマも亦《また》一つの自然であると云ったが、この観念論の方はローマの水道も亦一つの意味の表現である、と云うことになる。なる程そう云えばローマの水道が或る人間的意味を現わしたものであったということは云い現わされるが、ローマの水道の表現する意味とポンペイの壁画やアレナの廃趾が表現する意味とを、この観念論はどう結合しようとするのであるか。高々ローマの工学的精神と淫蕩振りとを結びつける他はない。要するにローマの文明自身を以てローマの文明現象自身を説明するわけである。

このようなロジックは今日の発達した観念論に特有なロジックだ。表現の論理学とも意味の論理学ともいうことが出来よう。観念論の論理を単に形式論理学という側面からばかり把握してはならぬ。解釈の論理こそ今日の観念論の論理だ。そこでは意味と意味との聯関だけが解釈される。之によって事物そのものの実際的な説明や実地の処理は少しも捗《はかど》らぬ。西田哲学に於ける無の論理は、こうした論理の天才的水準を示すものだろうと私は考える。

であるから現代のブルジョア観念論の新しい特色は、神の国と地上の国との区別という、かの神学的なカラクリを、主体や意識や意味という観念を中心とすることによって、新しい衣裳の下に再び持ち出したということにあるのである。今日のブルジョア観念論は往々、ヒューマニズムや文化主義の被服を纏《まと》った神学に他ならない。観念論の本質は、今日でも依然としてその特殊な形態による僧侶主義にあるのだ。

観念論哲学がとどのつまり神学と僧侶主義とに通じることとは、別に今日になって始まったわけではなく、寧《むし》ろ観念論の本来の規定にすぎないのであるから、之をブルジョア哲学の宗教化という風に云い表わすことは出来ないが、併し抑々《そもそも》観念論が種々の形で宗教化し得る根柢を用意しているものであることを、忘れてはならぬ。

だが宗教化とは何か、或いは此の際の宗教とは何を指すか。或る種の批評家はマルクス主義さえが一つの宗教だという。云う意味はマルクス主義が何か一つの教義と儀礼とを特有しているからというばかりではなく、その世界観が科学的に冷静公平でなくて寧ろ信仰と独断的信念に近いから、というのである。之によって一体宗教というものが良いというのか悪いというのか、私には意のある処が判らぬ場合が多いのだが、とに角、マルクス主義は信仰だから宗教だというらしい。だがもし信念を有つということが宗教なら、一切の科学者の主張は宗教的なこととなる。もし信念と信仰とが違うならば、なぜマルクス主義は信念ではなくて信仰だと云うのだろう。

主観的な個人的意識が、信念であるか信仰であるか、之はプロテスタント風に考えれば問題にならぬことであり、又之をカトリック風に考えるなら、もはや個人の主観的な意識の問題ではなくて、教義や儀礼の問題に解消する。そこで個人の心情に基くと考えられるモラル的宗教内容は、この際どうでもよい。安心立命したいものはするがよく、事実迷っているものは迷うがよい。その限り之は私事である。というのは世界の秩序とは関係がないのである。之は宗教学的に云うと重大な宗教現象であるが、私が今問題にしている範囲ではネグレクトして構わない性質を持っている。もし単なる心情における信心がそういうものとして止《とど》まることが出来るならばだ。

処が実際には、決してただの心情に止まる宗教はないのである。個人の修養を標榜するように見える修養宗教も、実は忽《たちま》ち社会的闘争からの脱却を説いたり、社会的不幸の正当化を説教したりせざるを得まい。そういうものに触れない抽象的な宗教的心情や信仰はあり得ないからだ。するとそこに必要なものは必ず、何かの思想体系である。神学教義なのである。そしてその神学組織たるや、必ず例の神の国の秩序と地上の国の秩序との対立乃至交換というタイプにぞくするのである。そうでなければ、生きた社会科学的知識や文学的知慧の代りに、わざわざ

「宗教的」な心情や信念や信仰は要《い》らない筈だったのだ。

既成宗教の有っている習慣、それは歴史的に年の甲を経ていないと、大抵奇怪で野蛮でインチキに見えるものだが、そこに宗教的儀礼のセクト性や非社会性が見出されるので、多くの宗教擁護者は、これ以外の処に宗教の本質を見ようとする。そうすると勢い宗教的な情操か宗教的教理に、宗教の本質を求めざるを得ない。処が宗教的情操の方は、今云ったように、もしそのものに止まるならば社会的内容としては無内容なものだったのだから、結局に於て宗教の本質はその神学的組織に帰するということになる。宗教の本質をその既成のクルトゥスや情操に見ずに、専ら教義に見ようとするのは、悪合理主義的で又観念的な見地にぞくすると考える向きもあるだろうが、併し観念論と宗教との握手する周知の秘密を明るみに出すためには、ここが宗教の本質とならねばならぬ。

かくて観念論は本質に於て宗教的神学なのであり、宗教はそしてその本質に於てこの観念論的な神学なのである。文学現象も道徳現象もあるように、社会的に眼に見える形態を取った宗教現象のあることは云うまでもないけれども、又文学も道徳も思想であるように、宗教も一つの思想である。その限り元来宗教は哲学なのだ。そこでその思想の体系がなくてはならぬ。宗教的思想体系がロジカルな形をとったものが神学だ。そして夫が取りも直さず観念論の体系のことだったのである。その体系の完全に共通な一般特色を私は述べて来たわけだ。

だが神学が神学の形で栄えることの出来たのは、要するに中世である。という意味は、自然的知慧に於て暗黒であった中世（他の文化について暗黒だったのでは決してない）、即ち社会的環境それ自身が非合理的であった中世に於ては、神学という超物理的体系はなお合理性を持ち得たのである。近世に這入《はい》って神学の環境が合理化され、啓蒙されるに及んで、とに角神学としての神学は科学的には殆んど全く名目的なものとなった。

だが神学を名目的ならしめた社会における合理意識は、却《かえつ》てブルジョア社会そのものの不合理性を発見せざるを得なくなった。この社会の不合理性をそのまま合理化さすためには、再び不合理な思想の体系が必要となる。ここに神学のルネサンスが必要となる。現代に於けるブルジョア哲学の宗教化は全くここに由来する。ファッシズム・イデオロギーは資本制の矛盾を暴力的に無視する必要に迫られて発生したが、それが哲学体系の場合は、哲学の宗教化となるのである。ブルジョア哲学の宗教化は、ブルジョア哲学のファッショ化と直接なつながりがあり、資本支配のファッショ化と密接な聯関があるのである。

かくて現代の観念論に於ける神学体系は、極めて非合理的な組織として現われざるを得ないわけだ。非合理主義がだからブルジョア哲学宗教化の第一の形態となる。これは各種の神秘主義となっても現われる。西田哲学は普通云われるような意味に於ける神秘主義ではない。神秘主義でなければこそ、無の論理というような特有の論理を明示することが出来る。西田哲学は之を弁証法と呼んでいる。だがこの無的弁証法が結局同一哲学的神秘論理に帰着することは、田辺元博士等が批評する通りだろう。神秘主義でない西田哲学は、その論理に於て却て神秘説に帰着する。だが、だからと云って之を宗教的だと断定することは、卑俗な速断と云わねばならぬ。それは無の立場から物を考えるから禅的だというようなものだ。西田哲学が宗教的本質である所以は、まずその超物理的な世界解釈の体系にあるのだ。その体系―論理が、初めて神秘説となり非合理主義を導いて来ると見るべきだ。だがそれにも拘らず、西田哲学が神学的である結果として、非合理主義に赴く点が、この際の要点なのである。

非合理主義の最も露骨な判りやすい構造に立つものは、各種の日本主義哲学である。すぐ後に述べるその特有な日本主義的調味を別にすれば、それが思想的特色がナチの通俗哲学と共通性をもっていることは、広く知られている。そこで必要なのは理論や分析、又は其にもとづく信念や確信ではなくて、理論や分析に代る信念や信仰だ。処が日本の場合、日本民族生活と日本の政治形態との特有に頑固な結合が、この哲学の内容の第一テーゼとなるのである。この哲学は或る古神道的なものから出来ている。いやそれ以外に本質上哲学的なものは含まれていない。

ただそれが外来の哲学用語で書かれたり、国粋主義的用語や人工的な速製用語法で書かれたりする、という区別があるだけだ。之は日本の今日最も通俗で卑俗な理想であり、哲学であり、又日本に於て支配権を附与したがられている支配的哲学だが、夫が一種の神道的神学のものであることは、知れ過ぎる程知られていることだ。今、ただ注意すべき点は、この哲学が他ならぬ日本ファッシズム哲学だということであって、その非合理主義が、この日本ファッシズム哲学なるブルジョア哲学（その意味はすでに述べた）とその宗教振りとを、結びつけているということだ。

かかる形のブルジョア観念論の宗教化を、模倣するものが所謂新興（インチキ）宗教の多数であることは、もう少し注目されてもいい点ではないかと思う。（大本教・ひとのみち・など。）あそこに古神道的神学が働いていたとすれば、ここでは夫の代りに各派神道的神学精神が働いているのである。尤もこうなると、もはや世間では哲学とは呼ばない。ブルジョア哲学が宗教化したともいえなくなる。だが生長の家で色々と手当り次第にヨーロッパ哲学を利用しているのを見れば、この種の擬神道インチキ宗教も亦、一個の哲学と見なされていいかも知れない。そしてこの種の思想体系が、如是閑氏の表現をかりると、ナポレオン的世界征服の代りに、大本教的世界征服を企てているという意味に於て、擬似ファッシズム思想体系であることを、注目すべきだ。この擬似ファッショ哲学も亦、日本のブルジョア哲学宗教化の一つの場合だろう。

だが、日本のアカデミー哲学は、主として外国特にドイツから受け取ったものだ。最近のドイツ哲学が一種の不安の哲学として、観念上の世界秩序の問題から脱落し、且つ一種の不合理主義に道を求めて行きつつあることは、日本にも殆んどそのまま反響を呼び起している。それから比較的飜訳的な反響を持たない独自性を有ったブルジョア・アカデミー哲学に於ても、キリスト教や仏教のカテゴリーを特別に有効な合言葉とするという傾きは、盛大である（アガペや菩薩道など）。このブルジョア哲学の宗教臭化は明らかにファッシズムの進行と関係があるのだ。処がこの種の多少とも宗教化したヨーロッパ系ブルジョア哲学の諸代表者が、必ずしも表面上日本ファッショ哲学者ではないということは、今特筆しておかなくてはなるまい。ただそうした哲学者の個人的意図と、またその一応の思想体系範囲とからは独立に、この種のブルジョア哲学が日本ファッショ哲学の道を清め得るものであることに、変りはないのである。

だから吾々はこう結論してよい。最近の日本に於けるブルジョア哲学の宗教化は、直接に及び間接に日本ファッシズム思想の原因となり、又結果であると。（之は尤も日本だけに限った事情ではないが。）そして更に又、一般に観念論が如何にファッシズム哲学にとって都合のよい教養を提供しているかということが、結論されるのである。ブルジョア観念論がなぜこのように容易に宗教化し得るのか、その説明は前半に述べた処だ。

日本の官僚

『世界の一環としての日本』、一九三七年四月

過去数年来の日本に於ける右翼団のテロ行為、満洲事件、上海事変、それから北支事件など、所謂《いわゆる》非常時は容易に解消しそうにもない。尤《もっと》も非常時というものは決して自慢になるものではない、この言葉は非常大権などと云って、人民の各種の自由な権利が一時停止になるという大問題を含んでいるということに憲法解釈ではなっているそうだから、国民としては決して之《これ》を自慢の種にすべきものではないのである。たといこの非常時のおかげで、軍需インフレーションとか云って軍需工業が盛んになり、一時失業労働者の数が少しは減ったり何かしても、そういう事情に幻惑されて、非常時の延長などを希望する者があったとしたら、何人によらず之ほど国を誤るものはないのである。

処《ところ》でこの非常時風景を世間では漫然とファッシズムという名で呼んでいるが、この名のつけ方は不正確であるばかりではなく、根本的な誤謬さえも含んでいる。ただの右翼団体、反動団

体、国粋団体などは、それだけではまだファッショ団体とは云うことが出来ない。それは大体、封建主義への復古運動（家族主義などがその良い例だ）であるが、本来のファッシズム運動はこういう封建主義を離れても立派に成り立つのである。

併《しか》し実際問題として見れば、日本の各種の封建主義運動は事実ファッシズムと結び付いており、又ファッシズム化しつつあり、又ファッシズムの内容を形成しつつあるのである。処《ところ》でファッシズムという政治意識はその本元であるイタリー（ドイツの場合も之に入れる人があるが）に於て代表されている通り、ファッショ当人の考えでは一種の反資本主義運動（そして注意すべきは同時に又反コンミュニズム運動）であるにも拘《かかわ》らず、その実際上の推移の結果から云っても、又その紛れもない客観的な役割から判断しても、全く現代に於ける発達した資本主義のせっぱ詰った矛盾をそらせるための一つの血路なのであり、金融資本と産業大資本とを本物の社会主義からの攻撃から守るために考案された最後の堡塁の有力な一つなのである。ただ之がイギリスやアメリカ、フランスなどではまだあまり露骨な政治上の形として現われないのは、そういう国の資本主義の発達の経歴には、大して無理がなかったという理由もあるので、之に反して日本は先進産業資本主義国の間に挟まって遅れて発達しなければならなかったことにより、日本特有の封建的な残存条件を離れることの出来ぬ宿命にあるので、日本に独特な型の「ファッシズム」を産んで来る条件があるのだ。

で日本に於ける、今日の所謂ファッシズム運動の擡頭からも判る通り、日本の資本主義は日本個有の形に於けるファッシズムをその最後の血路として考え出さなければならぬ程に、元来無理のあった資本主義であるのだが、資本主義に無理があるということは、資本主義の形が資本主義として比較的純粋でないということであり、即ち封建制度からの残存物を可なり沢山に又根本要素として、有《も》っているということを意味する。日本の資本主義が今日他のどのような一等国乃至《ないし》列強と較べても劣ってはいないと考えられるような世界的水準にまで発達しているにも拘らず、なお典型的な資本主義ではなくて、多分に封建の遺制によって束縛されたものであり、或いは却ってこの封建制の残物を利用することによって初めて生きて行ける資本主義だという点が、今日の日本特有の所謂ファッショ風景を点出させる根本条件なのである。(以下日本のファッシズムと云う場合、かかる限定された意味に於ける特別な「ファッシズム」を指す。)

処で、この風景を打ちながめるに就いてすぐ様《さま》注意を奪われるのは、まず第一に所謂右翼団体の存在と活動と、それから軍部の大きな実際勢力とだろう。尤もこういう人間の集りの動きよりもそういう人間達を蔭から一定のギャップを越して動かしている資本という物質の見えない力の方が、注意の目標に本当はならなければならないのであり、従って同じ人間の動きでも資本家の動きなどの方が終局的な目標として興味があるのだが、併しこの目標もこういう人間の社会的な動きを屈折して、初めて具体的に知ることが出来るのだから、やはり何より軍部と民間の右翼団体（今では右翼労働組合も含めていい）とは重大な問題だ。併し之と並んで官僚の勢力も亦《また》之に大して劣らない重大さを持っているのである。所謂新官僚は日本型ファッシズムの新しい段階を代表するものだとさえ云われている位《くら》いだ。

官僚というものが何を意味するかは後にして、所謂新官僚という観念は岡田内閣の成立当時から人の口に上るようになった。世間の噂さによると、その前の斎藤内閣が辞職する数ヶ月前にすでに後継内閣の首班は岡田大将に決定していたのだそうだが、愈々《いよいよ》岡田大将に大命が降下するまでは、殆んど凡《すべ》ての新聞記者さえが夫を想像することさえも出来なかった。あまり秘密裡に行われた意外な現象だったので、政権を横取りされたような気持ちになった政党政治家達が、之は国維会という官僚のブロックの陰謀と策動が成功したものだと叫び、この新しく政治的権力を摑み始めたらしい官僚の精鋭をば新官僚と名づけたわけである。斎藤内閣時代に五相会議という閣議内の特別閣議に於て、時の陸相荒木大将と呼応して大いに名を挙げた農村主義者のファッシストとも見做《みな》していい後藤農相が、岡田内閣で一躍内務大臣の重職に就いたことが少なからず新官僚の観念をあおったことも事実だろう。無論、後藤内相は国維会の最も有力なスターの一人だったのである（但し後に国維会は表面上解散した）。

その当時喧《かまびす》しくはやし立てられた内閣審議会はこの後藤内相の腹案によると云われている。

之は各省の有力な要職にある官吏を集め、之に実業界のブルジョア代表や政党の代理人を加え、更に民間からつれて来た各種の技能ある専門家を配そうと称するもので、特にそれに属する内閣調査局は官吏だけで固めた新官僚の溜りの観を呈する。国策は大体ここで専門家達の手によって決定されて、議会では素人代議士どもがただ之に賛成さえすればいいという結果にならないとも限らないから、之は政党政治の甚だしい制限となり、官僚の政治的支配の機関となる、ということになる。だから内閣審議会は新官僚による政治支配の新設機関で、新官僚によるファッシズムの武器だということになる。特にこの審議会で、各種の統制経済政策が確立されるとなると、経済的な理由から云っても、之はファッシズムの武器だということになる。

併し注意すべきは、この所謂新官僚の内閣審議会が、政党と資本家とへの渡りは相当円滑に行ったと見做されるにも拘らず、軍部だけは之に対して積極的な参加を与えなかった。軍の統帥に関する問題は普通の行政とは違って所謂官吏（文官）や政治家が口を入れることが出来ない建前になっているからでもあるし、又予算編成と予算要求の上から云って行政費と軍備費との均衡を保つことを建前とするだろう内閣審議会に、軍部自身の代表者を送っておくことは軍部にとって決して有利ではないからでもある。つまり軍部は審議会の外部に立って之を牽制しようと云うのである。だからこの点から見ても、所謂新官僚は軍部と一応対立関係に立つわけなのである。

だが軍部も新官僚（一般に官僚）も、云うまでもなく終局に於ては同じ目標に向って進みつつあることは忘れられてはならぬ。両方ともファッシズムという言葉を好まず、ファッシズムなるものを排斥さえするが、そういう言葉の問題を離れて、両者が目標とする一致点は明らかだと云っていい。例えばかつて軍部も新官僚一派も農村問題という特別な形態の問題の解決を何より重大な殆んど唯一の社会問題と考え、又は少くともそう喧伝する点に於て、全く一致していた。ただ国家の予算を立てる段になると、その精神に於てはそうでないに拘らず、ただ技術的にだけは対立関係に立つことになるに過ぎない。外国新聞などが真《ま》ことしやかに伝えているらしい外務省当局の方針（当時の広田外相も新官僚のスターである）と軍部（少くとも駐屯地出先軍部）の方針との対立とかいうものも、やはり右のような形のものに他ならないだろう。新官僚は軍部のように……でないことは本当だが、それだけ又落ち付き払った日本型ファッシズムの指導者である事を見落してはならぬ。

新官僚なるものは偶々《たまたま》、官僚が他の社会勢力への関係を自分の方から積極的につけようとすることから必然的に取らねばならなかった新しい形態に過ぎないので、新官僚が如何に有力なファッシストであろうと、云うまでもなく新官僚だけでこの日本をどうしようと云うのでもなく、又事実どう出来るものでもない。

日本の今日の政治方向を決めて行くものとして、大衆とか無産者大衆とか労働者農民とか云ったものを、政治の要素に数えないのはどうしたわけかと問われるだろう。併しここで云った政治という言葉には特別な約束があるのである。この特別な約束を有った政治というものが何を意味するかは今更云わなくても判ると思うが、処でそういう意味での政治を行う責任を表面上担《にな》っているものは何かというと、それは資本家でもなければ軍部でもなく、政党政治家でさえなくて、実は取りも直さず官僚なのである。つまり官僚とは国家権力によって行政を行うもののことを意味するわけなのである。

処で一体この官僚というものが何であるかを、もうソロソロ考えて見なければならなくなる。官僚という言葉は官吏の一群を或る点から批評した言葉であって、官吏はややもすると官僚的になるということを云い現わす言葉だと見ればいい。官吏群が社会に於て或る一定の勢力を持ち、官吏同志のブロックが出来上ってお互いの間にギルド的な意識が生まれ、排他的になったり傍から特殊群と見做されたりする時、官僚(官吏の同僚関係)という観念が産まれる。官吏が資本家や政党や軍部に対して、又更に国民や社会大衆に対して、特殊な支配者的な政治勢力を意味するのは、全く官僚という資格に於てでしかあり得ない。

尤もここにいう官吏という言葉は必ずしも正確ではないので、所謂文官ばかりではなく武官や軍部の文官も含むし、警察官も宮内官吏も含んでいる。そればかりではなく所謂官吏だけではなく一般の公吏や官公庁の雇員までも含むことが往々だ。とに角広くお役人又はお役人に準じるものを、法律上の用語としてはとに角社会上の用語としては、広く官吏と見做すことが出来る。さてこういう広い意味での官吏の数は今から十年前の統計によると百万人を越えている。だから、官吏は官吏としてそれだけで日本の社会に於ける特別な階級か層をなすようにも思われるが、併しそれは単に形式的に考えるからそうなのであって、内容的に当って見れば、その内には勅任から雇員人夫にさえ到る階級別があるのである。雇員の下っ葉役人や人夫である小使がいくらお役所を嵩《かさ》に着て横柄に構えようとも、実際に官僚という資格を有つものは恐らく高等官の一部分のものでしかあり得まい。気持ちは如何に官僚的でも、それだけで官僚という実際の資格は具《そな》わらない。官僚という以上、国家権力による行政上の実際的な権威が必要なのだ。

一般に官吏は他の職業人に較べて社会的に優遇されている。黙っていても昇進し又昇給することは当然の約束なのだし、場合によっては形式的にせよ身分保証まで出来ている。割合若くから恩給はつくし遺族扶助料もつく。だがそういう社会身分の優越は官吏の進取の気象を傷《きずつ》けこそすれ官僚としての支配者的政治手腕を産む原因とは考えられない。又鉄道省のお役人のように、国民を支配するよりも寧《むし》ろ之にサービスしなければならぬ官吏は、すぐ様《さま》官僚とは一寸《ちょっと》云えまい。だから官僚というものは、官吏の或る小部分に基いて而《しか》も或る特殊な場合に発生する処の特色を官吏全般へ漫然と推し及ぼしたものに他ならない。——処が日本では、官吏は官員様と云って、その出来上りの初めから、官僚としての権威が具《そなわ》っていたのである。

前に日本の資本主義が封建制の残存物に基いたものであることを述べておいたが、日本の官吏が初めから官僚として発生したという事実は、直接之と関係があるのである。元来明治維新の社会変動は、初めは徳川幕府下に於ける封建制度のただの編成替えを意味したと云ってもいいのであって、将軍徳川藩に代って有力藩が封建制の建て直しに進もうとしたのであったが、併しこの封建制の編成替えという社会変動の形が、やがて中央集権の形を取るようになり、そこから不完全ながらブルジョア改革、或いはそのための準備の形に移行することになったのである。だから明治初年の政府は全く、旧封建領主から解放された藩士が官吏となって組織した藩閥政府であったのである。この藩士達の官吏が、封建制の遺物を利用して発達した日本資本主義の特別な産物であることが、ここからも判ろう。処でこの藩士こそやがて官僚と軍閥との母胎になるものなのである。

一体日本の資本主義が封建制の遺物を相当完全に整理し終らない内に、大急ぎで資本主義の姿を取らなければならなかったのは、他ならぬ外国の先進資本国に対して対抗しなければならなかったという事情からである。之は殆んど凡《すべ》ての後進資本主義国の運命なのである。その結果この資本主義は、自然に下からの庶民（当時は大衆をそう云った）の側から萌《も》え出《いづ》る代りに、上から政府が半ば強制的に助長発達させねばならなかったものであった。だから日本資本主義の初期に当っては、自由主義や民主主義の代りに、国家による干渉主義が採用されざるを得ない。処で、その任に直接当るものは他でもない官吏なのだから、官吏が日本の資本主義発達のために果さなければならなかった支配者的役割は、単に行政的な範囲に止《とど》まらずに、甚だ重大なものであらざるを得なかった。そこでこの官吏の背後に控えた国家の権力は、愈々《いよいよ》増々《ますます》官吏の権威を高めたわけだ。こういう権威を帯びさせられた官吏が、所謂官僚なのである。

明治維新以来の官僚の役割は、殆んど日本独特のものと見ていいだろう（ドイツは割合この点日本に似た処を有っている）。ブルジョア急進主義や自由民権論に対して闘わなければならなかったのはいつもこの官僚であった。憲法発布後大正の半ばに到るまで、所謂政党内閣は出現しなかった。官僚と軍閥（之も亦一種の官僚と考えることが出来るが）との所謂非立憲内閣が大正七年まで続いてから、初めて原総裁による政友会内閣が現われたという次第だ。

併し官僚の役割の大きさはいつも同じだったのでは無論ない。「官尊民卑の弊」は、日本の資本主義がブルジョアジー自身の足による一人立ちが出来るようになるに従って、次第に衰えて来る。官僚は段々と元来のただの官吏にまで、単なる行政技術家にまで、他動的で非人間的でその癖《くせ》横柄で繁文縟礼的な単なる事務の機械的な執行者にまで、萎縮して了った。最近までの官僚は名は官僚でも専門知識を欠いた素人どもの政治家にコヅキ廻されていた俗吏に過ぎなかった。――処がこの政治家自身の社会的信任が、所謂ファッショの波によって近時急に洗い去られるに及んで、立ち直り始めた官僚が例の新官僚だったのである。だから新官僚の発生は明治維新式な一種の王政復古の現象なのである。之は日本型ファッシズムが遠く明治維新に由来を持っているという事実を物語っている処の日本型ファッショの一翼を意味する処の存在である。そしてこの点、軍部（之又特別の来歴と特別な権力根拠とを有った一種の官僚である）に就いても亦、同様に考えるべきものがあるのである。

（一九三五）

日本ファッシズムの発育

『世界の一環としての日本』、一九三七年四月

一

一九三六年の年頭に際して、私は一九三六年度思想界の展望というものを書いたことがある。本年は左翼の思想界も落ちついて地道な展開をするだろうし、右翼の思想運動も遥《はるか》に中和的な形態で進行するだろうというようなことを述べたのである。ところがまもなく二・二六事件が突発して、この予想の半分は完全に裏をかかれたのであった。予想というものが如何《いか》に困難なものか、また如何に頼りないものかということを、つくづく感じた次第である。

だが考えて見ると、この様な事件が起きなければならなかったのも、つまり右翼思想の一般社会における中和形態化を条件としているわけであって、これに対する社会の一局部のヒステリー的爆発があああいう形を取ったのだと解釈することは誤っていなかったようだ。こういう事

件は当時の一般社会の条件から見て偶然であったのだが、しかしこの偶然事は要するに全般社会の必然的な動き以外のものをいい表わしたものではないので、従って結果から見ても、結局において民衆そのものをああいうクーデター乃至《ないし》叛乱的な形としては動かさなかったのである。

そしてその結果どうなったかといえば、一方において粛軍の工程と、他方において政党やブルジョアに対する自粛の要求とのシーソーによって、結局社会の政治的・文化的・思想的・条件は可なり中和的な、しかしやや確実な、右翼化線の上昇の路を辿ったのである。この大勢は、たとえああした形の事件がなくても、早晩来たに違いないものだった。問題は社会の支配風景のこの本質が、現われることの遅いか早いかだけだ。

一九三七年度の日本における社会情勢、特に思想を中心として見るべき情勢もまた、この昨年来の中和的右翼化の持久的過程が持ち越され、また可なり円滑に加速度を与えられるのではないかと考えられる。

内閣がどのような運命に逢着するか、議会がどの程度の政府乃至軍部に対する批判を実力化することが出来るか、支那大陸における日本の事情がどう変化して行くか、これは勿論《もちろん》今から予断出来ないことだ。しかしこうした事情の推移によって、日本の社会そのものの具体的な事情が決定されて行くのはいうまでもないのだから、全く社会が今年を通じてどういう相貌を呈するかを予言することは、易断か大本教ででもなければ不可能なことだ。だがこういういわば今から見て単なる可能性に止まっている処の色々の偶然を介して、そこに現われるだろう社会事情の本質や本筋は可なり明らかであるように見える。

一言にしていえば「日本」的ファッシズムの逐次的な発育であり、それと共に日本型に固有なファッシズム形態が或る程度まで世界の先進又は先着ファッショ国家の社会的推移の轍を踏んだり、その規格に合致する結果になったりして、一般的なファッシズムの形態に接近することだ。但しそこには原則的な限度があるのだが。

まずこのイデオロギーの下に各種の産業統制が行われるだろう。これは単に帝国主義段階における産業資本の独占形態や金融資本の集中化ではなくて、その国防的条件による強化となる。例えば電力統制の如き。この事情が特に日本においては、日本型ファッシズムの必然的な形態の一側面になるのだということは、日本ファッシズムの現実を理解するには大切な要点だと思われる。産業統制は資本の問題ばかりではなく、労働力の問題でもあるから、労働条件もまた国防的統制を受ける。賃銀、労働組合活動（組合への加入と団体契約の締結とに必要な活動）その他が、この見地から抑制される。陸軍工廠労働者の組合加入禁止の類は今後一般の軍需工業労働者及び一般普通民間労働者への、一つの模範とさえなる可能性を有っている。労働力の軍隊化は三七年の国家による労働問題対策の一つにさえなるかも知れぬ。

産業統制の次には議会政治的自由の統制である。政党人の真剣な努力があるとしても、議会機能が名目化されて行く大勢は、已《や》みがたいだろう。なぜというに当分議会機能を運用するものは地主乃至ブルジョアジー出身の政党であるが、彼らの経済的・政治的・利害からいうと、ファッシズム的支配形態に根柢から反対しなければならぬ絶対的根拠はないのであって、つまりその政治学的形態に反撥を感じるに過ぎないのだからだ。尨大な国防予算はこれを本質においてはそのままうのみにしなければならないのが彼らの運命である。して見ればインフレ政策にも増税政策にも終局的には反対し得ない計算になるのである。すると残るものは議会の政治上の実質的な自由ではなくて、議会という名目の自由であり、議会という国家学的なカテゴリーの自由だけで、元来あるわけだ。この点、年の内に何べん内閣が代ろうとも、幾遍軍部大臣が交替しようとも、また何べん議会が解散になろうとも、変りはあるまい。

文化統制は殆《ほとん》ど無抵抗と見えるまでに整備されて行くだろう。すでに日独防共協定は政府及び支配主体に一つの展望の利《き》く足場を与えた。勿論これによって日独の政治上軍事上の相互扶助があり得るとは思われない。日本にとってこれが役に立つのは、日本の大陸政策（或いは南方政策も含めていいかも知れぬ）と対内文化統制にとってである。日伊協定（これは経済協定の形をとった）や日本ポーランド文化協定もまたここに帰する。これは明らかに国内的には日本における人民戦線運動に対する先手であるが、この目的はこの一年の内に非常に意識化されて行くだろう。

検閲制度の拡大、統一、整順、従ってその加圧と微細化はいよいよその実を挙げるに相違ない。だが表面から見れば、恐らく思想検閲より以上に風俗検閲の方が人眼をひくように行われるに違いないと思う。

映画、レヴュー、ダンスホール、カフェー、その他に対する風紀検察は重加される。なぜというに、文化問題をそういう風に道徳問題へ持って行くことは、世界中のファッショ支配の共通な政策なのだからである。言論自由の抑制も単に法規的な根拠にあきたらずに、必ず道徳的根拠を持ち出して来る。日本ファッショ的な卑俗道徳がいやに発達するだろう。

性犯罪の類は最も口やかましく騒ぎ立てられることと思う。問題は道徳にあるからだ。一般の文化意識も必ずこの道徳へ持って行かれる。理論は国民的思想や国民的信念でおきかえて行かれるだろう。日本人的であるかないかが、理論の正否を決定するという風習が成長されるだろう。そしてファッショ思想家、国粋主義者・などはいうまでもなく、伝統尊重主義者や日本特殊性万能主義者や、民衆習慣絶対主義者や、そうした一切の論理学的日本主義者が、段々いい気持ちになって行くと思う。一種の自由主義者や文藝家なども、この類へ近づくものと私は観測する。こうした擬装日本ファッショ文化（日本ファッショ文化であるのにそうでないように擬装した文化のことだが）は、一つの文化的卑俗常識（デマゴギー）となり、それが何か道徳的な勿体をつけられるようになるに相違ない。

この道徳文化の猖獗《しょうけつ》は確かに一種の認識を促進する。日本文化の研究は一応進むだろう。これは役に立つ契機だ。だがしかしこれは同時にそれ以上に文化的バーバリズムへの準備ともなるものなのである。この種の文化の促進はやがて文化そのものの否定を結果するような客観的条件をつくり出すことが出来る。すでに文化の政治的批評の自由は、日本では極めて乏しい。自由の抑圧がまだ文藝批評にまで手をのばさないとすれば、それは偶々現代日本の文藝がそうした政治的意義にも思想的意義にも乏しいからに過ぎない。この点を条件としていう限り、ユダヤ的文藝批評を禁止したドイツの方が進んでいたわけだ。

だがとに角日本は文化的に世界のファッシズム国家群と提携する必然をさえもつようになった結果、文化上でも欧米において政治的意義を多少でも有てるようになった。そこで海外に向っての日本文化の宣揚は、今後の支配者文化団の一つのお祭り行事として続けられることだろう。その結果、本当に文化の国際性というものに就《つい》て反省する準備も与えられるわけだが、すぐ様そこまで行けるかどうか、信用を置くことは出来ないようだ。

右翼思想団体は思想団体から次第に政治団体へ移行する。そしてその或る程度の統一を獲得するものと見られる。だが、どれも綱領に無理と無意味とが多いため、その大同団結ばかりでなく、聯絡さえが成功するかどうか疑わしい。到底大衆的地盤を得るものとは思われない。在郷軍人の思想上の役割についても、あまり評価すべきものを見ない。一等きき目のあるものは依然としての上からの官僚的ファッシズムの文化支配だろう。

さて以上のように述べてくるとつまり三七年は三六年の引きつづき、またはその傾向に輪をかけた引きつづきだということになる。だが今述べたのは社会における支配者的焦点からののぞいた三七年の日本の予想に過ぎなかったのだ。日本は一つであるが、その社会条件には二つの焦点があるのである。どっちの焦点にピントを合わせるかによって話はまるで違ってくる。今度は一般民衆を焦点として、一九三七年の日本社会を見ると、どうなるか。

いうまでもないことだが、日本ファッシズムが圧力を加える対象はほかならぬ一般民衆などである。だから民衆は勿論自分の焦点から見て、一方にこの圧力の受難者だ。だが、他方において圧力というのは、常に抵抗を条件として生じるものだ。圧力を加えるものは日本型ファッショ的支配主体であるが抵抗を加えるものはこの民衆の方なのだ。日本の社会をこの抵抗面から観測すると、まず考えられるものは、取りもなおさず、この日本型ファッショ支配に対する人民大衆による抵抗そのものなのである。圧力が大きいことは、必ずしも抵抗の弱いことと一致はしない。圧力が大きければ、それだけ抵抗も大きいというのが、社会の一つの力学である(そうでもない場合の力学もあるのだが)。ところでこの抵抗の増大は一九三六年の少くとも最後の四半期以来の日本社会の一つの特色をなしている。この特色は三七年になってそのまま強められて行くだろうと想定される条件を、沢山見出すことが出来るのである。

人民戦線という言葉は禁じられたも同様であるが、今後の民衆の一さいの動きで唯一つ可能なものは、欲すると否とにかかわらず、客観的にはこの形を取る結果におのずからなるだろう。無産政党の単一化の方向も避けがたい大勢となろう。政治上の自由主義の気勢も多少はあがるだろう。この抵抗力は民衆の文化的常識として行きわたるだろう。露骨な日本主義や聯隊長的イデオロギーは片すみにおしやられる、とともに刺戟的な形の左翼思想運動もまた勿論あまり行われないだろう。だがそれだけに、この理知的な見解が民衆の健全常識として普及するという関係には、拍車がかけられる。抵抗力はそれだけでは攻勢には出られない。しかし、そうだからといってこの抵抗力の増大や延長をさまたげるものは見出されないようである。

だがつまり、一九三七年の日本の社会は、これを表面から見る限り、日本型ファッシズムへの一途《いっと》としか見えないだろう。以上が私の最も大づかみな観測だ。

二

一進一退はあるとしても、ジグザグの形をとるにしても、ここ数年来の日本の大勢が駸々《しんしん》として特有の型のファッショ化の過程にあることは、もはや誰しも疑わない。かつて一部には日本には本来の意味でのファッシズムはないとか、日本にあるものはファッシズムではなくて単なる封建的残存物の擡頭でしかないとかいう強弁が行われたが、勿論之は現代の日本の民衆の鋭くなった本能から、信用されずに終ったのだ。なる程日本ではドイツのような又はイタリヤのような条件をそのまま具備したファッシズムは、まだ成立していないし、又そういうものの成立も約束されてはいない。だがファッシズムという今日の国際的な思想、政治、経済、形態は、決して固定した定義ではその実質を捉え得ないことは、云うまでもないのである。

実は夫々《それぞれ》の国には夫々の条件の下に於て、然《しか》り凡《すべ》ての共通な根本特色を具えた処の各種ファッシズムが、成立し又成立しかけているのである。日本のファッシズムは日本に特有な形のファッシズム、即ち「日本ファッシズム」であることが、この頃定説となったと見てよいだろう。それだけではなく、最近の優れた見解はファッシズムをその出来上った構造から定義する代りに、当然なことであるが、ファッショ化しつつある過程からして定義しようと欲している。すると日本などは何よりも代表的な、ファッショ過程最中の国であることとなる。之《これ》が日本ファッシズムの意味なのだ。

日本型ファッシズムと他の形態のファッシズムとの区別を多少でも説明することは今その紙面を欠いている。だが、少くとも、日本ファッシズムはそのファッショ化の過程を辿って行くに従って次第にその個有な日本的特色をば(失うのではないが)ファッシズム一般の特色によって蔽《おお》うて行きつつあるという風に云うことが出来るだろう。夫々の国に於けるファッシズムはかくてその進行する目標から見て略《ほぼ》同一の又相照応した地点を指しているということが出来る。ファッシズムの特色の一つは夫《それ》が国際的共同性を欠くということにあるが、それにも拘らず、このファッシズム現象が全く歴然たるインターナショナルな現象であることは、今日ヨーロッパ及び極東を通じて判然として来た事情である。

繰り返して云うが、日本ファッシズムは日本に個有な形のファッシズムだ。併しこの日本ファッシズムが有っている根本特色は次第に国際的に共通な特色によって着色されつつある。今や吾々は日本ファッシズムも亦之に対抗する日本に於ける反ファッショ的動向も、この国際的共通性の線に沿って考えて行くことが何より必要である。私がこう云うのは、一方に於て日本ファッシズムの個有性を不当に強調しすぎて、日本ファッシストがみずからファッシストではなくて或る他のものだと号する態度を、却って裏書きすることになったりする手違いがないでもないからであり、他方又、反ファッショ的動向を人民戦線という名で呼ぼうとする時、この反ファッショ運動が国際的なものでなくて却って国民的なものであると称して、夫はフランスやスペインに行われるが日本ではまるで見当違いのものだというような安易な説をなす者を見るからである。ファッシズムと人民戦線とは国々の夫々の形態の下に全く二つの国際的現象であり、またそうなり得ねばならぬ現象なのだ。この点は日本型ファッシズムに於ては忘れられてはならぬ。

日本ファッシズムは民間の自発的ファッショ団として発生してはいない。初めから文武官僚のイニシヤティヴを以て発生したのだ。そこでは資本家乃至金融ブルジョアジーさえ直接には顔を出していない。代議士や既成政治家も亦そこでは表面に立たないばかりではなく、そうした所謂「自由主義」的分子は、この上からのファッショ勢力によって弾圧される形を採ったため、ブルジョアジーと文武官僚との根本的な対立の方が著しく眼に立つのである。

勿論この表面の仮象はファッシズム一般としても当然なことで、民間のファッショ団（主として小市民・農民・後れた労働者からなる）から発生した諸外国のファッシズムも初めは反資本家的姿態をこらしたものである。だが終局に於てファッショと金融ブルジョアジーとの大局に於ける大団結がファッシズムの根本条件であることはもっと徹底的に知れ亘《わた》る必要のある点で、そういうことがあるから日本でも、ファッショ的勢力は安んじて「自由主義」的分子を圧迫出来るわけだ。それは亭主が女房を圧迫する類であって、実は女房達の生活を支えるためにこそ亭主は外で働いているのだ。女房はどんなにいじめられても或る段階に来るまではどうしても亭主を離れることは出来ない。と共に柔よく剛を制するのは、わが家族制度の美風であり、又わが国の現在の国家の姿でもある。そしてこの「家族制度」的な特色の本質が、日本ファッシズムの「日本型」を決定するのである。

之は日本の国家に於ける支配的勢力内部の経緯であるが、支配されつつある民衆そのものは必ずしもこの経緯の内に立つものではない。否、国民一般はこの経緯から出来るだけ遠ざかるように仕向けられている。言論統制（検閲強化・ニュース単元化・流言呼ばわり・其他）は、そういう作用を営んでいる。そしてこの言論統制の反面は官製の輿論の強制である。民衆は自分自身の意見を持つことを許されずに官許のイデオロギーをそのまま拝受することを要求される。そしてこれは民衆自身の独自の思想とは凡《およ》そ反対の効果をねらったものだが、民衆は或る程度まではどうにでも教育出来るものだから、やがて或る程度まで之《こ》れが民衆自身の意見のようになって了《しま》う。民衆はわが身の裡《うら》をかくような観念を本能のように持つに到る。こうしたものがデマゴギーというものなのである。このデマゴギーが、日本ファッシズムに於ては特有な名分を有つのだ。

一般にファッシズム支配にとってはデマゴギーは重大な役割を帯びている。民衆の現実の利害感覚を無理に押潰して了うためには、同じく刺戟的で麻痺的な観念物であるこのデマゴギーが必要なのだ。デマゴギーは最もセンセーショナルであることを必要とする。それは民衆の無責任な瞬間的情緒と馬鹿な常識とに訴える。処で最も幼稚な常識や感情は、物ごとを何でも良し悪しで決めて了う道徳判断だ。子供はまず良い子か悪い子かを問題とする。良いことと悪いこととを決めれば、子供の世界は秩序が立つ。そこで民衆をして知らしめぬ方針を取る。ファッショ的勢力が、小児となったこの民衆にデマゴギー政策を適用する際、社会を道徳と倫理とで塗りつぶして見せるというやり方を採用するのは、非常に賢明だ。各国のファッショはそれを実行しているのである。日本も多分にもれぬ。

日本に於ける風俗風紀の検閲は、眼に見えて著しくなった。単に思想言論の弾圧だけではない。之と直接には関係なさそうに見える単なる風紀が、著しくやかましくなったのである。なる程これは日本の風紀がそれだけ頽廃して来たからだとも云いわけ出来るだろう。だがそれが之までの通念から到底耐え得ない程度にひどくなったとは、どうしても受け取れない。でこの現象は、日本の支配者当局の方がわざと倫理化し道徳家振りし始めたということになるわけである。倫理化や道徳振りを発揮するには、現代の風俗風紀の弛緩頽廃をでも声高《こわだか》に吹聴《ふいちょう》するのが、何よりも民衆の無智な常識に訴えるに効果があることは、少し考えて見ると明白だ。そこで風俗風紀は馬鹿馬鹿しいまでにコセコセして取り締りを受ける。接吻映画・ダンスホール・レヴュー・其他其他が内務省からカットを受けて居る。

道徳や倫理をファッシズム支配が振りかざすことは、大変賢明なことだ、風俗風紀は勿論道徳や倫理にぞくすのだが、ファッシズムによると一切の思想・科学・哲学・藝術・其他が又道徳なのだ。つまり思想には良い思想と悪い思想との区別があるだけなのだ。思想の科学的批判などは問題ではない。夫が「良い」か「悪い」かだけが問題だ。かくて道徳振りと倫理呼ばわりによって、国民の風俗と思想とが同時にうまく統御出来るというのが、どこの国でも採用されているファッショの発明なのだ。日本でも正《まさ》にそうだ。

日本に於ける反ファッショ的人民戦線が何でなければならぬかを今説いている余白がない。実はその言葉や名称は何でもよいのである。だがとに角、人民戦線たるべきものの目標の一つは、このファッショ的道徳振りと倫理呼ばわりとの争闘だろう、特に文化運動に於ける人民戦線的活動にとっては、この目標は極めて重大な筈なのである。

（一九三七）

文化の危機とは何か

『世界の一環としての日本』、一九三七年四月

文化という観念が、文明という観念から特別に区別されていることは、人の知る通りである。例えば物質文明に対して精神文化という場合に、この区別の或る要点が云い表わされるのである。文明という観念の近代的なものは元来イギリス・ブルジョアジーの観念に由来すると見てよく、野蛮乃至《ないし》武断に対立するシビリゼーションという意義と共に、啓蒙（エンライトゥンメント）の意味をも持っている。之《これ》に対して、文化の方は、主にドイツ観念論を産み出した社会層に由来すると見ることが出来るだろう。

勿論今日では、文化という言葉は極めて自由な広さに於て国際的に用いられている。それはフランスに於てもソヴェート・ロシアに於ても、生き生きした意味を持った言葉だ。だが今は特に之がドイツ哲学と甚だ浅からぬ関係にあるものから由来した観念である、という点を注目する必要があるのである。――処《ところ》でドイツ哲学的なこの「文化」なるものは、一方に於て人間

の知能・性格・の涵養という意味に於ける教養（人間形成）を指すと共に、之に基いて客観的に存在する一つの精神的社会現象をも指している。シビリゼーション乃至啓蒙（アウフクレールンク）も、こうした「客観的精神」や、「教養」を基本として初めてその意義を受け取るのだといいうのが、この「文化」という観念の利き目なのである。

ドイツの近代観念論の一つの主流は、この文化のイデーをめぐる哲学体系としての「文化哲学」である。之は所謂「生の哲学」とも深い聯関を持っている。つまり文化の観念は精神と生（生命）という二つの近親観念によって与えられているわけだ。ドイツのプロテスタンティズム乃至ヒューマニズムと切っても切れない関係にある。そして大切なことは之が又ドイツ哲学による自由と進歩というイデーを条件づけていることだ。というのは、そこでは自由は文化的自由であり、進歩は文化的進歩なのである。その際必ずしも、政治的自由や人類の政治的前進＝進歩ということは大切ではない。こうしたものがドイツ哲学的「文化」のイデーなのである。だからここに、たとえばフランスやイギリスに於ける考え方と少し違ったものがここにあることを注目しておかなくてはならぬ。

さてなぜ私はこういう区別を持ち出したか。ドイツ式な文化の観念と、之とは一応別に他の諸国で国際的な用語として用いられているそれとの間の区別、之を指摘して何を云おうとするのであるか。他ならぬ「文化」の祖国であるドイツに於て、所謂文化の蹂躙と吾々が呼ぶ処の現象が続々として起こりつつあるからである。

イタリヤのファッシズムの場合でもそうだが、ファッシズム・イデオロギーの特色の一つが、何より文化呼ばわりを好むという点にあることは、見逃されてならぬ点だ。この点ドイツでも別ではない（日本でも段々そうなりつつある）。イタリヤは自分の文化の淵源をローマに求める。もう少し文化史的なリアリティーに恵まれているドイツでは、之をゲルマン文化に求めるのである。之を更に一般化せばアーリヤ文化の宣揚となりユダヤ人文化の排撃ともなるわけだ。而《しか》もこの文化強調主義が、科学や批判力という広義の本来的な文化要素の強調なのではなくて、却《かえっ》て之と相当の程度に抵触せざるを得ない「道徳」の強調に帰していることが、重大特色である。ファッシストの文化呼ばわりは端的に云うと道徳呼ばわりだったのだ。文化から科学性や批判性を引き去って、道徳上善いか悪いかばかりで物ごとを決めるやり方に持って行くことが、ファッショ・イデオロギーに特有なイデオロギー性乃至デマゴギー性質なのだ。之は小市民達が大衆的に持っている一つの弱点を利用するもので、何事も善悪の問題に帰着させなくてはおさまらないのが彼等の「常識」というものなのである。

文化呼ばわりに最も力を入れているドイツのナチ文化が、それにも拘《かかわ》らず、否それであるが故にこそ、吾々から見て文化の蹂躙と判定されるという経緯が、今日注目に値するのである。

ナチによって非アーリヤ的書物の火刑という儀式が行われた時、吾々は甚だ驚いたものだ。之はいうまでもなく、野蛮行為の一つであると思われたからである。儒者を坑《あなうめ》にした秦の始皇を思い出したのである。だがナチの支配者に云わせるとドイツ文化を純粋にし、高めるためにこそ、こうしたヴァンダリズム(?)が必要だというのだ。たとえばヒルシュフェルトの性科学研究の如き、ドイツ文化の道徳性を傷つけるものであり、マルクス主義の文献の如きはドイツ的に云って不道徳この上ないもので、非文化そのものだというわけだ。

ゲッベルスによるユダヤ人的自由文藝批評の禁止、文藝批評の法定も亦《また》、驚くべきバーバリズムだと思われた。処がゲッベルス自身によると、これこそドイツ文化の擁護のためには緊急この上のない政策だというのである。卓越した文化人である多くのユダヤ人学者や文藝家の追放も、ドイツ文化の自衛手段なのだという。

之によるとナチ式な文化の観念、つまりドイツ文化なるものの観念、は排他的でなければ成立しない文化のことを指すのであり、従って国際性を有《も》たない文化のことを云うのである。文化の国際的通用性というものはもう抛擲されたと見ねばならぬ。而もそれと同時に文化の自由なるものも亦どうでもよくなって了《しま》った。でこういう「ドイツ文化」が吾々の文化という観念ともはや何等の関係もないので、このドイツ文化が正《まさ》にドイツの非文化・反文化・となるわけであり、バーバリズム乃至ヴァンダリズムとなるわけなのだ。批判的自由と国際的な通用性とは、国際的信念としての文化にとっては不可欠の要素の筈だったからだ。
だがこのドイツ文化が吾々の文化の観念から云って反文化的であるばかりではない。ドイツの文化哲学自身による文化のイデーから云っても、この「ドイツ文化」は反文化的な筈だった。批判的自由や国際的な（と云うのは合理的ということだが）通用性とは、他ならぬドイツ文化哲学による文化そのものの規定にぞくしていたからである。――処がそれにも拘らず現代のナチ的「ドイツ文化」は、ドイツ観念論の純粋化であるということになっている。之はどうしたことなのか。

こう考えて来ると、ドイツの文化哲学に於ける文化という観念を再び改めて検査して見る必要が生じて来る。ドイツ的な「文化」の理念は文化的自由や文化的進歩につらなるものではあったが、それが必ずしも政治的自由や政治的進歩と直接関係がなくてもいいものだったという点を、もう一遍《いっぺん》思い起こそう。特に自由の問題に就いて云えば、文化的自由は政治的自由から独立にも成立出来るというのが、この文化主義的ドイツ哲学による自由の観念だった。だから政治的自由が失われた時でも、文化はなお自由であり得るし、文化上の自由はなくなりはしない、とも考えられる。寧《むし》ろこの文化的自由を護るためには（そういう国民道徳か国民的信念を護るためにはだ）政治的不自由こそ現実に必要なのだ、ということにもなる。文化的自由もその実現に於ては一つの政治上の自由になる筈のものだが、処がこのドイツ式文化哲学によると、文化の自由は一切の形態の下に於ける政治的自由とは無関係であり得るわけだ。処でこうなると、之はつまり、ドイツ的文化哲学（それがドイツに於けるリベラリズムの代表的な哲学であったのだが）が、やがてそのままナチ的ファッショ哲学に移行出来るということに他ならない。ドイツ的な文化観念はナチ的な「ドイツ文化」の観念の母胎だったわけだ。

ナチの文化政策はだから、決して詭弁をばかり弄しているわけではないのである。ナチの「ドイツ文化」は、従来のドイツ文化哲学の伝統による文化というものを尺度として計る時、決して文化水準が低いとばかりは云えないのである。問題はそのドイツ文化哲学的な「文化」なるものによって計られるべき文化哲学的な文化水準が、果して本当に文化を正当に量り得る文化のバロメーターかどうか、ということに帰する。

ドイツ文化哲学による文化にとっては、実を云うと、文化的自由とか文化的進歩とかいうことは、何等実質的な意義があったのではないのである。夫《それ》は全く名目的な又は全く形式的な商標に過ぎなかったのだ。文化的自由ということは要するに教養があるということであり、文化的進歩ということは要するに学殖があるという類いのことなのである。それをドイツ文化哲学のエティケットとして、自由と呼び進歩と呼ぶに過ぎない。政治的自由は素《もと》より、文化的自由さえがどうでもよいのだ。政治的進歩は素より文化的進歩さえがどうでもよい。単に「文化そのもの」が大切なのだ。

だから、このドイツ文化はナチ政権の下にあっても、その政治的不自由とは全く無関係に、又は却て之によって愈々《いよいよ》自分の面目を発揮出来るものとして、大いに文化的であり得るのである。ドイツの深遠らしい哲学の伝統が、このドイツに於けるいまだかつてない文化の危機に臨んで、平然としてナチの政権を讃え得るという秘密は、全くこのドイツ観念論による文化哲学の裡《うち》に横たわる。

吾々日本人は之まで、ドイツの文化を極めて高いものと考えて来ている。アメリカやイギリスは云うまでもなく、フランス文化よりさえ高いものと考えて来ている。特に哲学や法律学のようなイデオロギッシュなものや、医学などについて、そうだと信じて来ている。処がそれは実は文化自身の水準の高さではなかったので、極端に云えば文献学的水準（乃至学究的水準）の高さに過ぎなかったということが、今になって漸く判ったのである。ナチ政権が如何に学藝の自由検討を許さないとしても、ドイツの学藝の既得技能が急に衰えたとは誰も考えないだろう。それにも拘らず吾々はもうドイツを文化国とは見ない。ドイツの文献学的・学究的・水準は依然変らないにしても、ドイツの真の文化的水準の方は一遍にがた落ちをしたのである。

文化的自由や文化的進歩というのが教養や学殖のことにすぎなかったとすれば、之は要するに思想ではなくて文献学的智識にしかすぎなかったのは当然だ。処が吾々はルーズにも、これまで、こうした文献学的・学究的・水準を思想水準だと考え、従って之こそ本当の文化水準だと考えて来たわけだ。で、もし文化水準というものを文献学的水準と考えるなら、思想的に如何になっていない文化でも、やはり文化的に高水準を保つものと見えるのである。従って思想的に非文化的反文化的なものでも、なお文化的に見えることは、不思議ではないのだ。

ナチ文化の文献学的水準は、果して従来通りの高さと信用とを保つことが出来るかどうか、それさえが実は疑問だろう。本当に文化の政治的な自由がなく、本当に思想水準の高さのない処に、つまり似而非《えせ》道徳と英雄的センチメンタリズムとの世界に、実証的な有効な文献学的研究さえうまく行くかどうかは、元来問題だ。だがそれはとに角として、ドイツの従来の文献学的水準の高さを以てしても、なお思想的なガラクタ文化に満足出来るものだという点が、教訓に富んでいるのだ。文化に於ける文献学的・学究的水準・と思想水準とは、別なのだ。文献学的な学究的な研究と思想の活動力との間には極めて密接な関聯はあるのだが、そしてこの点こそ大切なのだが、併し文化の高さを計る尺度として見れば、文献学的水準と思想水準とは独立だというのである。或いは従来文化水準と考えられたものは、多くは単に文献学的・学究的・技能的・技術的・水準のことでしかなかったと云うのである。

博学な学者で思想的に馬鹿な人間はどこにでもいるものだ。尤もらしい高名な大哲学者が、愚にもつかぬ政治的意見に叩頭《こうとう》する態はあまり見っともいいものではないが、大笑いをしなければならない程珍らしい現象ではないのである。よく学究の非常識と考えられているものが実は之で、アカデミーに対するジャーナリストの不信用も実はこの点に関係があったわけである。

だが文化に於ける文献学的水準と思想水準とのこの区別、そしてそれにも拘らず、文献学的水準が文化水準そのもののように思われやすいという一つの文化常識（之はドイツ文化哲学の伝統がよく説明している）、この二つの点をおのずから心得ているものに、日本の文化政策があるのである。

日本の政府が自然科学の奨励には最近相当に熱心であることを忘れてはならぬ。中でも学術振興会などは注目に値する。それにも拘らず他方に於ては法文経の帝大を私大に払い下げるという観念さえ生じ得る。というのは、そうした社会科学は意識的に継子《ままこ》扱いなのである。之は決して法文経の帝大卒業生が役に立たぬとか社会にとって不用だとかいうだけではない。思想的に困るからなのだ。つまり同じ大学でも文献学的（又学究的・技術的）水準を高めるのに直接関係のある自然科学（それから古典的研究）と、思想水準を高めるに直接関係のある社会科学（それから文学的・哲学的・研究）とは、文化的に区別を置かれているのだ。目的は、出来るだけ思想の進歩つまり思想水準の高まりを抑え、その代りに、又その手段の一つとして、文献学的水準（特に反動的な役割を持つ夫が便利であろう）を高めよう、というにある。特に軍需科学の発達と思想水準の退化との関係に、この事態は最もよく見て取れる。「科学日本」の類は、こうした哲学に基いた文化政策上のモットーなのだ。

日本の文化政策は学究的・文献学的・技能的・技術的・水準の方へ文化を偏極させようとする。そのことは日本に於ける文化の思想水準を反動的・復古的・オブスキュランティズム的・に低下させるために必要な「文化政策」なのである。それが現下の日本に於ける文化統制というものの文化的条件をなしている。日独防共協定は勿論、ここでも充分に現実味を有っているだろう。

吾々が文化の擁護を叫ぶ時、少くともこれだけの理論的用意は必要だと私は思う。ナチと雖《いえど》も他ならぬドイツ文化の擁護のために、文化破壊をやっているのだ。日本とてももとより日本文化宣揚のためにこそ、日本に於ける文化を蒙昧化そうとしているのである。支配者は兵卒に対してと同様に、思想上の出来る限りの無知と、文化技能上の出来るだけの習熟とを要求する。勿論技能上の必要はまたおのずから思想的な反省を伴わざるを得ぬが、それに備えるためには無知の一定形態に思想とか、文化とかいう擬似商標を貼らねばならなくなる。ここにファッショ支配に於ける「文化政策」なるものの意義がある、というのである。

同じ関係は文化の危機についても云われなければならぬ。元来文化の危機とは文献学的・学究的・技能的・技術的・水準の低下の危険のことでも何でもなくて、実は思想上の危機のことでしかないのだ。つまり新らしい思想が擡頭することによって旧（ブルジョア）思想文化の支配力が弱められ始めたということでしかなかった。だから之は旧思想文化から見て危険であったので、新興思想文化から見れば危険でも何でもなかったのである。

処でこの文化危機を強調し、之を救済すると称して起ち上ったものが、ファッショ的文化政策に他ならない。所謂思想の混乱、思想不安、其の他其の他という現象がこのファッショ文化政策屋のサクラだったのである。そこでこの思想混乱つまり「文化危機」の救済を果そうとすることによって、ファッショ的文化政策は何を齎《もたら》したか。そこに却て新しい意味での文化の危機が発生したのである。前の場合の文化危機は思想進歩に対する危惧であったが、今度のは思想後退、蒙昧化、に対する危惧なのだ。文化危機の救済そのものが文化危機になっているのだ。丁度官憲の民衆に対する保護や保導なるものが民衆の不安不幸そのものに転化しつつあると同じに。

処がこの後の場合の文化危機はもはや思想水準の低下だけには止まらない。文献学的・学究的・技能的・技術的・水準が高まっても思想水準は高まらぬが、逆に思想水準が低まれば必ずいつかは文献学的水準も低下せざるを得ないのだが、そうなると今度の文化の危機は文化や思想の技能的な根柢をまでも危険に瀕せしめることになるのである。――今日の「文化の危機」はここにあるのだ。文化の擁護のためにはこの点を見ねばならぬ。

（一九三六）

日本主義の文学化

『世界の一環としての日本』、一九三七年四月

儀礼というものがある。これは一元を好むものだ。たとい夫婦喧嘩をしていても、他人に会った時には夫婦一体のような顔をするのが、儀礼というものだ。二元外交とか二重外交とかいうが、現実に公式に攻撃する時には相手は一元的なもののように想定される。そうしないと相手の方で相手にならないからである。修身の話を聞いても、修養講話を聞いても、話は思い切りよく一元的だ。下手《へた》な形而上学のようにまことにおめでたく出来ている。矛盾などどこにあるかというような顔だ。

儀礼は勿論道徳の一部類である。本質的に道徳的なものなのである。つまり民族礼式というようなものなのだ。この民族礼式の前で、うっかり民族自身の持っている矛盾や二重性を卒直にぶちまけて見給え。忽《たちま》ちにして座は白けて、事は面倒になって来るだろう。そこでリアリストとみずから称するものは二つに別れる。一つは民族礼式などにかまけていないで、思い切っ

て矛盾を指摘するやり方である。ただ矛盾を指摘するだけでは仕方がないというだろう。しかし矛盾はただ指摘出来るようなものではない。矛盾を指摘するということは、文化なら文化について、自分の文化を相手の文化に対立拮抗させることによって、そういうことを実行していることによって、初めて出来ることなのだ。二重性とはそういうことなのだ。文化そのものが二重になっているのだ。日本の文化そのものが、そして日本そのものが、文化的ばかりでなく社会的・政治的・に、二重性を持っているのである。そして我々がそのどっちにいるか、ということが問題だ。

　文化と精神との二重性、なんかということではない。文化や精神が夫々二重性を有《も》っている、というのが現下の日本の向って行きつつある姿だというのである。たとい矛盾であっても動いて行く方向から物を考えずに、このまま糞の上に座り込んでしまう了見なら、矛盾も二重性もありはしない。一切のものはそれがあるということにおいてすでに必ず一元的なものなのだからだ。

　さてもう一つのタイプのリアリストは、現実の糞の上に座り込んでしまおうと決心する処の部類だ。彼は無限の愛情という礼式を持っている。見境のない愛情である。時々喧嘩をしても大いに愛情を儀礼とする。彼は現実に対して極めて善良であり、気むずかしい顔などはしない。つまり深刻な表情はしないのである。深刻な表情をしないということが、彼のポーズである。

もっともそういうタイプに限って使う言葉は身勝手な方言が多くて、世間に対してあまり親切ではないのだが。――とに角このタイプのリアリストは、社会の一切を一元的に見たがるのである。一元的に見れば見れるということが、彼等の身上だ。

日本の現状は最も深刻な対立におかれている。そういうことは庶民の生活の内に極めて簡単明瞭な矛盾となって現れている。民衆はこれをよく知っている。そういう階級対立は日本の社会の根本的な事実だ。そしてそれがいや応なしに社会の条件を動かして行きつつある。伝統精神だって何だってこの条件の下におかれているのだ。伝統を単に保守派と改革派というような対比から見ることは、日本では不充分この上ないので、日本の社会そのものの特有な基本的二重性（それが封建制と資本制と社会主義との国際的なカテゴリーによって明らかになるのだ）を離れては、日本の伝統の理解は全く無意味になる。――いやそれは散々《さんざん》聞いたことだ、もう古いぞ、などといい出すかも知れぬ。しかし事実は少しも根本的に理解されていないことだ。階級対立を良心的にもスッカリ忘れたり見て見ぬ振りが出来る程に、初めから分ってはいないのだ。それが「順応的」「妥協的」な一元主義の例のタイプのリアリスト達の一群を、一つのモードとして産み出している。というのが一九三六年あたりからの日本の文化現象だ。

話しは極めて簡単である。日本の現実における階級対立、経済上・政治上・社会上・また文化上・の階級対立、これを口の先で抹殺しようというのが、この一元主義的文化儀礼の本質だ。

仮に文藝評論家自身は自分では気づかなくても、世間ではそういう風にチャンとお膳立てをしている。「善良」な文藝評論家などは、この際利用されるにおあつらえ向きなのだ。特に善良振る愛情主義的評論家達に至っては、最も役に立つだろう。

主に文学の世界で最近頓《とみ》に著しくなって来たものがこの傾向であることは前に述べた。恐らくこの傾向は一九三七年度の文学思想界の支配的な表面現象となるだろう。だがこんな傾向が文学に現われて来たのは、勿論決して偶然でもなければ突然なのでもない。文学自身の内部側からいうと、少くとも不安文学の提唱の頃から、文学主義というべき現象が目立ち始めたのだった。文学主義とは文学至上主義のことではない。寧《むし》ろ文学以外のものをさえ文学的性格に引き直して話しをつけようという、一つの論理上の態度を指すのである。

ここで特色のあったことは、文学的思想内容が科学的理論的な分析とは無関係に、方言的なカテゴリーによって探究出来る、という思い上りであった。この思い上りは文壇的・非文壇的・文藝理論や文藝評論ではいうまでもなく、文化的（?）な相貌をそなえた哲学やエッセイの内にも、横溢した。

この思い上りはしかし、一定の社会的な需要に基づいたものであったのである。社会文物の理論的分析とは独立した文学的思想の地方界を造ることは（文壇の墻《かき》によるとよらぬとに関係なく）、当時文学思想を支配社会に妥協させるためにはまず第一に必要なことであった訳で、ただこの際の文学主義はまだ一種の嬌羞《きょうしゅう》をもっていたから、今日のような幇間《ほうかん》性をば「大胆に」告白しなかったまでだ。

外部からいうと、社会思想における日本主義は、あまりの馬鹿馬鹿しさに、ついにインテリの好みを満足させることが出来なかったが、しかしファッショとか反動団体とかいう、文学インテリとはあまり関係のない世界でたといいわゆる日本主義の体系が恥をかいても、この日本主義はまだ文学思想界に向っては処女地をもっていたわけである。そこで文学外で恥辱を受けた日本主義は、今度は文学内部へ潜入することによって、一種の復讐をしようということになった。

処が何より好都合だったことはブルジョア文学と転向「プロレタリア」文学とにおける例の文学主義の横溢だった。――かくて日本型ファッシズムの個有なイデオロギーたる日本主義は、駸々乎《しんしんこ》としてこの文学主義の土壌の上に繁茂し出した。これが今日の文学の、支配層に対する一元主義的な儀礼となり、そのラッパ鼓隊行進となっているものだ。――最近の文学的日本主義に読者は注目すべきだ。

その心掛けにおいて文化上のリベラリストである文壇人に取っては、ファッショや反動団体は好みに合わぬ。それはモードとして気に入らないのだ。だがしかしこれが一旦「愛情」とか「現実」とか「伝統」とかという名称を帯びて現れると、それにすっかり気を許してしまうのが、この種の文学的文化人（？）の癖であるらしい。で今日の文学者的な文化上の自由主義者程、日本ファッショ化の過程にとって有益なデマゴーグはないのである。これを自覚しているものはまだ心配が少い。自覚する力のないものほど危っかしいものはないのである。

私は小林秀雄氏のようなタイプの文壇人にこの危険を最も著しく感じるものだ。特に最近の彼は一個の小林としてではなくて「文学」そのものの名において、その危険を吾々に身を以て知らせる心算《つもり》らしい。

小林秀雄氏が今日のような思考の公式に陥って行くらしいことは、決して意外なことではなかった。私は数年前からこれを指摘していたし、世間でもこれは「明快卒直」な定評に近かったと見てもよい。しかしあまりにも見事にこの公式の実践者となったことは、少くとも私を驚かした。彼はもはや、日本の民衆の生活にとって矛盾した二元的な対立が日々の現実であるという一個の事実を考えて見ようともしない。それだけではなく、困ることには、この二元性に対する無知と無視とに身をおくことに、何等かの程度のヴァニティーをさえ感じているのではないかと思われる。なぜなら、それでこそ初めて民衆というものがわかるのだ、といっているからである。

小林氏のようなタイプに愛される「民衆」を私は衷心から気の毒に思わざるを得ない。特に、そういうような愛し方をやるのが、独り文士に限らず、軍部でも内務省でもやっているこの御時世であるだけにだ。民衆が明快卒直を愛するものであるかのような口吻は、軍部が「明朗」を押し売りするのと少しも変りはしないではないか。

以前の小林氏の逆説が、単に修辞上の逆説にすぎないことを、嘗《か》つて私はいった。今日逆説を卒業し出した氏が、だからこの善意に満ちた明朗主義になるのは当然だ。処で一つ質問があるのだが、たとえば議会などで日本の外交の「二重性」が問題になって、そこに対政府軍部攻撃の火の手が上がったとして、一体小林氏はどっち側にその身を置く心算であるか。軍部はこういっている、政党は国内の対立や二重性を激化することによって、日本外交の明朗性を傷つけるべきではないと。この種のいい方は、今日の文学的日本主義にとっては、極めて意味深長なものなのである筈だが。

尤《もっと》も私は小林氏自身を相手にして物をいっているのではない。小林氏を一部の代表者と見立てていっているのだ。さてそこで、その小林氏は一般民衆について物を考えている。これは大へんよいことだと思うが、しかしそういう民衆というもの自身を観点として眺める時、私はこの種の評論家等の意義にある疑念を感じるのである。私は民衆を愛するとか何とかより先に、自分自身が民衆の一人であることをもっと自覚せねばならぬと予々《かねがね》考えている。日本に政治的な輿論を産むような民衆がないという憤まんも、ここから初めて意味のある言葉になるのだ。

そこで文学もまたこうした民衆のもつカテゴリーから見て論議されねばならぬものだ。文藝評論家もまた勿論そうだ。処で小林氏のようなタイプにおいてはどうだろうか。今日の日本のいわゆる文学が一体どれだけ民衆のものであるのかは問わぬとしよう。だが少くとも今日の文学が、いわば文学の方から民衆を問題にすることによって、それで民衆が自分自身を理解出来ようとは、私には到底信じられない。でこの点文藝評論家の存在理由に関すると私は信じる。

民衆と文学との関係については二つのものの秩序の逆転ということが今日の課題になっているのではないか。この切迫した宿題をハグらかそうとするのが文学主義であったし、そして例の善良主義や一元主義はこの土壌に種をまいたものだ。――伝統の観念だってこの秩序の逆転によって逆転するものなのである。現実上伝統から自由になれない民衆こそ、伝統についての生きた観念を有っている筈だ。

民衆は伝統に甘んじているのではなくて、経済生活上甘んぜざるを得ないのだ。真に甘んじ得る伝統ならば、伝統精神とか伝統主義とかいって騒がなくても、間違いなく保存されるものなのだ。今日の日本文学は日本の伝統の民衆的な意義を知っているとは思えない。（一九三七）

和辻博士・風土・日本

『世界の一環としての日本』、一九三七年四月

私は前に「「やまと魂」学派の哲学」に於て、権藤成卿《ごんどうせいきょう》翁や鹿子木《かのこぎ》員信《かずのぶ》博士と、和辻哲郎博士（もっとも当時はまだ博士ではなかったが）とを並べて、和辻博士のモダーン哲学は、ヨーロッパ的カテゴリーと大和魂的国粋哲学のカテゴリーとの絡み合ったもので、結局において日本主義イデオロギーの最もハイカラな形態なのである、ということを指摘したのである。ところがこの点、其後になると、ますます判然として来たと見ることが出来る。特に一九三五年の秋に出版された論文集『風土――人間学的研究』は、『人間の学としての倫理学』と共に、和辻哲学の一般的な哲学法と、特定な関心との対象とを明らかにしたもので、翫読《あたい》に価するものと云わねばならぬ。（『人間の学としての倫理学』の批判は拙著『日本イデオロギー論』に載せてある。）

すでに書いたことだが、和辻博士の哲学の誕生には、外部的内部的な一つの必然性があって、

それが今日の姿を産み出していることを、まず注目しなければならぬ。氏はまず初めにニーチェとキェルケゴールとの発見者として現われた。哲学が日本ではまだ充分に思想として、また思想のメカニズムとして発育していない頃、大学を出た氏としては、ニーチェや特にまたキェルケゴールを哲学的な学的共感を以て見出すことは、それだけで卓抜な眼の所有者であることを証明するものなのだ。ニーチェやキェルケゴールは勿論、イラショナリズムとか、ヴォランタリズムとか、または宗教的形而上学とか、また哲学的文学とか、其他其他の普通の哲学概論式命名によっては少しも内容を説き明かされることは出来ない。それは今日から云えば、大体において、人間学という課題として最もよく理解出来るものだったのだ。しかし人間学という観点がアカデミックな哲学に於て今日のような意味を得て特殊の優待をさえ与えられるようになったのは、日本ではごく最近のことであるし、ヨーロッパでも極めて新しい現象なのだ。今日、この意味での人間学は、一種の流行哲学である。その代表者の一人が、風土史論者としての、また倫理学者としての、和辻博士自身なのだが、この人間学の先駆者としての古典はニーチェ、特にキェルケゴールなのだ。古く之《これ》を自分の哲学的な関心対象として発見した博士の眼は、決して平凡であったとは云えないし、また決して偶然に基いたものであったとも云うことは出来ない。

　しかし、博士の眼光の力は、さることながら、この眼光が、こういうやり方で働きはじめた心理的動機を見ておくことも亦《また》右に劣らず大切な要点となるだろうと思う。氏の独創的なそして警抜な眼光は、決してそれ自身の内部的な情念の必要からばかり働きはじめたのではない。それは大いに外部同時代者からの影響の結果によるものであり、しかもこの影響に対する反作用（時には之は反動を意味する）や反抗が、精神上の動機力をなしているのである。ニーチェやキェルケゴールは、当時の日本のアカデミー哲学の俗物的平板さに反抗するために取り上げられたとも見られる。この点、和辻思想を理解するのに根本的な参考になるのだ。そして、この反抗は、いつも一種の文化人的貴族性によって着色されているという点も亦、参考に必要だ――。『日本古代文化史』は津田左右吉氏等の日本文学史に対抗するために、日本文学の一種の優越性を結論しようとしたものであり、そしてそこに使われた方法論はまた当時流行であったリッケルト一派の歴史学方法論に対抗するために、ランプレヒトの心理学的方法を担《かつ》いだものだった。アメリカニズム（と云うのは、つまり、資本主義文化の普通性に相当するもののことだが）に対抗するためには氏がアメリカニズムの原型と考えたローマ主義に対抗する必要があるというので、それを動機として「原始キリスト教」の研究が発表される。

この貴族的反抗性反作用性の特色と共に、和辻氏の卓抜さに於ては、思想上学術上のモードの新しさを追い求めるという一つの心理も亦、これに劣らず重要な役目をもっている。『日本古代文化史』や『古寺巡礼』や『日本精神史』（また『続日本精神史』）では、日本や古代日本というものを、一つの新しいモードとして追い求めているのを見出すことが出来るだろう。ひとり関心や省察や研究のテーマだけがアラモードであるだけではない。研究・省察・関心・の方法や態度そのものが又、アラモードなのだ。『原始仏教の実践哲学』では、この研究・省察・関心・におけるファッション・アラ・モードぶりは、絶大な威力を発揮した。原始仏教の教義内容をば、当時からドイツで広く行われている斬新哲学たる「現象学」を使って、見事に解剖したものである。現象学上の哲学的省察法が、じつは原始仏教そのもののもつ省察法であったという次第である。かくて、とに角、原始仏教は二十世紀の文化人にも極めて理解しやすい文化財となったわけだ。これまでの僧侶的な仏教学者達の思いも及ばぬ古典紹介ぶりであったのだ。

　だが、この頃から、和辻思想には、一つの方法というものが形を取りはじめたのである。たとえば、『日本精神史』などにおいては、まだ何等自覚的な方法が省察されてはいなかった。方法は明らかに見えてはいるが、それの省察がまだ充分に自覚的ではなかった。ところが今や、方法はまず、フッセアール「フッサール」式な「現象学」のそれを利用して、形を取りはじめたのである。

　思考の仕方におけるファッション・アラ・モードぶりというのは、しかし、決して謂《い》わゆる進歩的ということとは一致しない。進歩とか反動とかいう歴史の運動における大局的な必然の動向とは関係なしに、大衆的に、あるいはインテリの支配的な勢力として、大勢をなすものに対する貴族主義的反抗が、じつはこの際のファッション・アラ・モードだ。あまり普及してしまったファッションはもはやファッションとも云うことは出来まい。ましてアラ・モードなものなどではあり得ない。でこうなると、真の意味において、歴史の大勢から云って、新しいということは大して問題ではないので、そこでは新しさよりも大勢への反抗の方が、思考の興味をそそることになるのである。和辻博士は、学生の左翼化を、一つの普及しすぎたファッションと見て取り、この古い流行に新流行の反逆をさせようと思って、みずから右翼化ないし反動化したのである。だから氏の反動家ぶりなるものは、それ以来、常に、敵本的なものであり、いつも多少なりとも、逆襲的で、皮肉な性質をもっているのである。

　さて、この逆襲的反動性を結果する貴族主義的な一般的反抗性（アマノジャク性）そのものがじつは和辻思想の方法を前進させたのだということは、非常に興味のある点である。なぜというに、博士はここで、マルクス主義的哲学方法という一つの方法論上の対立物を、敵手を、いな好敵手を、発見したからである。というのは、つまり、和辻的方法を生長させるに持って来いのいい対手《あいて》を持ち合わせたからである。――ところが当時ドイツのブルジョア哲学の最も有力な（そしてアラ・モードな）哲学の一つは、フッセアールの「現象学」からハイデッガーの「存在論」ないし「人間学」への移行であった。これの日本における最初の代表者は、三木清氏であったが、三木氏がこれを初めマルクス主義との友誼関係において捉えようとしたとは事かわって、和辻博士の方は之を、ほかならぬマルクス主義反対のための、いなマルクス主義打倒・撲滅・のための、そして、やがてマルクス主義弾圧（政治的行政的弾圧だ）のための、何より有効な武器として自覚したのである。――かくして和辻思想の哲学法は、このところ、内部的にも対外的にも、まさにほかならぬ人間学、あるいはもっと正確に云うなら、人と人との間の学（「人間」の学）になければならないのだ。それが反唯物論の殆んど唯一の残された路だからだ。倫理学の教授としての氏は、これによって、人間の学としての倫理学を建設できる。ところで、そういう倫理学は、国際的に共通なものであるよりも寧《むし》ろ、「ところところ」によって異《ことな》る「人間」の、それぞれに特有な倫理学でなくてはならぬ。して見れば、日本には、日本特有の倫理学が之によって見出される筈だ。ところが、そうなると、文化史家としての和辻氏は、一つの飛躍を可能にされる。いったい「ところ、ところ」によって人間が異るとは、どういうことか、という問題へ前進するのである。ここに風土なるものが発見されたのである。――人間学は風土理論に行くことによって、初めて文化史の方法として完備する。そして大切なことは、之によってまた初めて、マルクス主義的な史的唯物論に逆襲を試み、これを皮肉り、それの虚をつくことが出来る、というわけだ。なぜなら「風土」によると日本の特異性を強調することが出来、それによって初めて「ロシア的日本人」（！）の漫画を描けるかも知れないからである。

こう考えて来ると、『風土——人間学的考察』という本の題はきわめてピッタリとした名づけ方であると同時に、たいへん正直な題だということも判るだろう。この本が和辻思想にとってまた現代日本の支配者の文化理論にとって、いかに重大な意義があるかということは、もはや説明を必要としないのである。痴鈍なるインテリ大衆や人民大衆に反抗する、選良インテリの軒昂《けんこう》たる意気から云っても、その着眼のスマートさから云っても、その方法のファッション・アラ・モードぶりから云っても、そして更に行政上の反動政策の文化的顧問力から云っても、その意義の重大さは、いまは広く認められているのである。

私がこういうと、読者のある者は、和辻博士の学的労作が、何か出鱈目《でたらめ》なもので、取るに足りないものででもあるように考えるかも知れない。あまりに馬鹿馬鹿しい反動論者を沢山見せつけられている読者が、そう思うのも無理ではないが、しかし和辻博士の場合は、決してそうではないのである。博士の眼は常に警抜であり、新鮮であり、そのリーズニングは、はなはだ細心なものがある。それだけではない。博士は木によって魚を求め得るばかりでなく、魚によって木を求めることさえ出来る或る魔術の所有者だ。この魔術あるが故に、一切のテーゼに対しては、いつでもアンティ・テーゼを対抗させることが出来るのだし、常にアラ・モードで、モダーン乃至《ないし》シークな学術を績《つむ》ぎ出すことも出来るのである。これはインテリゲンチャにとっては胸のすくような演技である。博士の学術はだから、文化的に非常に水準が高いのだということを忘れてはならぬ。博士の、一見我儘《わがまま》な結論は、常にアカデミックな論証からの結論なのだ。――だがこの魔術の秘密はどこにあるのだろうか。風土とは一体、氏によってどういう概念として持ち出されているか。それを見れば、この点一等よくわかるだろう。

博士は云っている。吾々が寒さを感じるというのは、客観的な寒さがあって、それを吾々という主観が感じ取るというのではないのだ。「寒さを感ずるとき、我々自身はすでに外気の寒冷のもとに宿っている。」で、外にあるものは、寒気というような「もの」や「対象」ではなくて、実は我々自身なのである。我々が寒気の内へ、外に出ている（Ex-istieren）のである。だが吾々が共通に寒さを感じるのは、この外なる寒気が実は吾々自身であるばかりではなく、更にこの寒さの共通が実はまた吾々という相互の「間柄」に他ならないということを意味する。吾々が共通に寒さを感じるということは、吾々が吾々自身を寒さという吾々人間の間柄として、了解することに他ならない。して見ると、吾々が寒さを感じるという現象は、寒さとして吾々自身の間柄を、つまり人間としての吾々自身を、そういうものとして自己了解するということだ。寒さを感じることは吾々が自己を了解することだ。自分の人間的存在の理解に他ならぬのだ、というのである。

ところでこの寒さは「気候」というものの中の一環に過ぎなく、そして気候というものは「ある土地の地味地形景観」などとの聯関においてのみ体験せられる。ところでつまり、これが風土というものだ。だから我々は、風土において、我々自身を、間柄としての吾々自身を、見出すのであり、吾々自身を了解するのである。――かくて風土とは、吾々人間存在の間柄が、自己了解される一つの仕方を指すわけだ。人間の自己了解のあり方の一つが風土というわけだ。

さて注意すべきは、この風土というものが主観でも客観でもないものだという、一つの根本的な観点である。風土が素《もと》より主観などではあり得ないのは当然だ。だが又それは、客観でもない。つまり主観に何等かの作用(或いは因果関係)を与えるだろう客観、つまりそれは自然と普通呼ばれているものだが、そうした自然などではないのである。風土はそういう自然科学的な範疇ではなくて、主客の対立などを根源的に踏み越えたところの、正《まさ》に人間学的なカテゴリーと考えられている。風土は人間に影響を与えるところの自然現象のことではなくて、かえって逆に、人間の自己了解の一つの現象だというのである。人間を何等か風土によって説明することは正しいことではない。むしろ人間が自己を了解し理解するという現象そのものの一つが取りもなおさず、ただちに風土なのだという。

風土は、いわゆる自然にはぞくさない。それは人間の自己了解の仕方であった。だがこの自己了解の運動は、同時に歴史的であるのだから、そこで歴史と離れた風土もなければ、風土を離れた歴史もない。が、いずれにしても、人間存在の根本構造からしてのみ、この関係は明らかにされるのであって、自然と社会との発達史的な聯関などから説明されるべき関係ではない、と云うのである。

だが、それにも拘《かかわ》らず、風土は、和辻博士によると、いわゆる自然の人間学的代用物としての役目をチャンと帯びさせられている。吾々はこの点を見落してはならないのだ。人間存在の構造（敢《あ》えて存在物の構造とは云わぬ、正に人間存在の構造だ）は時間的空間的だと考えられているが、その空間的というものが、この風土に相当するのである。風土はつまり「ところ」にほかならない。元来この空間なるものが、いわゆる空間のことではない。存在物の根本存在性を示す性質でもなければ、存在の形式でもない。まったく人間存在の構造内に宿るところの或る一つの契機を意味する。内なるものが外に出るという関係か聯関が、空間（じつは空間性）だ。こうした人間学的な空間概念に関係づけられて、風土は空間的な「ところ」となる。そうすると今度は自然というものも亦（それは空間性をもち処を占める）正にこの風土によって、人間存在の構造に帰着せしめられることとなる。自然は人間存在の一聯関のこととなる。こうした自然は、とりもなおさず風土として理解されているわけだ。

だから、和辻博士による風土なるものは、要するに人間学的に解釈された自然のことにほかならず、あるいは少くとも、自然の人間学的な代用品にほかならない。つまり風土という観念は、自然を人間学化し主体化するための、一つのカラクリ道具だったわけだ。風土というものを持ち出すことによって、自然はその自然としての特性、つまり人間に先んじて成立しているという特性、を見事に剝脱されて、客体的である代りに、まさに主体的であるものにまで、変貌させられてしまう。こうした魔術の言葉が風土だったのである。――で今や、和辻博士の例の魔術の秘密は風土のこの観念から見当がつくことになった。自然を人間に帰着させるということは、自然を自然としてではなくて、自然でないものとして説明することにほかならない。この調子で行けば黒いものを白いものとして説明することも出来れば、白いものを黒いものとして説明することも出来るだろう。つまり黒も白を意味したり、白も黒を意味したりすることは、事実不可能ではないからだ。それが意味するという限りに於てはだ。と云うのは、事物の聯関、ここでは人間存在なるもの、をば、それに与え得るいろいろの意味において解釈するのなら、どういう解釈でもつけることが出来るわけだ。空間については、あるカント主義者は之を論理学的想定にほかならぬと解釈した。風土観においては単に、それが人間学的カテゴリーとして解釈されたに過ぎない。

　風土は人間学的解釈学の独特の愛用語とされているように見える。いや自然や歴史を人間学的に解釈学的に（同時に又、文献学的にということにもなるが）、片づけるためには、まずこうした風土の観念は大へん必要だったのだ。なぜなら、これによって、人間学や解釈学にとって、元来苦手であるところの自然の客観性というものを、手際よく手なずけて「主体」化することが出来るわけだからだ。と共に、唯物論の第一テーゼから、見ごとに解放されることになるからなのだ。風土がなぜ和辻博士の特別な興味を惹いたかという理由は、ほかでもない、ここにあるのである。自然を科学的に、というのは唯物論的に、取り上げることは、すでに時代おくれの野暮なやり方だと説明することによって、自然を人間学化し、解釈学化し、かくて又それを主体化して、自家薬籠中のものとして見せる。これこそアラモードな自然観だ、というわけだ。風土はだから、唯物論ないし史的唯物論を無用にするために召し出された一つの根本概念であったということが、ハッキリするだろう。

もちろん風土というものを述べるのに、和辻博士が用いた方法——人間学・解釈学・——は、ほとんど完全にハイデッガアのものであり、そして、それの東洋的ないし日本的文献学（フィロロギー）による一展開である。（人間の間というものは東洋的フィロロギーから導かれている。）そしてこの種の方法は今日、日本のブルジョア哲学の可なりの部分を支配している。が博士のオリジナリティーは之に基いて風土という一種の武器を造り出したことの内に横たわる。この武器の考案は前にも云ったように、マルクス主義社会科学の虚を衝《つ》こうという意図から出ている。生産関係や生産力というカテゴリーを辱《はずか》しめるために呼び出されたものであった。だが、効用はそれだけではない。風土は「ところ」である。それぞれところどころによって異る地方の特異性を強調するのに何より便利であろう。と云うのは之によって、日本や東洋の特異性、日本的・東洋的・現実の特異性、を強調する一つの一般方法を提供することが出来る。特に日本文化・東洋文化・は、史的唯物論では説明できないということを強調するには、之が手頃の効用があるらしく見える。ここが風土という和辻的観念の最後のねらいどころだったのだ。

和辻博士が、世界における風土の型を三つに分けたことは、相当ひろく知られていると思う。モンスーン、沙漠、牧場の三型である。いまは他の型は論外としよう。日本はモンスーン型にぞくする風土をもつ。いな日本に於ける人間的存在は、モンスーン的風土に於て自己了解し、間柄をもつ、と云うべきなのだろう。とに角、卒直な事実は、吾々が日本という土地に住んでおり、その土地はモンスーン地帯にぞくしているということだ。

モンスーンは季節風である。この風土的類型にぞくする日本は、さらに、突発的な季節風に見舞われるという意味に於て、特に颱風的風土をもつ。そこで博士は云っている。「だから颱風が季節的でありつつ突発的であるという二重性格は、人間の生活自身の二重性格に他ならぬ」と。颱風は自然科学にぞくする気象学的研究対象であろうが、そして、それが日本人の生活に影響を与えるということは、誰知らぬ人もないが、和辻氏によると、颱風が稲の花を吹くことによって人間の生活を脅かすというので、この気象学的対象は忽ち人間的構造へと昇格させられる。そこで気象学的二重性格は、すなわち日本人の人間学的二重性に他ならぬということになる。事実は単に、自然科学的な颱風が吹いて、稲がやられて、農民が生産生活に心配が多いということだが、それが人間的風土論から行くと、颱風という自然現象は、人間存在の構造の内で吹きまくらねばならぬこととなる。しかしそれはそれとして、ここでは次のような人間存在の構造が発見される。「豊富な湿気が人間に食物を恵むと共に同時に暴風や洪水として人間を脅かすというモンスーン的風土の、従って人間の受容的、忍従的な存在の仕方の二重性の上にここには更に熱帯的、寒帯的、季節的、突発的という如き特殊な二重性格が加わってくるのである」と。

まず念のために注意しておくのだが、この熱帯的寒帯的とか季節的突発的とかいうのは、動植物や風のことではなくて、「人間存在の仕方」のことだということを。これによって日本の人間の存在の仕方が、つまり俗に云う日本の国民性というようなものが、解釈学的に演繹(?)されるのである。曰く「豊富に流れ出でつつ、変化において静かに持久する感情」、之が日本の人間存在の受容性の特有な内容となる。また「あきらめでありつつも反抗に於て変化を通じて気短かに辛抱する」というのがモンスーン的忍従性の内でも、日本の人間に個有な特異性だという。でつまり「しめやかな激情、戦闘的な恬淡《てんたん》」が「日本の国民的性格」に他ならない。そしてこの本性は事実上、客観的に歴史を通じて、いろいろに表現されている。日本の人間存在に於ける男女の間、家族、家、国家、宗教、その他一つ一つに、それと覚《おぼ》しく解釈できるものが見出される。等々。

こうした日本の人間の心理の特有性、それの文化上に於ける表現、の考察は極めて興味もあり示唆にも富んだものだろう。だが吾々の問題はそこにあるのではない。問題はかかる「日本の国民的性格」と、例の颱風との関係如何《いかん》にあるのである。いったいラジオの気象通報で放送される颱風の気象学的な二重性から、如何《いか》にしてまた演藝放送で放送される日本国民的なナニワ節や軍人の講演に於ける二重性が、発生するのであるか。その因果関係については、和辻博士の細かい叙述にも拘らず、何物を聞くことも出来ない。――しかもそれは実は初めから当然だったので、元来博士の人間学的解釈学は、自然によって人間の心情を説明しようという、そうした何等かの科学的因果づけは初めから問題にしていなかったのだ。これを問題にしないためにこそ、あらかじめ自然と心理とを一緒にして、風土と主体というものになおし、そして風土、即主体という定式を与えておいたのだった。因果的な説明などはいらない。必要なのは解釈だけだ。――しかも、その解釈は実際を見ると、和辻式に警抜なファンタジーとアナロジーと、また時とすると、思いつきと、あて推量と、そして更に、こじつけとにさえ基くことが出来る。しかも牽強附会される個々のタームは極めて実証的な引例や経験に基いているというわけだ。だが、とにかく解釈学と雖も、さすがにここまで来ると、フィロロギーでは役立たぬと見える。
そして博士は云うのだ、「我々はかかる風土に産まれたという宿命の意義を悟り、それを愛しなくてはならぬ」、「ロシア的日本人」などになってはならないのだと。誰か自分の運命を愛しないものがあろう。自分を愛せよ、と云う場合には、すでに何かの伏線があるのだ。つまり、その愛し方に或る註文をつけているのだ。――だが、なぜ、博士はそういうことをわざわざ云いたくなるのだろうか。風土をああいうような観念として強調したくなるのであろうか。根本的な理由は極めて簡単だ。科学的な分析は日本的現実を分析し得ないという、極めて卑俗な迷信がそれだ。

この迷信は、しかし決して和辻哲郎博士だけのものではない。今日の大部分の曖昧思想家や曖昧文士のアラモードの意匠が之なのであり、粉黛《ふんたい》が之なのである。だがこの粉黛こそは却って、日本なる彼女の愛嬌を著しく殺減する随一のものだ、ということを思わねばならぬ。

風土を見出したこと、風土から日本を見たこと、之は和辻氏の没することの出来ない業績だろう。ただ風土の和辻的観念とその観念適用の心事とが、この業績を濁ったものにしているのである。

（一九三七）

近衛内閣の常識性

『日本評論』一九三七年七月号

近衛内閣の成立は、今の処《ところ》割合評判が悪くないというのが事実だろう。なぜ評判が悪くないかと考えて見ると、恐らく第一に、近衛文麿公という人物が現下の時局に占めているユニックな位置によるものらしい。軍部と政党とに相当の信頼があるということ、所謂《いわゆる》国内相剋の緩和者としてかけがえのない人物であること、等々であるらしい。将来の重臣候補を以て目されるに足るだけの貫禄があるとも見られている。自分に大臣経歴をつけるのが目的で、広田外相に首相の椅子を譲るために出馬したのだとも云われている。之《これ》は多分にその名門と関係があろう。云うまでもなく取り沙汰される公の識見乃至《ないし》常識と信念力とも、恐らく大切な要素だが、之は公の時局的位置から来るやや当然な結果であると見るべきだろう。四十代の壮年だということは、本質的には何物を意味するものではないが、それでも、世間が目新しいというだけで多少の新鮮味を感じるのは嘘ではない。青年待望の錯覚も全く無意味とばかりは云えないのである。

だが近衛内閣に対する多少の好意に似たものは、前林内閣に対する憤慨の反作用に由来する処が大きいのだ、ということを忘れてはなるまい。議会軽蔑の現われとしか見ることの出来ぬ抜打解散、総選挙の決定的に反政府的な結論に対するシニズム、こうした態度が、その祭政一致声明の超時代常識性と呼応して、独り政党人の政治屋的常識を刺戟したばかりでなく、国民自身の不快を買ったわけだが、それが政民両党其他の倒閣運動が成熟し始めた頃、とうとう立ち腐れになって了《しま》ったということは、広田内閣の総辞職の場合とは違って、伏在するものを感じる必要のないような、明白な審判を意味したようにさえ見えた。その審判を合理化するような立場にある役目を持って近衛内閣が登場して来たのだから、その反林主義の方向が何となく民衆の気に入らなくはないのも自然だ。

それと云うのも、近衛内閣ならば流石《さすが》の軍部もあまり威張ることが出来なかろうし、政党に対する多少の仁義も心得ているだろう、という政治家風の観察が、知らず知らず国民の考え方に影響しているからで、国民が最近の日本の内閣や支配者に少しでも期待のようなものを懐《いだ》く時には、いつも政治支配者の身勝手な楽観にひきずられてのことである。かつての新聞班パンフレットによる農山漁村の対策に期待した日本の無産者の一部分は、その後の国防絶対至上主義化によって見ごとに背負い投げを喰わされたが、政治家風の空頼《そらだの》みが今回国民に多少の期待を吹き込んだということも、話は小さくて稀薄だが、別に之と異った現象ではないかも知れぬ。

そう思っていると、その政党そのものが、近衛内閣に対する不信をポツポツほのめかし始めた。永井・中島の両氏は、政党離脱などという条件を課せられずに、政党人として入閣を許可されたが、それも民政わずかに一名ずつの子供だましの類であり、而《しか》も党代表としてではなくてあくまで個人の資格で人物本位だというわけである。自党中の人物選択を政党自身に委《まか》せないというのは、つまり政党の人物的価値、要するに人物本位的国政の立場からする政党存在の価値、を認めないことに他ならぬ。軍部などは人物的価値があるので、人材選択は一切軍部自身に一任されるのに。こうして倒閣運動で林内閣を倒して近衛内閣を生まれさせたという気持ちの政民両党ではあっても、義理にも近衛内閣支持とまで行くことが出来ず、そうかと云って又ぞろ近衛内閣反対を称《とな》えるだけの積極的な政治理論は持ち合わさぬので、やむを得ず是々非々主義の類で態度を曖昧にしていなければならなくなっている次第だ。

内閣は一方に於て新党運動工作の余地を示すことによって、半《なかば》は政党に対する威圧と半は政党への誘惑とを試みることの出来る有利な立場にあるばかりでなく、政務官の復活というような猟官心理と被認知慾望とを利用した抱きこみ乃至切りくずし策を案出しつつある。ここまで来ると政党としては、声を大きくしてその不満を高唱するだけの内面的緊張感は何としても出て来ない。そこで国民も亦《また》、政治屋達のこの無風状態の下に、依然として近衛内閣に青眼を以て対するのを当然なように感じているような次第だ。近来の内閣の根本的な宿命的な反民衆性、反動性、之は根本的で宿命的であるだけに、之を執拗に追及することに国民は何か飽きが来たようでもある。政治屋（軍人も例外ではない――ないどころではないのだ）に引きまわされることは、もう飽き飽きだという感じである。最後の切札だというのだから我慢する他あるまい。まあ近衛青年内閣あたりで手打ちをしておこう、という虚脱した気持ちさえある。こう云った所が、近衛内閣の案外評判の悪くないという事情なのだろう。

処《ところ》で、近衛内閣は林内閣と広田内閣との折衷内閣と見られることを思い出さねばならぬ。広田元首相の入閣、馬場元蔵相の入閣と企画庁長官就任交渉、平生《ひらお》釟三郎《はちさぶろう》氏への入閣交渉、其他の極めて皮相な現象だけを見ても、之が林内閣の広田内閣による修正という相貌を呈していることは否定出来ない。内閣の殆んど唯一の使命とも見える国防予算編成方針から云えば、近衛＝賀屋内閣は、結城財政の修正であり、馬場財政への復帰であることは、敏感に感受されている処だ。馬場内務大臣が企画庁長官に就任することによって、賀屋財政の名目の下に純然たる馬場財政が復活しそうだということは、流石に一部金融業者を刺戟したので、遂《つい》に広田外相の長官就任とならざるを得なかったようなわけで、今の処何とか表面の摩擦は回避されている。で結果に於て所謂財界は大してハッキリした意志表示をしていないから、この方面からの影響で結果する部分の「輿論」も亦、大して反近衛的ではないのが現状であるようだ。

だがこの辺から話しは少し妙になって来るのである。元来林内閣が反感の種になったのは、果してその反議会的態度や又精々その祭政一致主義、だけによったのだったろうか。民衆の現代常識は勿論祭政一致主義によっていたく刺戟された。それから国民の政党政治的関心は反議会的態度によって甚《はなは》だしく挑撥された。だが一般民衆にとっての反林内閣の実感の最も大きいものが、物価騰貴であったことは云うまでもない。而もその物価騰貴が単なる物価騰貴なのではなくて、巨大国防予算編成乃至実施に原因しているということが、民衆の経済的利害を民衆の思想的利害にまで高めたのだ。祭政一致提唱や反議会主義も、ここにこそ思い合わされるわけで、それを一括して林内閣への反感となったのである。つまりこの事情は結城財政の結果であるというので、当面の責任を負わされたのは林=結城内閣であったが、その抑々《そもそも》の責任は広田=馬場内閣にあったのであり、偶々《たまたま》その収獲が林=結城内閣の当番の時だったというに過ぎぬ。まして結城財政は馬場財政の一種の修正であったのだ。尤も之によって国民生活安定政策だけが斧鉞《ふえつ》を加えられて、肝腎な動力たる国防予算は少しも削られなかったのだから、国民生活にとってはそれだけマイナスになったのでもあるが、併《しか》しとに角インフレーション=物価騰貴の最も末端のファクターは削られたわけだから、何と云ってもその精神に於ては馬場財政修正だったのだ。

処が林内閣が怪《け》しからぬというので、次に現われた近衛内閣が、却《かえ》って広田内閣に復帰するというのは、全く妙なことと云わねばならぬ。林内閣がなぜいけなかったかと云えば、それは広田内閣がいけなかったことの必然的な而も控え目の結果だったからだ。であるのに、林内閣がいけなくて倒れたというチャンスによって、却って広田内閣を復活するということは、慥《たし》かにドサクサ紛れの論点移動であり、国民が之で気が済むとなればよほどどうかしているのである。林祭政一致イデオロギーや林反議会イデオロギーが一見止《とど》めを刺されたから良いではないかと云うなら、それは政治家や一部インテリゲンチャによって代表される民衆意識で片づけて了うやり方だ。そういうイデオロギーなどとは関係なしに、民衆日常生活そのものの問題があった筈である。

近衛内閣が、社会保健政策を発表した類に見て取れるように社会政策を加味する内閣だということは、買わねばならぬ唯一の点である。結城財政の民衆に対するひけ目の最大の一つは之を欠いた処にあったからだ。つまり狭義国防がいけなくて広義国防であればよい、という風にも云われている関係なのである。だが注意しなければならぬのは、仮に狭義国防ということの意味は、明らか過ぎる程明らかであるとしても、広義国防という観念の方は決して明晰なものではないのだ。と云うのは、軍部が唱える広義国防の意義に或る疑問が伏在していることは後に見るとして、軍部外に於て広義国防を讃える人間達の心理には、極めて複雑なものがあるからである。国防という言葉は今日では、「お早よう」や「今日は」というような単なるエティケット用語に過ぎない場合の多いことを知らねばならぬ。それが良いか悪いかではなくて、とに角事実そうした現象になっているのである。現に、なぜ社会政策とか国民生活安定とかいう、卒直な民衆的用語を用いずに、ワザワザ広義国防というような変な言葉を使うのか、それを考えて見なければなるまい。

尤も儀礼は何でもいいし、口先きの言葉は何でもよい。困るのはこの儀礼的な合言葉がやがて実質を持つようになることだ。例えばその絶好の例は「社会保健省」設立の内務省試案である。聞く処によると内務省案と軍部案との間には多少の開きがあり、前者が比較的狭義保健（？）の限界に止めようとするに反して、後者は広義保健（？）にまで拡大しようとするらしいのだが、併し内務省試案にしても、軍部のこの要求を容《い》れて、と云うよりも元来が軍部の要求から問題が出て来たのだったから、多分に広義保健の建前に立っている。

なる程国民の健康は決してスポーツや軍事教練の不足から低下して来たと断じることは出来ないので、他ならぬ経済生活の低下に原因するのは当り前だ。それには例の国防予算の巨大化の一つの必然的な結論である社会政策の皆無（諸外国に較べれば皆無に近い）というものが関係があるのだが、そうかと云って、国民健康を結論的に包含する国民の社会生活生態そのものをば、狭義保健の拡大としての広義保健というようなものと考えることは、乱暴も甚だしいと云わねばならぬ。この広義保健に「社会」保健という名をつけて見た所で変りはない。社会保健省の所管事項は、労働・小作・保険・職業紹介・其他其他の社会問題と、体育や健康問題とを、弁立させたものなのだ。つまり一切の社会問題を国民の健康問題に解消しようということにもなるのである。之も決して私の思いすごしではない。一体保健省問題は軍部から起きたが、なぜ軍部がこの問題を提出したかと云えば、壮丁の体位が最近頓と低下したからだ。そこで壮丁の体位は国民の戦闘力を減少するという戦略上の見解から、初めて国民の健康が気になり出したのである。之はややブルータルな健康観念であると云われても仕方あるまいが、それはとに角として、こうやって夫々《それぞれ》特異な資格を以て生活を営んでいる国民は、単なる壮丁に還元され、更に一切の社会問題・社会政策は、壮丁の肉体的な健康の問題に還元される。之は、或る骨肉に徹する驚きを催すだろう。社会保健省という所で、肉体的健康を専門に管轄するのかと思うと、そうではなくて労働問題や小作問題や就職問題までも片づけるという、この不思議な結論を導くロジックはここにあるのである。

この広義保健（？）ともいうべき観念の頭の悪るさを見ることによって、又広義国防という観念の不明晰な所以《ゆえん》も納得が行くだろう。広義国防から狭義国防を引き去って残るものの一つがこの「社会保健」的な広義保健であるのだから、要するに広義保健などが広義国防の実質内容の一つなのだ。と同時に之によって、なぜ社会政策とか何とかと称することが気がひけて、広義国防というような苦しい用語を使うかも判るわけである。ある言葉を擁護するには、之を狭義と広義に使いわけるというのは、誰れでも思いつく口実だ。社会政策に行けない場合、国防という言葉で間に合わせる絶対的な必要があるために、こういうことになるのである。

仮に広義国防ではなくて「社会政策」か「国民生活安定」にしても、吾々は容易に夫《それ》を信頼出来ぬし、又それだけに甘んじることは出来ぬ。勿論なくてはならず、当然あるべきものではあるが、之があるからと云って安心はならぬ。日本のようにまるで社会政策が無視されているのは抑々目茶であるが、ドイツのナチのように相当の社会政策を伝統の圧力のおかげで行わざるを得ない（それも著しく制限を加えなければならなくなった）場合でも、真の社会政策としては根本錯覚がないかどうかが大問題なのである。まして、広義国防をやだ。だがそれにしても、狭義国防よりも広義国防の方が民衆のためであるという常識は間違ってはいない。何しろ広義国防と云っても、決して狭いものではなくて、意味が狭ければ狭い程実体の分量は広大無辺なのだから。

で近衛内閣が林内閣の罪滅ぼしに登場したと称しながら、林内閣の原則を用意した広田内閣そのものの復活であるという逆説をば弁解する唯一の要点は、近衛内閣の広義国防主義への転向ということだろう。だが勿論、広義国防主義はすでに広田内閣の表看板であった。林内閣でも之を看板としなかったのではない。して見ると、広義国防主義への転向というのは、転向でも何でもなくて、広田＝林＝内閣の一つづきの方向を単に一層推し進めただけのことで、之を広田内閣への復帰と考えることさえ野暮であり、まして之を林内閣のより民衆的なものへの修正や革新などと考えるなどは、途方もないことと云わねばならぬ。

新聞の報じる処によると、企画庁（之は云うまでもなく準戦時体系化の経済・政治・社会・思想・文化の統制のための最高府である）の下に立つ賀屋財政に於ては、陸軍は少くとも九億、海軍は又八億以上の予算を要求するだろうと云われている。総予算はその結果を含めて三十二・三億円に上るだろうと見られている。広義国防でも何でもまあいいとして、とに角国民の生活に多少安定を与えるための予算が計上されることは大いに結構だが、その交換条件というか、又はその先決問題として、狭義国防費の絶対値の愈々《いよいよ》益々《ますます》の増加、悪るくすると狭義国防費の広義国防費内に於けるパーセンテージそのものさえの増大、従って総予算の巨大化又はその実施の圧力の強圧化、こうしたものが、例の評判の悪るかった林内閣財政の正にその評判の悪るかった所以の要点を、一層発達させるものに他ならないのは、云わなくても明らかなことだ。（この予想国防費は昭和五年度の約四倍に当るのである。）もう、内閣のイデオロギーや何かを云っているどころではないのである。

それにしても、近衛内閣の近来にないこの首尾一貫した国防絶対至上主義への忠勤（之は同時に日本の金融資本の独占強力化の結果であり又原因でもある）、その忠勤振《ぶり》に基づく内閣バトンの勇躍した受けつぎ、ということにも拘《かかわ》らず、民衆が林内閣の罪ほろぼしのようなものを近衛内閣に感じるらしいのは注目に値する一つの要点である。事実近衛内閣によって「国内相剋」は多少とも緩和された。と云うことは不必要な刺戟的なイデオロギーが清算されて来たということである。日本型ファッショ化にとって、不必要なイデオロギーがだ。必要なのは「祭政一致」の提唱や反「自由主義」ではない。

専ら「広義国防」という国防絶対至上主義と、根本的な反民主主義とである。つまり民主的な社会政策の代りに広義国防、デモクラシーの代りに政党改革（新党運動・選挙法改革等）というわけなのである。かくて今日の日本の政治の目的はより常識的に遂行されることとなる。かかる現代政治支配者の常識の選手が、他ならぬ近衛公爵であるわけだ。――民衆は依然として、かかる支配者の支配的常識を、また自分自身の常識として服用すべきであろうか。

（一九三七・六）

ひと吾を公式主義者と呼ぶ

『中央公論』一九三七年八月号

東大数学科の教授である竹内端三博士は私にとって一種の恩師である。先生が八高から一高の教授に転任して来て最初に数学を受け持ったクラスの一つが、私のクラスであった。私は先生に微積分のごく初歩をならった。私は宿題が当って黒板に出て問題を解くという教育法にあまり賛成でなかった生徒の代表的な一人であったので、適当に出欠を調節することに専《もっぱ》ら数学的才能を傾倒したのであるが、或る時この計算を誤って遂《つい》に黒板の前に立たされて了《しま》った。勿論《もちろん》私は少しも予習して来ていなかったから、仕方がなく、自分の納得の行くようなやり方で、問題を「根本」から解決し始めたのだが、とうとう私は黒板の前に呻吟する生徒の最後の一人となって残った。どうにか答は出たのだから、多分問題はやさしいものであったに相違ない。処《ところ》で竹内教授は私に一場の科学的訓誨を垂れて云うに、数学には、判り切ったことをわざわざ一遍《いっぺん》一遍繰り返すのを避けるために、公式というものがある。君はその公式そのものから論証しようとするから無駄な時間がかかるのだ。公式位《くら》いは覚えておかなくてはいけない、というのであった。

実の処私は大変不服だったのである。公式というようなものを暗記していて、それで簡単に問題を片づけて了うのが、何か理科の生徒らしい非文学的な無教養を思わせるような気がしてならなかったからだ。大宅壮一氏は私を本質に於て文学青年だと再三保証して呉《く》れているが、事実その頃は少し文学青年であったようだ。文学をやるのに法制経済など何の必要があるかと云って、級担任の教授に喰ってかかった文科の生徒は私の親友であった。この法制経済否定論が、私の数学論に於ては公式否定論となって現われたのである。当時は、今日の大宅壮一とか服部之総とかいう連中が三高で大いに社会科学的研究の熱を揚げていた頃だが、「自由」をモットーとする三高に較べて「伝統」を合言葉にしている一高は、社会意識に於て可なり遅れていたのではないかと思う。或いは私だけが特にそうだったのかも知れない。がとに角私の「文学主義」は教室に於て事々《ことごと》に不都合を来たしたことは事実である。

教授の訓誨に不服ではあったが、併《しか》しその時初めて私は、他の友達がノートを一生懸命で暗記する意義がどこにあるかと云うことを悟ったのである。なる程勉強はやはりこういうやり方でなくてはいけないのだなと思った。そして多分、勉強に限らず、一人前になってから研究するにも、こういうやり方が科学的なのだなと、私は初めて気がついた。私は科学的精神というものを実は初めて知ったと云ってもいいが、それよりも大事なことに、私はこの時以来、公式主義者（?）となったことである。と云うのは、それ以来私は、判り切った誰にとっても似たりよったりのガラクタを、自分が初めて発見したように勿体《もったい》をつけて一つ一つ繰り返すという退屈なやり方を、軽蔑するような気運に向いて来たのである。つまり公式を一々証明するだけの時間で、公式を使ってもっと先の問題を解く方が真面目なのだというイデオロギーを有《も》つようになったのだ。之《これ》専ら旧師竹内端三先生の賜《たま》ものである。

処が驚いたことには、それから二十年近く経った今日になると、判り切った公式を一々証明してかかるのを省略することが公式主義だった筈なのに、物ごとは逆になって来て、判り切った公式を一々証明してかかることが即ち公式主義だというようなことになって来た。そして公式主義は何より悪いものだということになって来た。それだけではない、公式を使って問題を解くことさえが、又やはり悪い公式主義であるという事になって来た。要するに悪いものは公式だということになって来た。つまり黒板の前に立往生した私も竹内教授から見れば公式主義者なら、之に科学的訓誨を施した竹内教授も公式主義者だった、ということになるのである。要するに文学をやらずに数学などを黒板に出てやること自身が、抑々公式主義だということになるのである。こうなると丁度、当時の私の心境が、最も公式主義から自由であったことになるわけで、二十年昔の、高等学校の文学青年時代にもう一遍立ち帰らざるを得ないということになって来たのだ。

公式などは糞くらえだ、手近かに身近かで、常識的で思いつきのもので、わが身の血肉から、身辺から、無茶苦茶に出発を試みればよいということになる。「思想」などは、あれは教室でおそわってノートに書き込んだものに過ぎない。「教養」だって要するにそんなものでしかない。黒板の前に出たら、他人の認識上の迷惑などに関係なく、気の済むように自分自身を納得させさえすればいいように、誰も彼も身辺のＡＢＣから論証し始めればよい。もしそれが面倒になって来たら、論証はやめて時々放言を試みるのも一興であり、又色々効果的でもある、ということになる。かりに前者を「創作」と呼び後者を「評論」と呼ぶことにしよう。——こういう高等学校風景の前には、竹内教授の公式主義は完全に敗北である。それで竹内博士は、高等学校の教授をやめて大学の教授になったように思う。

私自身について云えば、私は今まで嘗《か》つて左翼公式主義者であったことはないようだ。所謂《いわゆる》左翼公式主義者なるものがどんなに間抜けた判らず屋であったにしても、今日公式呼ばわりをするに汲々たる連中よりも真実があったと私は思っている。なぜというに、とに角《かく》左翼公式主義者は公式を使って或る程度まで実際に問題を解いて見せたのに、今日公式呼ばわりしかし得ない連中は、問題が少しも解けずにウロウロしているからである。そこで手持無沙汰から、公式主義公式主義と口を揃えてわめき立てるが、それではその公式主義とは何を意味するのかと尋ねると、満足な返事の出来る人間は連中の中には現在まず一人もいない。単に左翼的であるとか科学的であるとかいう現象を、公式主義と呼んでいるのである。これでは公式主義がなぜわるいかと反問されたら、忽ち目を白黒させる他ないのが当然だろう。

かつては公式主義という鞭の言葉には慥《たし》かに或る真実があった。だが今日ではそんなものは事実あまり存在していないのだから、丁度科学偏重とか軽佻浮薄な思想とかいうような今日の支配者の用語が無内容で滑稽なように、今日では無内容で滑稽なものになっているのだが、それにさえ気づかずに公式主義公式主義とわめき散らしているのは、性格薄弱の症状と見られても仕方があるまい。私や私に似たような連中を、公式主義と呼ぶ人間も少なくないが、実はそう呼ぶ方を少し気の毒なような気がしないでもない。もう少し気の利《き》いたレッテル位《くら》い考案出来ないものだろうかと、歯がいいのだ。

併しなぜ公式主義という言葉をそんなに重宝がるのだろうか、と云うと夫《それ》は要するに公式恐怖症から来るものだが、それはあとにしよう。公式主義という言葉より、もう少し役に立ちそうに見えるのは科学主義と云うレッテルである。今に科学主義という言葉が公式主義の代理をするようになるだろうと私は見ている。だがそうなると問題はもっとハッキリして来て、相手方の気の毒は一しお増して来るのであるが、それにしても科学主義という言葉は、すでに立ちおくれのした受身のものの吐く言葉のようだ。なぜと云うに、之は文学主義という非難の言葉に対する善後策として出て来たもので、私なども数年前から文学主義の指摘を続けているが、最近になってやっとその善後策としての科学主義という買い言葉が通用し始めるようになった。

元来文学主義と云うカテゴリーは、批判主義とか実証主義とかいうようなカテゴリー見たいな意味では、之まで存在しなかったのである。ゴーリキーの文学論の中などに一二ケ処出ているようだが、その意味はごく一通りのもので、単に文学至上化や文学絶対化というようなことを指すに過ぎないらしい。だからこそ之は批判のレッテルとしては新鮮なのだ。処が、之に対抗する科学主義というレッテルは、それ自身少し寝呆《ねぼ》けた言葉であるばかりでなく、そういう言葉自身が近代思想史の内にすでになくはないものだ。例えばルダンテック（二十世紀の生物学者である）のシャンティスムなどがそれで、而《しか》もこのシャンティスムは云わば十八世紀や又は寧ろ十九世紀の俗流唯物論に甚だ近いものだから、現在の文学主義に対抗する弥次《やじ》としては間が抜けているのであるが、併しそれだけではなく、なまじ歴史的に歴然たる存在を有った言葉だけに、カリケチュアの指摘に役立てるためには、利き目が薄いのが遺憾だ。元来、既成の言葉を使って諷刺することは、事態の新しさに適応する力を失った時に多いことで、憂鬱な人間は誰でもハムレット、誇大妄想の人間は誰でもドン・キホーテと云った類で、大抵は隙だらけの特徴づけに終らざるを得ない。既成の言葉がアダ名となるのはやや微温的に過ぎるのであって、寧ろアダ名が自称となる位いでなくてはならぬ。「印象主義」の場合のようにだ。処で吾々は科学主義のレッテルを貼られても、之を自ら称すべく居直る必要などは認めない。吾々は自分を特徴づけるもっと由緒のある言葉に富んでいるからだ。文学主義で何が悪いか、俺は立派な文学主義者だ、などと居直らざるを得ないのが、処で文学主義者の方なのである。

さて公式主義呼ばわり主義者にとって、なぜ公式というものがそんなに恐ろしいか。公式というのは勿論科学公式のことだ。社交の公式や服装の公式のことではない。だから公式を一旦容認すれば、その背後につめかけている尨大な科学（自然科学ばかりでなく社会科学もである）の大群を客として迎えねばならぬ。科学は組織を有っている。恐るべきはこの組織なのだ。この組織はまるでソヴェート制度みたいなものだ。文化帝国の文学主義というキャピタリズムにとって、本能的に恐れを催させるものだ。なぜそれが悪いかという証明は一寸《ちょっと》出来ない、ただ悪くなくては困るという結論が最初にあるのである。この憎悪は恐怖から生じる。而もこの憎悪が、みずから最も「愛情」を標榜する連中の習性であることは面白い。つまり日本への愛情は公式、科学、への憎悪に他ならぬ。妙な結果になるものだと思うが、なる程考えて見ると日本の現在の支配者達は、最後の努力を払って、科学の駆逐に汲々としている。文教審議会と云い教学局という、どれも明らかに「科学」に対抗していることを思い出さねばならぬ。特に教学というカテゴリーが西洋渡来の科学に対抗する代用品として、東洋的乃至《ないし》日本的な封建文化系統から拾われて来たことに、吾々は注意を払うことが必要だろう。

公式主義呼ばわり主義者は併し、単に放言などしているわけではない。チャンとした組織があって云ったりしているわけだ。科学というものを組織的に日本帝国から締め出そうという「日本」の要求に応じる処の、最も文化的な相貌を具《そな》えた一翼であることが、以上のことから推定される。公式を恐れることは決して酔狂からではない。それには組織がある。そしてその組織の文化的な体系として、例の文学主義が存在しているわけだ。公式主義呼ばわり主義者には、組織があり体系があるだけではない。実は彼等自身の一種の公式さえがあるのだ。民族とか国家とか日本とかそういう公式がいくつかあるのであるが、ただ幸か不幸かこの公式は科学的公式でないために（では何の公式なのかというと要するにそれこそただの公式なのだが）、自分は公式的でなくて相手だけが公式的だ、と云っていられるわけだ。だがそれだけではない、科学的な公式から逸脱し、之を独善的に拒否し、そしてこの何だか性の知れない「公式」に移るという、そういうメタモルフォーゼ（変態）か何かが、実は或る一つの公式として科学的に予見され論証されているものなのである。文学主義の批判はそういう科学的公式を与えているのだ。――でこういうわけで、どうしても公式という言葉は自分自身に都合のよくないもので、困った厄介なものなのである。こういう患者が公式フォビヤとなるのは、臨床的に研究済みのようなものであろう。

公式の価値はその科学的機能に存する。最も簡単な例は化学分析である。定性分析や定量分析には一定の公式があって、この公式の組織を使って最も的確に分析を決定することが出来る。与えられた一塊の鉱物を鑑定する場合にも一定の既知の公式がある。この公式で切断して行った結果、鉱物は限定され決定される。公式は大体に於て交叉による現物を限定する。丁度製図のようなものだ。

だがこの機能は決して科学や自然科学だけに特有なものではない。一切の思想も亦《また》、この交叉によって進展する。思想の前進・着想・科学的想像力、どれもが大体このクロッシングの所産であることを注意しなければならぬが、こういう思想の労作なしには、一片の文藝も不可能なのだ。文学はよく云われるような思想のただの表現や血肉化や風俗化ではない。思想そのものを押し進め限定することが文学の第一課題なのである。之を仮にも文学以前などと称する者は、みずから文学への絶望を表白するものでしかあるまい。この思想の労作に思想の科学性があり、思想の価値があるのであって、そうでない思想は思想ではなくてただの固定観念にすぎない。そんな観念は邪魔にこそなれ何の価値もないものだ。こういう観念をしか思想と考えない文学は、思想を邪魔にして創作の障碍と考える権利を有つだろう。

だから考えて来ると、文学にとっても、それによって思想の開拓が試みられる限り（そうでない文学は作者の楽屋裡では意義があっても大衆のものではない）、科学的公式が不可欠な要素でなくてはならぬ。この公式のクロッシングによって限定裁断するのでなければ、作品のテーマらしいものも生まれはしない。題材や話題が文学的テーマではない。テーマは思想的な課題を意味するものだろう。作品はその課題の人種実験的な解決のようなものである。

公式の持つ科学的機能を、体系（システム）と名づけてもよい。システムにも色々あるが、一般に体系的なものは科学的と仮称されている。体系は時によって目茶なものも不可能ではないから、何でも体系的であれば科学的だと考えることは危険極まりないことで、だからして特に社会科学や何かに於ては、(元来の意味に於ける実験が不可能なものだから) 相当に考え抜かれた、而も出鱈目なシステムが、みずから科学的と号することも出来るわけであるが、併しとに角、科学的であるということは本当の意味に於て体系的であることだという点には間違いはない。公式はこの科学的体系の要素なのである。

システムというと物ごとの不動な布置ででもあるように考えるのが、一部の常識である。そして公式や科学に恐怖を持つ者は、それをこの不動な布置としてのシステムに結びつけて、非難する。システムは死んだものだという。だからシステムのないものを活きたものだというのだ。安価の生命主義や何かはこの手を使うのであるが、相当の哲学者にもシステムをそういうものと考えている者は多い。W・ジェームスがヘーゲルをこき下す場合には専らこのやり方であり、H・リッケルトなどが「開放システム」というような変な言葉を使う際にもこういう想定に立っている。だがこんなものがシステムならば誰もシステムなどを手頼《たよ》りにする筈はない。

　システムは役に立つからシステムなのだ。公式も役に立つから公式なのである。単純に固定したものなら役に立つ筈はない。システムは体系化し組織化して行く処のものに他ならない。自分で肥って行くことがシステムでありオルガニズムである。体系や組織とは本来そういうもの以外にはないはずで、そうでなければ細胞のオルグなどということはナンセンスになる。そこで実際に思想内容を組織化し体系化して行くことだが、それはただはやれない、実験とか経験とかいう感性的な媒介によって初めてシステムが育って行くのは知れたことだ。そうでないシステムは妄想にすぎないので、そういう非現実的なシステムは各種の精神病の典型によく現われる。だからシステムは単に、自分が肥って行くためのメカニズムを自分自身で用意する処のメカニズムであるばかりでなく、そのメカニズムが感性的な実際性（アクチュアリティー）を実地力（実践力）を、持っていることを必要とする。公式はそういう時に役に立つので、公式というのは過去の実際的経験が蓄積され精錬され省略化された活動用具だからである。

　どんな固定観念にでもシステムはある。凡《およ》そ観念の存する処、必ず観念のシステムはある。ただそのシステムが発達するシステムであるかないか、つまり同じことだが、その観念が発達する思想であるかないかが、問題なのだが、併し生きて動いている思想でも、システムが透けて見えない場合は非常に多い。例えば古来どんな文藝評論家でもシステムを持たずには批評はなし得なかったが、併しではどんなシステムを持っているかということを、ただの外見からは見出すことの出来ない場合の方が多い。ばかりでなく批評家当人自身さえそう問われて困ることは珍しくなかっただろう。この場合には、システムが意識されていないのである。意識化されたシステムを偶々《たまたま》その瞬間に持っていなかったのである。システムがなかったのではない。

思想のシステムが透けてみえないことは、何か文学的な美徳であるというような迷信が流布している。だが、思想のない場合にも、思想は透けて見えないものだ。そして本当に自覚していないような思想は、思想ではない。思想は一種の労作か労働なのだから、どんなに天来の思想でも必ずその思想的なポテンシャル・エナージーを自覚しているものだ。自覚しないように考えられるのは、作家なら作家みずからその思想を説明する別な言葉を持ち合わさぬというまでで、そのためには評論家というものが助けに出て来るのだ。だから本当を云うと、透けて見えない思想などというものは、無思想と同じことなので、システムが見えないものは実は思想でも何でもないのである。思想的言語的表現法を有つ文藝についてはそうなのだ。

思想のシステムが露骨に見えはせぬかという心配は、日本の文学の現情では少し先き走りすぎた越権でさえもあるように思われる。まず第一に心配すべきは無思想と無体系――世界を把握し実在を捕捉する――であり、第二に心配すべきはその思想と体系とが充分に独自な撚《よ》りをかけられているかどうか、つきつめて考え抜かれているかどうか、である。この点を単純に、思想の「具体化」とか「血肉化」とかいう常識で置きかえてはならぬ。思想の具体化とはまず第一に考え抜くことと撚りをかけることだ。システムを発動させることだ。この関門を通らずに、いきなり血肉化とか何とかいうのは、無思想と無体系との自己弁解と云われても仕方があるまい。思想の具体化ということは思想を徹底的にクロスさせて限定し切ることだ。そうしないと思想の血肉化などは不可能だ。——つまり公式の活用によるシステム・思想の発育ということが、文学の存在理由の第一をなすのである。こういう事情を科学的と呼ぶのである。創作に於てもクリティシズムに於ても、独り文藝のクリティシズムに限らずクリティシズム一般に於ても、公式とシステムとの意義は重い。独り科学だけに科学的な精神が必要なのではないのである。

教養という問題が最近注目されている。文学者と教養とか学生と教養とかいう風に云われている。思想という言葉に魅力がなくなったので、今度は教養ということになったのかも知れない。思想的なアクセントを抜きにして、思想傾向とは独立と思われるらしい教養というものを持ち出して、もっとヒューマニズム的な気分を出す心算《つもり》もあるかも知れない。だが教養とシステムとは切っても切れない関係に立っている。教養は勿論ただの教養効果や知識所有量や又お品の好《よ》さと一つではない。教養という観念を人格者論式に見ることも不充分であると共に、之をアカデミー主義から見ることも不充分だ。ただ修養したり又ただ勉強したりしたって教養にはならぬ。教養には見識のシステムがあって、それが事毎《ことごと》に発動して肥えて行くということがなくてはならぬ。そしてシステムの発動にはいつも公式というものが陰に陽に必要なのである。あれも之も知っているということは、花嫁の嫁入資格ではあっても、教養とは関係が無い。智識相互の間にカテゴリーの上での統一がなくてはならぬ。アカデミーにはアカデミー特有の、一般ジャーナリズムにはジャーナリズム特有の、低能現象があると思うが、文壇の低能現象はシステムの意識を自覚することの乏しい処にあるので世間では之を指して文壇に教養がないと云っているのである。

板垣鷹穂氏の言葉に、「味の素」評論家ということがある。ホーレン草にも沢庵にも同じ批評を振りかける評論家のことを指すらしいが、併し案外教養というのはこういう、人間の「味の素」ではないかとも考えられる。ホーレン草にも沢庵にも利くというものは、そんなにざらにあるものではない。尤もシステムは瓶に這入《はい》った味の素ではない、何にかけても美味くなるという事件そのものが、システムであろう。或いは一切の植物性食物に含まれている含有味の素が、システムかも知れない、して見るとフランスのアンシクロペディストなどは、こうした文化的味の素の発見者であったわけだ。之が教養という問題の本当の形だと思うが、するとさっきから云って来た処によって、最も教養ある人間は最も公式的でなくてはならぬということにさえなるようだ。

公式は拒み得ても科学的公式は拒み得ない、科学的公式を拒み得てもシステムを拒み得ない。最後にシステムを拒むことは出来ても科学的システムを拒むことは出来ない。拒むということがすでにシステムに依らねばならぬことだからだ。尤もシステムに依らずに無理論的に拒絶することが現在の日本では流行らぬでもない。そして知性とかいう言葉もこの肝心の処ではサッサと二つに分れる。どっちへ行こうと知性に変りはないらしい。だから私は知性というような二股かけた日本語は信用しないのである。

（一九三七・七）

思想動員論

『日本評論』一九三七年九月号

準戦時体制、或いは寧《むし》ろ戦時的体制の下に、事実上今日各部面の動員が行われている。軍事的動員を中心として、経済的、財政的動員、政治的動員、社会的動員、等々が行われつつある。戦時的体制や準戦体制というよりも、寧ろ動員体制と呼んだ方が適当であるかも知れない。北支事変が、準戦時体制乃至《ないし》戦時体制をばこの動員体制にまで推進させたことは云うまでもない。かくて言論界に於ても動員令が下されたと見ることが出来る。独り言論動員ばかりでなく、一般に思想動員、文化動員が行われ始めたと見ねばならぬ現状である。

この思想動員、文化動員、又言論動員は、夫《それ》がなる程一種の動員と見られる限り、何と云っても臨時体制という性質を免れないように見える。動員体制とはつまり戦時体制の極致であるわけだから、今日の日本の事実に於ける戦時体制が、半永久的なものでなければならぬという要求から、臨時的に見える戦時体制という言葉の代りに、ワザワザ準戦時体制という言葉で呼ばれているのかも知れぬ。それはとに角、動員体制と云う限り、半永久的な安定状態を指すには不適当だ。勿論今日の日本の準戦時体制・戦時体制・動員体制・は半永久的なものでなければならぬと、この体制の主張者達は考えているのが事実だが、又他面の事実として、半永久的に動員体制にあるなどということは、何と強弁しようと、社会の不健康を意味する他あるまい。一般に動員とは、何と云っても一時的な現象を指さねばならぬ約束である。

　思想動員・文化動員・言論動員も一見この点では変りがない。だがもし一旦、実際に思想動員が実行されたとするなら（之は後に見るようにそう決して容易に実行され得るものではないのだが）、その動員の状態は恐らく、何よりも確実に半永久的な物として効果を止《とど》めざるを得ないのが事実だろう。撤兵によって軍事的動員の一部分が解消すべきであるように、又議会が自由討論の意思を恢復することによって政治的動員の一部分が解消され得るように、そういう具合には思想動員は解除になることが出来ない。思想というのはただの観念ではなくて傾向的組織をもった観念のことだが、そういう思想なるものの動員は、一旦実行されたが最後、そう容易に動員解消にはなり得ない。いや動員解消になっても、動員によって発育した限りの思想自体は殆んど解消にはならぬ。ばかりではない、その思想はその後も或る程度まで動員された方向に向って依然として益々組織的発育を遂げて行くだろう。その点思想動員が産業動員や交通動員などと異なる処だ。

このように、思想動員が一旦実施された暁《あかつき》は、いつまでも体系的な執着力を持っているという関係は、之をその裡《うら》から云えば、思想動員などというものはそう簡単に実現出来るものではないということをも告げているわけである。無論思想動員を行おうという試みや企ては常に実在する。だがそれの成功的な実現は、そう容易に見られるものではないのだ。つまり思想の動員というのは、一時的な思想体制のことではあり得ないだけに、それだけ実は動員という性質を充分に具《そな》え得ないものだから、他の領域で比較的簡単に行えるような意味での動員も之を思想について行うことは、普通世間が想像しているほど安直に成立はしないわけなのである。

この点は後々のために記憶して貰っておくこととして、少くとも今日の日本で思想動員と呼ばれていい事態が濃厚に急迫しつつあることを、誰しも疑う者はいない。私などはこの動員が(夫には色々の内容がある)成功するとは考えていないのだが、それの試みと企てとが圧倒的であることに目をつむるものはいない筈である。思想統制・文化統制・それから言論統制、ということは、之までよく口にされた。それは恰《あたか》も経済上・政治上の統制ということが合言葉になった時期のことだった。処《ところ》が最近では、経済上・政治上・の統制などということは常識になって了《しま》って、もはや誰も利き目のある言葉には数えなくなった。それに代って現われた戦時体制という言葉が支配するようになったからである。そして先に私は後者を寧ろ動員体制と呼びたいと云った。さてこの経済上政治上の合言葉の推移に応じて、思想・文化・言論の上でも事態は推移を経ているのである。と云うのは、思想統制・文化統制・言論統制・等々は、もはや単なる「統制」ではなくて、或る意味に於ける(やや不適切な言葉ではあっても)「動員」という特色を持って来たからだ。思想統制から思想動員へ、というわけである。

こう云って、統制と動員とどう違うかというような問題も出るだろう。私はかつて統制なるものの一般的な性質を規定して、之が構成に対立するものである所以を説いた。その意味で統制というものは専ら受容的な反省的な否定的なもので、自分で内容を造り与えてやるものではないことを説いた。と云う心算《つもり》は、統制の名によって、何か積極的な独自の内容を被統制者に押しつけるような最近の所謂「統制」現象を理解しようとすることは間違いで、今日の所謂「統制」なるものは実は統制以外又は統制以上の或るものであることを注意せねばならぬ、と主張したからである。この似而非《えせ》統制の積極的内容が然るに何であるかに到っては、日本の支配者の間でまだ充分に熟した考察はない、ということを云いたかったのだ。処がひとの書く論文の初の方しか頭に這入《はい》り切らない批評者達には、統制と構成とは反対物だなどと判り切ったことを云う、と云って批難した向きもあったが、要点はそんな概論にあったのではなくて、この似而非統制(「統制」と呼ばれながら統制以上の或るもの)の内容が何に向って動きつつあるかの見極めにあったのである。そして今、かつての私の問題が改めて意味を有《も》って来たのだ。それを見たい。

文化面に於けるこの「統制」又は似而非統制は、本来の操縦的な統制ではなくて、一種の積極的な強制内容を押しつけるものであったわけだが、さてその内容を如何にするかという点になると、支配者層に初めから具体案があったわけではない。その内容は、最近数年間の日本の時局が進展するに沿うて、次第に発見、開拓、負荷させられて来た。支配者層のこのみずから産んだ苦心の跡は、注目に値するものがあるのである。

まず最も幼稚な段階は「思想善導」と呼ばれるものであった。この言葉がよく云い現わしているように、すでに発生した悪思想を、あとから、つまり消極的に、反省的に導くことが善導であり、統制なるもののもつ嚮導原理(構成原理の反対だ)らしい響きを持っている点が面白いが、併《しか》し導くやり方には予《あらかじ》め一定の予断があるのであって、要するに何か善い思想なるものへ導こうというのである。善人に育てようというような教育方針は今日では時代おくれで実際的な教育効果がなく、最も実質的な教育の過程はそれぞれの性能や性格を誘導することにあるというのが、近代的な人間嚮導の原則であるが、この近代的な教育では人間を何か積極的なタイプへ近づけようということは考えない。陶冶は強制することではなくて育成することを意味する。所が思想善導なるものは、こうした近代的な自由主義的(?)教育観とは可なり隔りのあるものなのだ。自然な思想を是正して行くことではなくて、之を一定の予断された善い思想へ強制して行くことなのだ。

こうした模範的モデルへ強制しようという広義の教育観は、実際、この思想善導と一緒に、この頃社会教育を支配し始めたように見える。乃木大将・二宮尊徳・等々という具体的な歴史的人物から始めて、学識よりも人格の高い青年とかヒットラー青年団的青年、更に模範青年と云ったようなものに到るまで、この模範的モデルの種類は色々だが、とにかくこういう教育の独断的目標を設けることが、この頃の社会教育観だ。否《いな》、学校教育も亦《また》とめどもなくここにずり落ちて行きつつある。少し真面目に考えて見れば、こんな教育方針が矮小で卑小なものであることは明らかなのだが、「思想善導」という常識社会で甚《はなは》だ尤もらしく用いられた言葉は、恰もこの種の偽教育観と全く同じ本質のものだった。それは誘導・育成・の名の下に、善思想と仮定されたものへ、自然な思想を追い込むことだったのだ。——而《しか》して之が思想統制なるものの最初の段階である。以てこの場合の統制という言葉が、如何に紛らわしいものであるかを知るに足りよう。慈（イック）しむということは厳（イック）（イカメ）しいということと同じだとするような、ああいう種類の政治的紛らわしさが、ここにあることを忘れてはならぬ。

だがそこへ善導さるべきであったその善思想という積極内容は、一体何であったか。之は誰にも判らないことだった。一体善とか悪とかいう言葉はそれ自身の内容から云えば全く無意味なものだろう。善い思想へ導くという、或いは思想を善へ導こうというその善きものは何か。之は子供だましでなければ誰にも判らぬ。そこで支配者当局は、「国民精神」という内容をそこへ持って来た。之が思想統制の第二段である。今は単なる善悪ではない、国民精神と名のつくものにあやかるのが善で、そうでないのが悪思想だという風に制定された。国民精神作興の類が之であり、農村精神作興などがその農村対策版であったわけだ。この思想統制内容の積極性は相当なものであったので、現に当時文部省に国民精神文化研究所なるものが出来たのでも知ることが出来るし、学生課がそれと同時に思想局となったことでも知れる。この両者は相俟《あいま》って、所謂悪い思想の駆逐と共に、善い思想である国民精神の研究（？）と宣伝に従事することが出来た。思想善導の場合のような、ただの寝言ではなかった。

だが国民精神と云っても、実は少しもハッキリしないものだ。国民精神がハッキリしていないからではなくて、国民精神の内から何か特別な「国民精神」を区別して取り出そうというのだから、ハッキリしないのである。丁度日本の内から「日本的」なものを区別することが滑稽な試みに終ったと同じに、このような「国民精神」が遂《つい》に何であるかは、国民精神文化研究所という超大学を以てしても奥を究めることが出来なかった。正《まさ》にこの頃は、他方に於て所謂民間（実は文武官輩やその亜流のバックがあるのである）に於ける封建的なファッショ団体によ る「日本主義」思想がジャーナリズムの一角に於てさえ全盛を極めた時期であったが、この「日本主義」も亦、国民精神と同様に、内容が結局少しもハッキリしない、且つマチマチでバラバラなものであった。この封建ファッシスト団体の多数の相互間に、対立と反目とがつきものであったのは、単に国粋会式な親分児分と縄張り仁義との結果だけではない。処が封建ファッショ諸団体は、その社会的な対抗はとに角として、やがて一種の共通なイデオロギーを発見することによって、統一の希望を持てるようになって来た。之は他ならぬ「国体明徴」主義なのである。国民精神というのは極めて曖昧だと云われても抗弁の仕方を知らない。事実いくらでも研究と解釈の自由との余地はあるものなのだ。処が国体なるものは、少くとも必要な最小限度に於いて、日本の憲法の成文が説明する処であるから、之ならば明々白々、明々徴々たるものなのだ。と同時に、この位《くら》い具体的な積極内容は、これまでの思想統制内容にはなかったわけだ。かくて「国民精神」は「国体明徴」主義へと推進した。之が第三の段階である。

尤も国体明徴主義と明徴なる国体そのものとの間には、必ずしも必然的な一致があるわけではない。なぜというに国体は不動であるに拘《かかわ》らず、国体明徴運動は之までの歴史で忘れられたり怠られたりした。であればこそ今更になって、明徴なる国体をワザワザ明徴たらしめようというような意外な運動が起きたり何かするのである。だから、議会で国体明徴声明などというものを殊更《ことさら》らしく行った政友会総裁鈴木喜三郎にとっては、夫が彼の政治的没落の声明となったとさえ、私は考えている。

さて以上、「思想善導」、「国民精神作興」、「国体明徴運動」は、思想統制（文化・言論・統

制も之に準じる）の三つの推進段階であった。そして之は、不適切にも統制と呼ばれて来ている。にも拘らず之は何と云っても統制と呼ぶに相応《ふさ》わしい或る点のあることを、見落してはならない。と云うのは、之はまだ要するに支配者層自身の活動に止まっているのであって、精々支配者層に直接間接バックされた一部の「民間」がこの活動の趣旨を奉賛したに過ぎなかったからである。まだ必ずしも民衆一般、或いは民衆層に対する充分な働きかけを意味しなかったからである。云うまでもなく民衆への下知《げち》的な働きかけはこの思想統制の目的そのものであったのだが、その目的を果すに必要な社会常識をこの統制は持つことが出来なかった。つまり国民乃至民衆を「統制」し得たにしても、事実上之を「動員」するだけの接着性を有っていなかったものだ。

事実思想善導と云っても国民精神作興と云っても、又国体明徴運動と云っても、夫が為政者や類似為政者の仕事を指すものではあっても、一般の民衆と何か関わりのあるものだというような印象は受け取ることが出来なかっただろう。それは民衆の日常生活が与《あずか》り知ったことではなくて、どこかの官辺と官辺寄生者との事務上のモットーのようなものでしかなかった、というのが正直な感銘であったろう。特にその内容が最も具体的に鮮明且つ積極的になった処の国体明徴運動の如きは、林内閣の手によって祭政一致という超俗的な神職的神話に結びつけられ、夫によって政治感覚全体を著しく形而上学化したので、凡《およ》そ国民そのものとは縁のない呪物に祭り上げられて了った。之と同時にこうした思想統制は、国民に対する呪文的恐喝に近づいて来たので、国民のとがった感情を刺戟することは出来ても、国民を動員するに足るだけの政治的同類感を催すためには、この上なく不都合なものとなって了ったのである。思想「統制」の最高段階に立ちながら、その思想統制を遺憾なく漫画化した点に於て、林内閣は思想政策上、特筆に値するものであったろう。

そこでこの思想統制の「独善」振りに方向転換を与えたものは、近衛現内閣なのである。近衛内閣の思想政策上の功績は、従来の内閣の独善的思想統制の伝統を思い切って振りすてて、思想統制に著しい動員性を与えたことにあるのだ。この内閣の一種の好評は正にこれに類する聡明さにあるのであって、日本型ファッシズムの推進のためには絶対に不可欠な合法的仮面と近代的民衆常識の利用とを心得ていたことがその強みであろう。果して北支事変が発生するや否や、政府は財界・政界・並びに言論界、の代表者を集めて、之に経済的、政治的、社会的、及び思想的（文化言論）・「挙国一致」を要求し、喜んで夫に協力するという言質《げんち》を取って了ったのである。例えば政党の首領が議会外に於て政府当局に一定の政治的誓約を与えるということは何を意味するか。特に、政府の政策を批判すべき国民的任務のある政党が、漠然たる意味に於ける挙国一致一般をその行動の誓約としたことは何を意味するか。それは要するに今七十一議会に於ても明らかであったように、正常な意味での質問をさえ遠慮するという誓約に他ならなかったのだが、そういう重大結果にも拘らず、近衛内閣のこの挙国一致要求は、挙国一致的に、支配者層全般ばかりでなく凡庸な民衆にとっても評判がいいのである。これはすでに、政治的にも、近衛内閣の統制力が正に動員力を持つに到った証拠と云わねばならぬ。

特に言論機関の代表者に対する挙国一致要求は、重ねて警保局の通達となって現われたから、もはやただの懇請や談合ではなくて、国権的命令に他ならない。之によって即日、日本領土の新聞という新聞は、一斉に退窟この上ない貧弱な官報と化した。ばかりではない、夫々《それぞれ》自分の貧弱な官報にセンセーションをくっつけようと試みるものだから、空疎で而も文学的に見て嘘八百な与太記事を好んで載せることになって来た。之は例えば、よろしくやって呉《く》れと上官から頼まれた下端《したつぱ》役人が、思い過ごしから強いて上官の意を迎えるような行政をやるのと、全く同じ風情と見る他あるまい。こうなると、もはや政府の言論統制はただの統制ではない、明らかに半ばジャーナリストの自発的な言論動員なのである。自然な言論を行政的に統制しコントロールするだけではなく、一定の官製ニュースと官許ニュースとを提供することであり、(それが前に言った似而非統制であるが) それだけではなく、この積極的な統制ニュースに自発的に輪をかけた社会面記事などを載せざるを得なくなった。之は言論統制がその極に於て統制の名実を全く踏み越えて、正に言論動員の段階に這入ったことを意味する。そしてこの種の現象を、今日の俗間常識では、挙国一致だと考えているわけだ。

だが思想動員は勿論言論動員につきるのではない。所謂言論の中心と考えられる新聞紙は、思想の世界に於ては必ずしも中心に座してはいない。思想動員は文化動員と聯関しないでは結局無内容で無意味なのだ。処が、之は特に記憶しておかなければならぬ点なのであるが、日本の官憲は、文化に対しては極めて無知で無見識なものであるのを特色とする。日本の官憲にとっては、ミリタリーに対するシヴィルという意義が極めて薄い。従って所謂思想統制に力を入れない内閣はないに拘らず、文化統制となると之に尤もらしい心得のある内閣は極めて乏しい。文化勲章制定と帝国藝術院の創立とは、日本の非シヴィルな政府としては、驚くべき飛躍であったのだ。併し文化統制は出来ても、文化動員と、従って本格的な思想動員とに自信のある政府は、まだ遂に出現しない。——だから今日の文化動員・思想動員・は、半官憲的勢力に委任されざるを得ないのである。

云わば司法省系の一二の思想転向機関による思想活動は今無視しよう。又それに事実上深い関係のある若干の団体や人物も無視しよう。話を日本文化中央聯盟に限定していいだろうと思う。蓋《けだ》し該聯盟は、思想動員・文化動員・の、最も大きな機関となろうとしているらしいからであり、そして之が旧来の思想統制・文化統制・の、最後の統一的な推進の発展段階だと見られるからだ。

松本学氏が文藝懇話会を解消する理由として、帝国藝術院が出来たからもう要《い》らなくなったと云ったとか伝えられるが、勿論それは理由にならぬ。なぜなら帝国藝術院は或る批評家も云う通り、藝術の養老院ではあっても、必ずしも藝術の正常なアカデミーではない。否、藝術のアカデミーではあっても、思想的な文化力を有つ機関では決してあり得ない。元来がアカデミーなるもののアカデミックな機能は、思想的文化力とは無関係なのであり、従って又この点で殆んど全く無力なものなのだ。帝国藝術院が養老院にしろ類似アカデミーであるにしろ、とに角文化勲章的存在のものであることには議論の余地がない。文藝懇話会は、処が決して、客観的に見る限りそういうものではなかった。夫は実際に於ては全く無能力ではあったが、客観的な評価からすると、一種の思想文化上の社会的闘争機関であった。恐らく或る一群の文士達の社会的なバカさ加減をテストする実験室であったかも知れない。して見ると文藝懇話会が解消になったことと、今回の日本文化中央聯盟との間には恐らく内面的関係があるのだと見ねばならぬ。尤も文藝懇話会や松本学氏はどうでもいい。

日本文化中央聯盟なるものは、決して官設ではない。実際官設ではこうした文化活動は出来ないのである。日本の政府は、そこまで文化的に達者ではないのだ。そこでこの機関は一応民間のものであり、財団法人なのである。ここにこの聯盟の文化動員力・思想動員力・が横《よこた》わる。つまり一方に於ては民間の文化常識を援用することにより、他方に於ては官憲的名士による国権的権威によって、文化上の挙国一致主義とも云うべき支配者的意図に基いて「日本原理」に樹つ思想文化を民衆の間に動員しようというわけだ。日本の民衆の凡庸層は、お上《かみ》の胆入《きもい》りで自分達が独り立ちでやれることなら何でも好んでやりたがる。この民衆に対する思想文化動員のための機関は、正に松本主義に立つことを理想とするであろう。彼の第五インターナショナルの説や邦人説の如き、之に較べればアマチュアの道楽に過ぎまい。

かくて現下の日本の思想動員・文化動員・従って又言論動員が、特に半国権的・半官半民的・な通路を辿《たど》らずには行われないということは、注意しなければならぬ点だ。例えば日本の放送協会が丁度そうだ、いやそれよりも大事なことは、もし日本に日本特有の型のファッシズムが発達し、日本型文化ファッシズムが盛んになるとしたら、それは必らずやこういう軌道を辿ってであろうということだ。

さて併し、こうした半官憲的文化動員・思想動員が、その作為的なポーズに拘らず、自然な文化的信用を民衆の間に博するかどうかは、実際極めて疑問と云う他ない。日本の国民はなる程官憲的なものには容易に腰を屈するエティケット（儀礼）を知っている。エティケットだけではない、そういう習い性さえ持っている。だが之は信用の表現とは別物だ。又彼等にはお上の文化を権威あるように思う癖はある。だがお上の文化に権威を発見することは、みずから思想を所有し得ない場合のことだ。国民が少しでも思想的な能力を持ち始める限り、お上の文化であるが故に貴しとはしないようになるのである。実は逆に、抑々《そもそも》初めから文化的な信用などの全くない国権的名士達が、集って造り上げた文化活動機関に、或る何かの文化上のゴマ化しを直覚するのが、国民の正直な眼だろうと思う。この直覚された何かのゴマ化しを、国民は文化動員・思想動員・の名の下に、或る本質的に億劫《おっくう》なものとして見出すだろう。根本的に億劫がられただけでも、思想動員はまず駄目と見ねばならぬ。——思想文化の動員は、兵士の動員や軍需工場の動員のように簡単には行かぬものである。こうした意味の思想動員は恐らく困難であろう。（日本文化中央聯盟に対する註文を私は去る八月九日の東京日々の夕刊に書いたから省く。）

（一九三七・八）

挙国一致体制と国民生活

『改造』一九三七年九月号

数ヶ月前までは、国防予算乃至《ないし》軍事予算の厖大と国民生活の安定とは、事実上に於て相剋する関係にあるということが、国民の常識となっていた。而《しか》もこの間の相剋・背反・関係に最初の認識を与えたものは、かつての……であると云ってもよい。そしてそこに狭義国防に対する広義国防という特別な観念が発生した。実を云うと、広義国防というのは、初めは単に狭義国防の全国民生活への拡大という程の心算《つもり》に過ぎなかったようだ。その意味では、単に狭義の軍事ばかりでなく、国民生活の一切が軍事的な意義を持つことになるのだから、社会の一切の問題は軍の政策を以てその指導原則としなければいけない、という結論へ持《もっ》て行く心算であったらしい。併《しか》し広義国防が国民生活全般の課題を含む責任を有《も》たねばならぬということになれば、当然、狭義の国防と国民生活との相剋関係と考えられている例の根本問題が、却《かえ》って広義国防自身の中心問題へ移って来るのであって、もしここに例の相剋・背反・があるとすれば、それは広義国防というもの自身の内部的な相剋・背反・を意味せざるを得なくなる。だから又、もしこの相剋・背反・があるとすれば、狭義国防と広義国防とが、他ならぬこの相剋・背反・の関係に置かれざるを得ない、ということになるわけなのである。かくて広義国防というものは決して、狭義国防の単なる拡大延長には止まり得なかった筈だ。

国防観念に関する有名な陸軍新聞班のパンフレットは、処《ところ》で正に、狭義国防を無条件に広義国防にまで押し拡め得ると考えられた段階のものであった。だがその後の軍部の見解は、この広義国防の立場を去って、却って狭義国防を中心にエネルギーを集中するようになった。広義国防提唱時代のモットーであった農山漁村の更生救済などの代りに、国民は…………、、……………我慢すべきであるというような倫理に到着したのが、この時期からなのである。而も、軍部の見解のこの転向は、予算額の総額を少しでも縮少したいという国民の要望に対応する回答として生じたものだった。と云うのは、予算の広義国防的な部分は結局削られざるを得なかったのだが、その部分が恰《あたか》も、社会政策的な意義を有つ国民生活安定費に該当したわけだからである。

最近の近衛内閣財政の類は、云わば狭義国防と広義国防との中間に位置してるとも見られるだろう。勿論、之が決して最初の意味での広義国防の建前に立つものでないことは云うまでもない。その意味で之は狭義国防のものと云うべきだ。ただこの両義の国防観念の対立相剋は、現内閣によって封じられて了《しま》っているので、国内対立の相剋緩和こそが今日のモラールであるというわけだから、この対立問題も消えてなくなって了ったように見えるのだ。今日、国防なるものの意義の検討などは意味ないものとされているようだ。丁度、分析などは必要としない何でも提案さえすればいい、と云いたがる、例の一派の新日本的文士と同じ態度なのである。

厖大な軍事予算と国民生活安定予算との矛盾をば、狭義国防と広義国防との対立として衝《つ》いたのは、社会大衆党などであった。それから、それ程ハッキリと明晰な観念を有たないにしても、多少本能的にこの本質的な関係を衝いたものが、既成政党や所謂《いわゆる》自由主義者であった。処が日本に於ける所謂自由主義なるものは、事実上民衆の平均常識なのであるから、つまりこの矛盾への注目は、国民の時代常識であったわけだ。之が現下の日本国民の常識であるという歴然たる事実を認めまいとするものは、まず何等かの意味でのファッシストであると断じて誤らない。所謂自由主義――その意義は実際は曖昧なもので説明を要するのだが――の是非は今問題ではない、それに聯関して日本に於けるデモクラシーの未熟・未成長・も論外とする。にも拘《かかわ》らず自由主義乃至デモクラシーが今日の日本国民の政治常識であるという事実を、枉《ま》げることは出来ぬ。選挙演説などの有様を見ると、この事実は疑う余地なく実証される。

さてこの常識、之は現下の反自由主義的時局にも拘らず、日本国民の基本的な政治常識につながっているものであり、それがどういう擬装・覆面・した形で表現されるにしても、底意として到底一朝一夕に取り除くことの出来ない常識にすらなっていたものだ。処が、その常識が改めて昨今急に、そのままは通用され得ないという新しい国民的儀礼に、取って代られて来たのである。

この民衆常識乃至国民常識と政治的支配情況との間の開きは、とりも直さず近衛内閣が「国内対立相剋」と呼んだ処のもので、可なりに執拗なものだった。近衛内閣による「国内対立相剋の緩和」という一片の宣言を以てしては、之を如何ともすることの出来る筈はなかったのである。尤もこの内閣は出現当時から、無意味な超民衆的反感を招かぬことに細心の注意を払うだけの聡明さを持っていたから、感じが悪くはなく、従って可なり評判が良かったが、それだけで自力を以て国内対立相剋を緩和し得る筈はない。今日、近衛内閣が挙国一致に相当成功したとすれば、夫《それ》は云うまでもなく、全く北支事変の賜物と云わねばならぬ。

そこで、あれ程執拗であった例の国民的政治常識は、今では、少くとも社会の表面に於ては殆んど完全に、挙国一致というものへ席を譲って了った。この挙国一致なるものは、所謂自由主義者と自由主義反対者との相剋を止揚したものではなくて、前者を後者へ止揚して了うことなのだ。だから実は相剋の止揚ではなくて、相剋の単純な無視逐放なのであるが、それは後々見て行こう。――一体政治的常識というものは執拗なものである。之が形の上だけでも無視され逐放され得るためには、よほど莫大な何等かのエネルギーが必要である。而もこのエネルギーには単なる言論や思想のエネルギーでは事足りない。もっと物質的なエネルギーが必要なのである。北支事変がそのエネルギーを提供した。

なぜ併し、北支事変が、こうも強力に政治常識の首のすげかえを実行するだけのエネルギーを有てるのか。これは判り切ったことのようで、よく省察して見なければならない点だ。戦争になれば挙国一致が当り前ではないか、と云って了えばそれまでだが、併し戦争に関係が生じるとなぜ何物を措《お》いても挙国一致が当然と考えられるようになるかが、問題なのだ。日本の社会はしばらく前から準戦時体制に這入《はい》ったと喧伝されている。だが昨今は、もはや準戦時体制ではなくて寧《むし》ろ戦時体制に這入った、と云うべきだろう。或いは戦時動員体制に這入ったと云ってもよい。尤も北支事変は、軍当局が厳《おごそ》かに命名したように「北支」「事変」であって、決して全面的な日支戦争などではないのだし、国交断絶に照応する戦時動員はないわけであるから、之を以て真正の戦時体制とも真正の戦時動員体制とも云うことは出来ないかも知れないのだが、国民の覚悟とか民衆の義務とか社会のジェスチュアとかとしてなら、立派に戦時体制・動員体制・にあるのである。この準戦体制という譬喩《ひゆ》的体制から、譬喩でない本当らしい戦時体制に這入ったという、社会の推進が、国民の政治常識をケシ飛ばして了うエネルギーを持っていたのだ。北支事変が挙国一致を招来したということは、そういうことなのだ。

処《ところ》が又、準戦体制から戦時動員体制へ行くと、この執拗な国民的政治常識がなぜケシ飛ばされ得るのであろうか。読者はここで例えば戒厳令が布かれた場合を想像して見るとよい。これは政治的常軌が完全に停止されることを意味する。少くとも完全な形に於ける戒厳令の場合はそうだ。政治的軌道は軍事的必要によって截断され再組織されるのである。ここでは政治的常識などというものは全く無意味であるか、又は全く無力だ。こうした戒厳状態は、何かというと、戦闘現地に於ける戦時体制のことに他ならない。でつまり、戦闘現地でない戦時体制が、単なる戦時体制・単なる戦時動員体制・であり、之に反して夫が戦闘現地の社会に於て行われれば、取りも直さず戒厳状態となる、に過ぎない。

さてこう考えて来ると、北支事変・戦時体制・戦時動員体制・と云った、こと戦争に関するものである限り、政治の常軌と政治の常識とは手もなく封じられて了うことが、大いに可能である点を理解することが容易である。つまり、極端な場合の戒厳状態を規準にして考えれば、北支事変の発生によって政治的な挙国一致なる儀礼が卒然として社会的に発生し得るということのメカニズムは、初めて明らかになるわけである。戦争だから挙国一致さ、という考え方は、小学生の考え方であるが、挙国一致の政治的意義＝戒厳的意義の実際を考えて見ると、右のような分析が挿入されねばならなくなる。

でこういうことになる。今回の事変は、云わば政治的には戒厳令的な作用を営んだのだ。近衛首相が事変勃発をキッカケとして、社会の各方面の代表者を召集し、之に挙国一致の宣誓をさせることが出来たのも、決して近衛首相の兼ての常識ある態度の余徳ではない。戒厳令的政治停止の意義を、各方面の代表者がそこに直覚し得たからこそ、彼等は欣然として宣誓をやったのである。勿論今回の事変が、今回のような日本側の決意に照応して起きなかったならば、百万遍各方面代表者を召集して挙国一致を要請しても、単なる国内的な外交辞令以上に出ることは出来なかったに相違ない。だが戒厳令の政治的効用については、大分世間の認識が進んで来ていたことを、吾々は忘れてはならぬ。

併しながら、挙国一致体制によって、例の軍事予算と国民生活安定との関係、狭義国防と広義国防との関係、あの政治的根本問題はどうなったか。単簡に云えば、そういう政治的な常識問題は、挙国一致によって、問題そのものとして解消して了ったのだ。社会自身の事態は少しも変らない、或いは一層困難になって来ているかも知れない、併し夫を問題にする角度が不用になったのだ。いや問題に出来なくはないが、問題にする角度が、例の国民的政治常識とは違った角度となって来たのである。

その最もいい例は保健社会省の新設の類だろう。之は初め保健省という名で立案された。というのは壮丁としての国民の体位が低下したという動員的意味から動機づけられたものであった。体位という一見珍しい用語は、社会的な意味に於ける健康という常識用語とは勿論一つでない、国民の肉体的幸福が特に戦闘的生産力（？）として改釈されたものに他ならぬ。そこに物を見る角度の変化又は推進がある。そしてこの推進的な角度を更に社会政策全般にまでも推進させようとするものが、保健社会省という観念だ。（実際は必ずしもこの観念に忠実にばかりは行かぬわけだが、今問題は観念である。）社会政策に於て医療の占める位置は勿論重大であるが、社会政策が医療を中心にすると云ったら滑稽だろう。社会政策を軍医的な角度から見ることは、社会常識的ではない。だが社会政策の角度の挙国一致的角度への推進の結果は、こうした常識の変更をも必要とするようにさえ見える。

この例でも気がつくように、挙国一致なるものは、角度を常識外へ推進させた意味での「社会政策」の精神と、可なり一致するものなのだから、常識的角度から云えば、社会政策の代用物という風に見られることになるわけだ。尤も常識外推進的な角度自身からすれば、之は社会政策の代用品や何かではない、挙国一致は挙国一致として価値があるのであって、それが社会政策に類似するとすれば、つまりそれは挙国一致の一偶性の然《しか》しめる処と云う他ない。元来挙国一致の他に、社会政策などというものを考えることが邪道なのだ。挙国一致以外に、国民生活の安定などという課題を仮定することが、間違いだということになる。だが之を社会民衆としての国民の政治常識的角度の方から見れば、この挙国一致なるものは、社会政策の代りとして、国民生活安定問題の替玉として、現われるのである。

だが私が今云っているのは挙国一致なるものの一般についてではない、と云うのは挙国一致なるものの理想についてではない。昨今の実際に於ける所謂「挙国一致」についてなのである。挙国一致は国民生活の理想である、之を願わないものは国民ではない。だが真の挙国一致は、そう簡単に、一瞬間に、来るものではない。もしそういう簡単な挙国一致が事実上到来しているとすれば、それは恐らく形としてだけの挙国一致であり、単にエティケットとしての挙国一致の類でしかあるまい。恐らくそれは云わば著しく観念的な挙国一致ではないかと考えられる。もしそうだとすれば、之はまだ本当の挙国一致ではない。そうするとつまり、現実の国民生活安定の代償として、観念的な国民生活安定として、この挙国一致が与えられたということになるのである。

七八百万円にのぼる国防献金、街頭到る処に所狭いまでに氾濫している千人針婦人、これは生きた事実である。決して空疎な流行でも何でもないだろう。国防献金の可なりの部分は……………………………団体の統制による献金であるが、団体をしてそういう行動を取らせ、又団体のこの行動に団体員が喜んで附和するということは、決してただの模倣などではなくて、或る現実の力の現われだ。——世間には千人針を以て迷信であるとけなす「迷信打破」主義者も少くない。千人針は迷信だから宜《よろ》しく某々神社のお札に代えよ、という意見さえ見たことがある。千人針が迷信であってお札が迷信でないというのは少し妙だと思うが、実はどっちも単なる所謂「迷信」ではあるまい。仮に之を迷信だとしても、この迷信を信ぜざるを得ない心理には真実があるだろう。処が本当の迷信は、弾丸が当るとか当らぬとかいう物理にあるのではない、こういう「迷信」的な行動のもつ或一定の社会的意義と役割とを、肯定しないかするかという社会判断にあるのだ。だから肯定的精神とかいう奴こそは往々本当の迷信であって(従って物理的には之は「迷信」ではないとされる)、大いに主張を迷信化せねばならぬなどと云い出す男まで出て来る。要するに千人針もただの迷信ではないのである。

だがそれにも拘《かかわ》らず、この挙国一致的街頭風景や、恤兵部《じゆつぺい》風景が、著しく観念的であることに変りはない。莫大な国防献金と云っても、厖大な軍事予算や事変追加費予算の嵩《かさ》に較べれば、まるで桁《けた》が違うのである。之を物質的に計量比較する気ならばやや滑稽だろう。価値はその精神にあるとされる。…………………………………。弾丸に当らないための千人針というのは本当ではなくて、出征者の身内の者が出征者の肉体的無事を切望する観念の、或る藝術的表現にしか過ぎない。問題は千人針の布という物質にあるのではない。そればかりではなく、出征者と出征者の身内の者とが心配する最も大きな危険は、必ずしも肉体的な損失だけではない、社会生活に於ける損失なのである。千人針の心理は慥《たし》かにこの社会的生活の不安の鎮静を縫い込むことだ。処がそれをそうとは自覚しないで、弾丸に当らないようにということだけで凡《すべ》てを表現し得たと思っているから、女達の社会的政治的常識が、観念的に宙に浮いていると云われることにもなるのである。

挙国一致というものの最も端的な表現であるこの銃後の熱誠は、こうして、如何なる意味に於ても、観念的な本質のものであることを卒直に認めなければなるまい。挙国一致というものは、今日抑々《そもそも》民衆の手頼《たよ》りの綱でさえあるのだ。と云うのは国民は之によって生活安定の安心を得たいと願っているのだ。慥かにこの所謂「挙国一致」は国民に生活安定感を与えることが一応出来る。兵隊さん大いにやって下さい、と云うことで以て、気が休まるように思うのである。処がそれにも拘らず、いやそれであるが故に、この国民生活安定感は、観念的な安定感だというのである。――現実の実際の国民生活安定の代りに、国民は、生活の観念的な安定感を与えられる。夫が軽々に理解された「挙国一致」というものの現実であると見ねばならぬ。

現に挙国一致は必ずしも国民生活の現実の安定とは平行していないのが、その証拠である。

…………………………る社会生活上の不安は、挙国一致を以てしても必ずしも解消してはいない。出征兵士の家族に対する国家補償案は、社会大衆党などが懐《いだ》いている観念であるが、今日の「挙国一致」の財政的帰結がそういう意義を元来持ったものであるかどうか、夫が抑々根本疑問だと云わねばならぬのだ。

事件費一部捻出のための一億二百万円に上る臨時増税は、なるべく大衆課税を避けたと称されている。或いは心掛けはそうであったかも知れないが、事実はそうは行かない。第三種所得税さえすでに七分五厘の増徴である。奢侈品に数えられるらしい楽器やレコードの製造業者に課せられるという従価二割の特殊消費税も、文化的国民生活に対する大衆課税と断ずるに憚《はばか》らぬのである。元々が奢侈とか奢侈品とかいう観念そのものが、大衆課税的な観念であることも、忘れられてはならぬだろう。この臨時増税は本年度末までの期限つきではあるが、蔵相が他で語っているように、時局の進展と共にどうなるか判ったものではない。而《しか》も以上は、之までのすでに挙国一致的な一般増税という、最近の過去の事実を論外としてのことだ。それはとに角として、この臨時増税が、国防献金増税とさえ呼ばれていることは、挙国一致を当面の問題としている吾々には、無限の興味があることだ。

臨時増税の意図が、公債発行額を出来るだけ少なくすることによって物価騰貴の現象を表面化させないようにする点にあるのは、云うまでもないが、事変費の追加予算は第一号第二号第三号第四号という具合に続くわけだから、物価のより以上の騰貴は必至である。物価騰貴の経済学的説明は貨幣数量説とか何とか色々あるそうであるが、併し今日官民共に認めている学説らしく見えるものは、生産力の不充分をばその原因と見做している。その証拠には、生産力拡充とそれに必要な熟練工の養成さえが（高等小学校に於ける技術教育までが）、最后の課題となっているのを見ても判ろう。して見ると物価騰貴は根本的には生産力と公債発行高乃至予算実施高との関係に抽象され得るようにも思われるのだが、とに角、少くとも小商人其他がボルことに基くと考えることは出来ない。買い占めや売り惜しみなどは、そもそもこの根本原因の末梢的結果だろう。それにも拘らず、主としてこの商人達を相手とする商工大臣農林大臣の連署になる省令暴利取締令の範囲拡大の公布は、如何にも物価騰貴対策という国民生活安定策の一つでもあるかのように、提出されている。之を国民生活安定令として見る限りは、素《もと》より殆んど何等の現実的内容のないものであるのにだ。

国民健康保険案は現内閣に期待された殆んど唯一の実のある社会政策・国民生活安定策であったが、国民の理解し難い理由によって、この七十一議会には遂に提出見合わせとなった。風説によると、この案は恐らく当分提出されないだろうとも云われる。吾々は所謂社会政策なるものが、必ずしも本当の国民生活安定政策であるとは即断しない。国民生活の極度の不安と抑圧との上にも、相当の社会政策を誇示することが必要であり可能でもあるということは、ヨーロッパのファッシスト国家などで見ることが出来る。だがそれだけに又、吾々の挙国一致なるものが、ともかくこうした社会政策と名のつくものを実行出来ないものと決める理由はなくなるわけである。処がそれさえが、今日の所謂「挙国一致」では、根本的に企劃としてさえ困難であるように見える。

北支事変が、国内に於て、とにも角にも一応現実の力となった挙国一致という体制を造り出したと同時に、支那在留の邦人（冀東・冀察・南支一帯）の国民生活の安定を著しく動揺せしめたことは、歴史に記録すべき現象だが、これも亦《また》、挙国一致と国民生活安定との関係を見るのに、相当な参考になる資料だろう。

で要するに、今日の所謂「挙国一致」は、国民生活の現実に於ける安定とは必ずしも平行していないということが事実であり、又必ずしもそうした方向に向いているとも云えないということが想像出来る事実である。今日の現実の「挙国一致」の体制は、国民生活の単なる観念的安定にすぎない。もっと正確に云うと、国民生活安定ということの単なる観念的仮説が、かりそめに現実的な力となって現われたものに過ぎない。夫が現実の国民生活安定の代用品として勧められている所以が之であり、又之が国民生活安定という設題自身の廃棄になると私《ひそ》かに考えられている所以でもある。——処で、現実をこのように観念に換えるということは、或る絶大な信用の存在を意味する。金準備への信用のようなものがそこには必要なのである。そして挙国一致という信用が通用する銀行の地下室にあるものは何か。それが例の云わば戒厳令的な体制の金属的偉力であったのだ。——そこでは政治の金属的常道が行通遮断されるということを忘れてはならぬのである。

（一九三七・八）

一九三七年を送る日本

『改造』一九三七年十二月号

個人に公的生活と私生活とがあるように、社会全体にも云わば公的生活と私的生活との区別がある。別に社会の裡面《りめん》があるということではない、社会の内心の生活があるという意味だ。どっちの生活も現実の生活であって、どっちだけを採りどっちを捨てるというわけには行かない。社会の公私生活がお互いに割合背反していない場合には、一方を以て他方を代表させることが出来る。即ち公的生活を以て私的生活を代表させることが出来るのである。事実又、私的なものを（公式に）代表するからこそ、公的生活は初めて公的生活なのだ。社会の公式表現と実質的な潜在情勢とが一致する社会は、幸福である。

だが大抵の場合、社会周知の潜在情勢は必ずしもそのまま公式な表現となっては現われない。現れないばかりでなく、寧《むし》ろ潜在情勢とワザワザ反対な表現が公式な社会特色として通用することが多い。尤《もっと》もだからと云って、社会的公式表現が必ずしも潜在情勢を悉《ことごと》く詐《いつわ》って、デマゴギー一点張りの外出着をつけるということには限らぬ。潜在事情の如何《いかん》に拘《かかわ》らず公式表現は公式表現で、それ自身の特有な真実を持っている。例えば輿論にしてもそうだ。政府や自治体の声明とか発表とかは、勿論《もちろん》社会の公式な自己表現である。その社会がそういう声明や発表を公式にやらねばならぬということが、取りも直さずその社会の重大な実質の一つであり特色の一つに他ならない。だからそれが必ずしも嘘とは限らない。儀礼というものは抑々《そもそも》そういう性質の真実性を有《も》っている。こういうものも輿論でないとは云えない。だが又、公式には到底発現出来ないような併《しか》し周知の潜在的見解が、であるから真実でないなどと云うことは出来ない。公的に世間の表面には現われないような一種の「輿論」というものも、大いにあるのである。公式には現われないから、私語となり囁きとなり又は「奴隷の言葉」となってしか現われないのを普通とする。もしくは形のない或る一種の世の中の空気として実感される。流言や蜚語《ひご》の母体は正《まさ》にここにある。

日本の国民代表が日本の輿論を代表して、アメリカやイギリスへ日本の所信を説得に出かけるとする。宣伝は大いに結構である。処《ところ》でこの代表者達は日本の社会のどういう種類の「輿論」を代表するのだろうか、とすぐそういうことが私には疑問になる。日本政府の対外的声明や発表は勿論公式言論であるが、それでも不足だというので出かける民間代表は、では日本国民の潜在的輿論をでも説くわけだろうか。併し日本の潜在的輿論とは今日何であろう。又そういう民心を知ることが、所謂《いわゆる》国民代表に可能なことだろうか。仮にそれを知っているにしても、国家国民の代表者としては、そうあけすけには正直に云えないわけで、結局公式代表の種類を脱することが出来ないではないか。先日或る私立大学の教授がアメリカのインテリに日本の輿論を説くべく出かけるについて、向うへ行ってからこういうことを説いて呉《く》れという註文をする会があった。私はこの教授が決して日本の真実な国民の心を代表し得ないことを知っているので、註文する気にはならなかった。恐らく彼もごく公式な日本の輿論を伝えるだけに終るのではないだろうか。

それはさておき、なぜこんなことを云い出したかというと、近頃の日本の社会を診断するには、その公私二重の生活の夫々《それぞれ》を聯関させて見て行くことが、特別に必要だからである。日本の社会は刻一刻と統制されて行きつつある。経済、政治、社会生活、文化運動、皆そうだ。常識は之を日本の「ファッショ化」とも呼んでいる。こういう言葉は理論的に慎重に使わないと、随分間違いを惹き起こす因《もと》になるが、とに角この一般現象を日本ファッシズムの結局の発展と呼ぶことは許されるだろう。少くとも日本型ファッシズムの発展と云えば間違いはあるまい。

この現象は勿論、決して誰かが悪宣伝してそう称しているわけではない。又単に巧妙な宣伝か何かで、そう云われているわけでもない。たしかに日本の社会の公式相貌はそうに相違ないからなのである。そしてこういう他所《よそ》行き顔も亦《また》、日本の社会そのものの顔なのであって、嘘の顔ではない。他所行きの顔をしなければならぬということも、人間の正直なこととの内容の一つだ。日本が日本型ファッシズムに向って勇往邁進しているということは、日本の真実である。日本社会の公式な真実だ。この公式は又日本の社会的儀礼をなしている。公式は儀礼的なものだからである。今日この公式儀礼を多少とも重んじないものは、日本の社会という社交場裡には立てない。新聞記者の批判的言説も無産党の階級的観点も、この公式礼服を着用に及んでいる。モーニングか燕尾服かの相違があるだけだ、公式礼服としては。

だがこの公式な社会儀礼の皮下に実際に潜在的に動いている日本社会の私的生活は、必ずしもこの公式儀礼には現われない。如何に潜在的情勢でも、あまりに公式儀礼が自分を裡切《うらぎ》りすぎると思えば、この公式礼服の着用をお断り出来るわけであるが、それをしないでおとなしく着用に及んでいる処を見ると、今日の日本の私生活も結局この公式儀礼と全く無関係でないことは認めなくてはならぬ。だが、それにしても公式儀礼とは別な或る社会生活意識があることは真実なのである。シェクスピーヤの芝居などには傍白（アサイド）というのがあるようだ。相手役には聞えないが看衆には聞える台詞である。もし社会でもそういうものが許されたら、この潜流も亦、或る程度日向《ひなた》に出るかも知れない。併し今日の日本では割合そういう傍白が芝居の常道になっていない。それだけに、日本の社会意識を公私共に聯関させて診断するには、困難が伴うわけである。

さて昭和十二年、一九三七年の一年は、之を概括して云って了《しま》えば依然たる日本型ファッシズム上昇であり、又その急上昇であり、そしてその曲線は跳《は》ね上ったまま恐らく年を見送るだろう。だが之を上半期と下半期とに区別して見ると、その間には大きな相違がある。一体昨年（一九三六年）も上半期と下半期とでは大変な差があった。昨年の上半期は二・二六事件を関門として著しく非常時的戒厳的準戦時的な波の高まった時期であった。併しそれを波の峠として、下半期は却《かえ》って常時的文治的な波の形を保つように見えた。そして今年の上半期はその続きだったわけである。二・二六事件によって契機された粛軍の必要、今年に這入《はい》ってからの北支工作の一時的行きづまりなどは、宇垣内閣の流産やその後の林内閣の祭政一致主義にも拘らず、この正常波をよび返した心理的原因であろう。尤もこの正常波は決して単一な波ではなくて、ある複雑な合成波なのであり、その内最大の振幅を有《も》ったものは、他ならぬ統制化の名の下に一括される刻々その振幅を拡げる動きであったから、その合成波であるものも、結局出来る限り正常な形の曲線に近づけられた限りの非常波であったに過ぎず、出来るだけ既成常識によって通常視され合法化され得るような形をとった非常時的な波であったわけだ。本年上半期に於ける林内閣の失脚、近衛内閣の一応の成功と大体に於ける好人気、とは政局に於けるこの合法的通常味のおかげであったのである。だが他方、この合法味や通常性の政治的形式の下に盛られた社会機構内容そのものは、却ってその反対な実質を固めるものであったことは人の知る通りで、政変ごとに高まる予算乃至《ないし》軍事予算はこれを物語って余りあるだろう。かくてとに角一応正常化されたこの政局の下にも拘らず、いつしか非常時の声は準戦時体制の声となりやがて全くの戦時体制となった。かくて一九三七年の日本は下半期に這入る。

この間にあって、軍事的勢力の社会機構上に占める位置は一歩一歩高まりつつあったことは今云った通りだが、併し社会機構上の確保は必ずしも社会全体に於ける夫《それ》を意味するとは限らない。すでに政治意識になると、却って一応は露骨な形態を抑えねばならなかったことをさっき述べた。ましてこの勢力に対する社会意識や社会的信用や又文化的信頼に到っては、決してそう楽観すべきものではなかった。本年度上半期のこの社会意識上の不自由は、早晩清算されて行くに相違ないとも考えられたが併し又逆に、やがて之が或る程度のブレーキを政界や経済界にも利《き》かせ得るようになるのではないかとも考えられた。軍事予算と並行して社会政策予算要求の声は、即ち広義国防の声は、近衛内閣の社会正義の声明となったとも考えられた。社会保健省案の成立は、ともかく非常時日本ファッシズムが、その相当可能な一つの属性としての「社会政策」に乗り出すことをも暗示した。国内相剋の止揚も亦、之を積極的に民主的に理解すれば、このことを意味するかも知れないとさえ考えられた。こうした批判的な社会イデオロギーは、北支工作その他の活動に対する過度の期待からの反作用と一緒になって、軍事予算の急遽な膨脹に対する拍手にも拘らず、それと対蹠的な心理をおのずから醸《かも》し出していたのである。国民の公式儀礼は少くとも非公式心理によって多少とも裡切られて見えたのが、上半期の事実であった。

かつて満洲事変の成立によって獲得された国民的人気は、新しい何等かの軍事事変を機会として恢復されねばならぬ。処が下半期しばらくして、北支事変が勃発した。之が天下の事情を全く一変させて了ったことは人の知る通りである。単に之は人気上の問題だけではないのは知れたことで、戦時体制が愈々《いよいよ》本物の動員体制に這入るに及んで、経済統制の強化（特に臨時資金調達法の如き）や税政の強化は云うまでもなく、資源局と企劃庁との合同による企劃院の設立、大本営設置の実現などの現象が、続々と現われた。大本営案については、全国務大臣が幕僚として参加するという形の軍事内政の両面に亘《わた》る案さえ一頃《ひところ》有力であった。もしそうなれば超強力内閣が出来ることになるかも知れなかったので、日本の政治形態としては大きな変動でなくてはならなかったろう。だが結局は純軍事的なものに落付いたらしいが。又国家総動員法の実現さえ遠くはないと報道されている。是によれば単に物的資源の総動員に限らず、労働力その他に対する動員も絶対力を発揮するわけで、労賃は法定されるし、労働者の賃労働は国民の義務として絶対化されるわけだ。労働争議などはその形態自身が全く非合法反動員的なものであるとして相場が確定するわけである。ファッシストの労働憲章やナチの場合と完全に等しい効果を産む筈だ。

軍機秘密保護法の改正に平行する造言蜚語の取締りやスパイ容疑者の特別な取締りなどは、北支事変が支那事変に変更される頃に及んで、社会の新しい特色の一つとさえなった。政府は新聞の官製ニュース化を徹底し、評論雑誌から同人雑誌に到るまでの検閲を厳重にした。国民の自由な立場による会合は、事実に於て遠慮を命じられる等々。一切は軍事的総動員を絶対的な社会基準として、大きな旋回か上昇かを行うに到ったのである。国民歓呼の声に送られて街頭を練り歩く出征軍人が、今や日本の一切の公的意志を象徴する。

社会大衆党は北支事変勃発と共に軍事行動に対して最も積極的な参加を党是として決定した。日本無産党も亦人民戦線という目標を自然に撤回したように見える。独り大衆政党だけではない。社大党支持者の多い総同盟や、日本無産党支持者の少くない東京交通労働などの諸労働組合は、争議打ち切りと労資協調へと転向した。それは夫々総会の決議という形で決ったと記憶する。之を例の国家総動員法の受動的な前触れと見れば、その意義はまことに深刻だと云わねばならぬ。軍事予算の膨脹の自然的結果として可なり活潑な労働争議が増加しつつあった今年の上半期の後を受けるものとして、社会運動全体の急旋回を思わせるに充分なものがあろう。事変勃発後物価が異常に高騰して来たことは忘れてはならぬが、それでもまだ極端な悪性を有つに到ったと云うことの出来ないのが事実であろう。と共に他方に於て、軍需工業労働者の需要や、その一部となるべき熟練工の需要、幼年工の熟練工化の要求（之は教育界を或る程度まで動かし、文部省による技術工養成機関の設備や技術教育の要望などとなって現われている）、等々を見ると、恐らく今年度は、このような労資協調のための一時的なそして部分的な経済的根拠を有っているのでもあろう。（動員下に於ける農村の経済的社会的事情はあまり公式には判らぬようである。）

文部省の教育政策思想政策としては、例の大仕掛けの国民精神総動員（之は文部省単独の仕事ではなく内政全般に亘る責任によるものだが）を別としても、国体明徴のために文理大や若干の帝大に国体学講座を新設するとか、又引き続き国体明徴に資する研究にも、補助費の支給を世話するとか、勿論多忙を極めている。すでに上半期から一般的な教育改革案も立案されていることで、高等学校教授要目の国体教育化への改正はすでに実施されるに到った。そしてこれを機会に一般の教育改革案は、試案の形で民間からいくつも提出されようとしている。尤もこの民間改革案相互の間には、相当根柢的な対立もあるわけで、帝大を中心とする一般社会の識者の意見として現われている教育的改革同志会案は、事実あまり国民精神総動員的な精神のものではないかも知れない。単に勤労教育とか実際教育とかの必要を説いたもので、それが戦時体制的な社会的の生産の要求に基づくと云えばそれまでだが、併し教育精神自身としては必ずしも国民精神総動員的ではないようだ。これに反して師範系の改革案は師範教育精神の「この際」に於ける絶対化を提唱するもので、二つの見解の間には可なり重大な撞着があるわけだ。一方に於て資本制生産の要求を充たすと共に、他方に於てより形而上的な教育精神をねらわなければならぬ文部省が、どっちに傾くか興味があるが、すでにこのように、教育の公式イデーそのものに或る矛盾が孕まれて来るということは、国家総動員体制に於ける精神的文化的な弱点の一端を露出するもので、国民精神総動員の大声叱呼を以てしても、今の処之を如何ともすることは出来ないらしい。社会の公式表現と潜在情勢との間の例のギャップが、この場合こういう形で頭を出すのであり、特に文化現象に於ては公私間の破綻が現われ易いのであるが、それは後にしよう。――以上が上半期に対する下半期の特色である。

林内閣瓦解直前に於ける総選挙の結果が、実質に於て無産政党の大進出となって現われたことを人々は忘れないだろう。勿論ここでも公式表現と潜在事情との関係は忘れられてはならないので、公式には大衆無産政党の議席は全議員の一割五分にも足りないのである。だがこの公式には貧弱な状態も、潜在的な国民の輿論の意外な圧力を代表するものとして、甚《はなは》だしく当局乃至社会の実権者を刺戟した。そして重大なことは、それ以来、民衆の圧力を一般的に概括して、人民戦線と呼ぶという支配当局の習慣を産んだということである。従来自由主義とか左翼とか呼ばれていたものは、一括して人民戦線と目されるに到った。人民戦線とは、之まで多くは単に思想的現象に過ぎないと見做されたものが、本当に政治的実力を持つに到ったということを指す言葉とされるようである。言葉を変えて云えば、今では思想的な特色は、日本の政治勢力にとって、譬喩《ひゆ》ではなくて実質となった。これ以来、日本の政治実権者と社会実権者とは、思想運動が彼等自身の政治活動に直接する真剣な問題であることを初めて本当に理解するに到った。それまで軍部イデオロギーとか新官僚のイデオロギーとか色々云って来たのは、実は思想を指すのではなくて単に思想の譬喩のようなものであった。ただの心理とか習癖とかに過ぎぬと思い慣れて来た。そういう日本の政治常識を、恐れさせるに之は充分であったのだ。爾来《じらい》当局の人民戦線恐怖性は極度に高まったように見受けられる。

無産政党とは反対に、総選挙に見事失敗したのは、支配権力を頼みにしていた筈の多数のファッショ政党である（仮に簡単のためにファッショ政党と呼ぶことにする）。大衆的政治勢力として失敗した彼等は、そこで今云った人民戦線という政治思想的なカテゴリーを敵本対策として、之にすがることによってわずかに一種の言論戦をそれとなく展開して来たのである。事変と同時に全社会の動員的旋回が行われたに拘らず、ファッショ政党の社会活動には、意外にも特別に積極的なものを見ない。寧ろ国民精神総動員その他に政府嘱託の委員として活動する社会大衆党などの方が、活動力を有っているような次第である。思うに之は大衆的地盤を持たない日本の所謂「ファッショ政党」の根本弱点に由来することで、ファッシズム活動は主として官僚的国家権力そのものを通して上からしか作用しないという、日本型ファッシズムの特色を、裡書《うらが》きするものであろう。事変に這入って特にこの感を深くする。

この日本型の特殊性は、云うまでもなく日本の統制経済が社会的に持っている特有な意義を形づくっている。云って見れば民主的な国民の完全に独立独歩の企業が比較的貧弱であり、それが官営乃至御用商人的な企業の比でないという日本の経済的条件の下では、統制経済も多くの摩擦に拘らず割合円滑に行くということが注意に値する。そのためには別に際立った政治的変更をさえ必要としない。ばかりでなくこの統制そのものが多分に恩恵的な意義をさえ帯びていることを、多くの産業資本家自身私《ひそ》かに知っているのではないかとさえ思われる。政治の分野に於ては勿論このことは一層著しい。政治の強権化は日本の一般民衆にとってはそんなに不思議なことでも損失でもないかのようである。経済的依存主義と政治的事大主義（昔は官尊民卑と呼ばれた）とは日本民衆の特色の一つで、之が日本型ファッシズムの日本型たる所以をなす条件だ。この点、ここ数年来を通じて、そして特に本年度後半期の軍事的体制への転向に際して、定式通りに実証された処である。つまり今年という年は、日本型ファッシズムの社会的実地踏査に、極めて有利な材料を提供したようなものである。

だがこの日本型が決して経済や政治には限らぬのは、当然である。国民の一般的な社会意識、生活意識、そのものが、やはり日本的で日本型にあてはまっていることを、人々は事毎《ことごと》に見出した筈だ。その依存性と事大性は抜くべからざるように見える。之が日本人の所謂常識である。少くとも公式生活に於ける常識なのである。文化の世界に於ても、この根本的な特色は、失われない。それを最もよく実証したのが、やはり今年度の文化界の動きである。

併し予《あらかじ》め念を押しておかなくてはならない点は、日本の官僚的支配者が従来文化的に可なり無力であったという歴史である。その原因を検討していては長くなるが、要するに他の点では大変有能で又お世話やきでありすぎた程の日本の官僚は、教育行政上の或る形の成績は別として、一般文化の問題になると、まるで積極性がなく、殆んど全く自信がなく無関心だったという事実である。教育と云えば学校教育のようなものしか主として考えない、その背景をなす一般文化についての見解までには及ばないのである。――処が最近になって、この日本の官僚も次第に文化方面に注目を集中して来た。多少の文化的な自信を有つようになって来たのである。今年に這入って、文化勲章制定や藝術院設立となって現われたものがそれである。

だが不幸にして、従来日本の文化は政府と殆んど全く無関係に育って来たために、民衆自身が築き上げた文化意識と、今更政府が公定しようと試みる文化との間には、文化理念上の重大なギャップが横《よこた》わっているのを如何《いかん》ともすることが出来ない。それには元来、日本に於ける前資本主義的文化のイデーと資本主義後の近代的文化のイデーとの対立が根柢に横わっているからだが、つまり政府は民衆自身の国民文化を率直に日本の公認された公式文化として押しだすだけの自由を持たない。そんなことをすると政治的儀礼や教育的大義名分とあまりにもかけ離れて行くからである。それだけではない、文化と云えば今日どこの国でもすぐ様《さま》社会観や政治思想とからみ合っており、又文学其他に現われる思想の自由を想定しなければならないが、処が日本に於て思想らしい思想を持つものはどうも日本の公式思想として押し出すのに、政府にとって都合が悪いのである。かくて、折角の文化勲章も藝術院も、肝心の文化や思想の現役の大家を網羅することが出来ずに、思想的にあまりさしさわりはないような文献学者や絵かきの類をよせ集める他はなかった。日本の支配者による「文化」の活用がどんなに制限を有つものであるかを、国民はこの問題で、最も切実に理解したのである。官僚は遂《つい》に、少くとも今日の処、文化的に指導力を有ち得ないということ、少くともこと文化に関する限りは、文化存在の社会条件について政府の顧慮を労《わずら》わす種類のことを別とすると、政府は頼みにするに足りないということ、それを世人は今更ながら知った筈だ。

事変に関して英米その他に於ける日本の評判の悪いことは、宣伝に於て支那より劣るところがあるからだというので、多くの半公式日本代表が派遣された。それは前にも触れた。評判の悪いのが宣伝の下手なせいかどうかは今問わぬとして、とに角宣伝が下手だということは本当らしい。と云うのは、宣伝は決してただの雄弁や何かではなくて可なり複雑な文化活動なので、之が上手であるためには、当局によほど文化指導的な訓練がなくてはいけないのだ。処が日本の当局は、国民のデモクラティックな発達を抑えることによって、国内的に宣伝の必要を持たずにすんだが、その代りに宣伝という文化的訓練を自分自身の身につける機会がなかったので、こういう時局に際して、その報いを受けざるを得ないのである。国民精神総動員と云っても、決して之を高度な文化政策と見做すことは出来ない。単に戦時総動員の一環として、文化をも利用しようというのが、精々の文化的意図のようだ。併し文化的能力の低いものが、文化を利用しようとしても、利用の緒口《いとぐち》がないと云った様子である。この時代の日本型ファッシズムの高潮にも拘らず、そして多年の思想善導、国民精神作興、国体明徴、思想動員、精神動員、其他等々の方寸にも拘らず、日本当局に依然として、民衆的な宣伝力に富んだ文化政策がないという不可思議は、ここに秘密を持っている。当局が捻出する文化のイデーは、どれとして民衆の既得の文化意識を満足させるものがない。

日本に於ける文化ファッシズム（勿論《もちろん》日本型の）のために、半官半民の形を以て、援助に出馬したのは、しばらく前からの松本学氏の如き人物である。その仕事の系統は国維会（岡田内閣成立前）に発して本年に於ける日本文化中央聯盟の結成に及んでいる。この聯盟の計画によると、相当莫大な財源によって日本の古典の出版その他の日本文化紹介の有意義な仕事と共に、日本諸学なるものの研究及び研究助成に乗り出そうという。この計画の外貌は、例えば国民精神文化研究所の感触などに較べても、もっと近代的であり、前資本主義的趣味を脱している。

そこに一応形式上の民衆性があるわけで、ただの国粋反動団体的バーバリズムとは区別されねばならぬが、併し日本諸学などということになると、依然として、国民の文化常識からの反撥を招かぬわけには行かない運命におかれている。

だがそれはそれとしても、日本の文化運動の形態が、国家権力の大樹の蔭に文化を求めようとするにあることは、日本型の文化ファッシズムの特徴なのである。この文化的事大主義と文化的依存主義とは併し、勿論一般にはもっと高尚な文化的な相貌をとって現われる。諸文化の半官半民の民間アカデミー運動は多少ともこの動きの表面に現われたものだという一面を有っている。現に日本文化中央聯盟はそういうアカデミー運動の総和であると見てもいい。そしてその一部になるらしい「新日本文化の会」の如きは、寧ろ最も著しい事大的アカデミーの意義を有っているだろう。

本年度に於ける文化上思想上の最も大きな課題は、このような事大主義の系統に帰する日本文化乃至文化一般の観念と、之に対する批判としての別系統にぞくする日本文化や文化のイデーとの間に、横わっていたと云っていい。「文化問題」についての論議は、時事的評論雑誌や科学的評論雑誌の上で跡を絶たない。ジード旅行記やその修正版、それに対する各方面の批評(最近はフォイヒトワンゲル〔フォイヒトヴァンガー〕による批評)、それからこれに聯関してソヴェート清党運動についての文化的関心、も亦見逃すことの出来ないセンセーションであった。

だが何と云っても問題の中心は日本文化にあったと見ねばならぬ。「日本的なるもの」や「日本文化の伝統」の問題はそのままの形としては、丁度ヒューマニズムがそうであったように、云わば行方が知れなくなった。と云うよりも意外の処へ（実は意外ではないのだが）抜け穴を有っていた。そこでそういう形で議論をするのが、抑々莫迦莫迦しいのだということを、今年の文化人は気づいたようである。そこで興味のあったのは所謂国民文学論であろう。その提唱者によると、国民に於ける階級の対立が之まで如何に深く国民の文学そのものに刻印したかなどということは、キョトンと忘れたかのように、国民は国民だから国民の文学を有たねばならぬ、国民的人物、国民的性格を作品の内に打ち出さねばならぬと主張するのである。之ではまるで、専ら例の政治的な国内相剋緩和のための文学のように見える。だが国民には国民の文学が必要だということは、同語反覆的に疑うべからざることだから、国民文学という言葉は方々で重宝がられているのが事実であるが。――戦争文学ということも話題に上らないではない、之も亦日本文化や国民文学の一変形とならぬとも限らぬが、今の処取るに足りない。

之に反して、一般に文化問題又特には日本文化の問題を、最も合理的な形で検討するという期待は、科学的精神の論議の高潮の内に見られる。昨三六年頃から科学的精神は次第に時局的な問題とされ始めたが、今年に這入っても著しくその文化時局的意義を深めた。今年の初めにかけて、文学主義と科学主義との対立というようなことが一時問題になったが、元来科学主義などという言葉は、今日何の役にも立たぬ当てずっぽうの言葉で、科学的精神を歪めて云い表わしたものにしか過ぎなかったろう。（最近大河内正敏氏の理研コンツェルンの産業哲学として科学主義工業という言葉が注目されているが。）科学的精神は単に科学研究の精神と云うには止《とど》まらず、まして又自然科学の研究の精神などに制限されるものではない。社会科学や歴史科学にこそ、又文藝其他にこそ、つまり一切の文化そのものにとってこそ、必要な精神が之だというのである。文化そのものの真の精神だ。科学的精神がこういうものとして検討を始められたのは、今年の文化界思想界の、唯一の収穫であったと見ていい。日本文化の本質は、この科学的精神との関係に於て、初めて正常に把握されるだろう。例えば教学的精神の批判などということが、この方向に向った課題となるのではないかと、私自身は考えている。文部省のかつての学生課は思想局となり、それが今年に到って教学局となったことは興味がある。

日本の社会に於ける文化上の公的相貌は、さっきも云った通り、著しくそれ自身の制限と撞着とを、公的にさえ暴露している。だから文化上の私的相貌、国民自身の自主的な文化意識、日本社会の文化上の潜在的情勢は、今日のような社会事情の下でも比較的よく社会の表面に率直な姿を現わすことが出来る。日本の社会の他の部面に於ては、公式表現と潜在的情勢との間のギャップは、或る特別な個々の場合でない限り、公式表現そのものによって蔽いかくされて了っている。政治でも経済でも、一般社会活動でも、皆そうだ。ただ少くとも文化の領域に於ては、日本の社会が有つ内心の文化意識の相当正直な処が、或る程度まで表面に出ることが出来るのである。そこではもはや、社会の公式儀礼が必ずしも絶対的であるとは限らない。で恐らくこれが一九三七年度に於ける日本の社会の唯一の通風洞であったと見ていいだろう。

（一九三七・一一）

所謂批評の「科学性」についての考察

『文藝』一九三八年一月号

単に文藝批評だけではない。総ての評論風の批評は直接感受した印象の追跡を建前とする。ただその印象が藝術的な印象ではなくて、理論的印象や科学的印象である時、普通これを印象とは呼ばないまでで、この場合、印象の持っている印象らしい特色には別に変りがない。印象はそれを感受する人間の感覚的性能の如何《いかん》によって大変違って来る。印象とは刺戟に対する人格的反作用のことであろうが、そうした特色は、科学的労作を批評する場合にも極めて大きな役割を演じている。科学に於ける所謂《いわゆる》素人や、或る意味に於ける独学者が、往々曝露する欠陥は、正《まさ》にこの科学的理論的印象能力の薄弱さに関わっている。本質的に高い仕事と本質的に低い仕事とを甄別《けんべつ》するのは、この印象の確実さである。印象はその人の眼の高さのバロメーターである。この印象の追跡が一般的に批評だ。

藝術（作品、作家、藝術、現象、を含めて）に対する批評が、印象の追跡であることは、改めて云う必要はない。或いは又、いく度云っても云い過ぎる心配のないことでもあると思われる。――でこの意味に於て、批評は凡《すべ》て印象批評であると云ってよく、所謂「印象批評」なるもののヒドラのような不屈振りも亦《また》、ここに由来する。この点与えられ想定されている条件である。問題はいつもその先から発生する。ここから先が、初めて批評の問題になるのである。

まず印象の追跡ということである。だが印象自身と印象の追跡ということとは、ハッキリ別のことではない。作品を読むという活動の意味にも色々あろうが、優秀な読者は二度も三度も同じ作品を読むだろう。若い時読んだものを年取ってから読み直すということはごく普通の現象だ。一遍《いっぺん》読んですぐ又読み直すという人もいる。そうしないまでも、前へ戻りながら念を押して読むということは、誰でも必ずやっていることだ。途中でやめたり、飛ばして読んだり、新聞小説など逆に読んで行ったり（私はかつて偶然そういう機会を持ったが作家のかくされた制作過程を知るには大変いい参考になるようである）、そういうことは、散文などでは必ずしも乱暴な読み方とは云えないらしい。もし、随意に繰り返すことが出来るということが散文の特色だとすれば、こういう読み方にも意味があるだろう。して見ると、印象と云っても決して一遍カッキリの印象ばかりを問題にするべきではない。

もし一遍カッキリの印象を直接印象と呼ぶなら、ここで問題になる印象は、抑々《そもそも》、必ずしも直接印象ではないと云わねばならぬ。直接印象でないとすれば、云わば間接印象（？）、と云って悪ければ、念を押され確かめられ点検された印象なのだ。即ちこの印象は実はすでに追跡された印象だ。印象があって、之を追跡するだけではなく、所謂印象そのものが、すでに追跡された印象だ。心ある読者は、単に読むという活動自身に於て、印象追跡者である。批評家である。批評家とは、そういう最も普通な、併《しか》し誰でも可能だという意味に於ける誠実さを持った、読者の代表者である。読み手として優れているか特色があるか、それとも優れていなくても特色がなくても、それに職業的か習性的かの経験や訓練を有《も》とうと心掛けて生活しているもの、之が所謂批評家だ。批評家は読者代表である。批評家が作家の教師になったり鞄持ちになったり侍医になったりすることは、それから後のことで、批評家は先ず第一に読者の先輩であるというわけである。

こう考える限り、印象は即ち印象追跡であり、即ち又、印象追跡とは単に実際の印象それ自身のことでしかないようだ。もしこれで話しがすむなら、批評は凡て印象批評であるばかりでなく、批評は凡て、括弧づきの所謂「印象批評」であると云い切ってかまわない筈だろう。併しそうなると私は、もう一遍印象と印象追跡ということを観察し直さねばならなくなる。印象の強みは、批評の母胎となり批評の端緒（ヘーゲルやマルクスが尊重したあの端緒の意味に於ける）となるものが他ならぬ印象だというその強みは、即ち又それ独特の弱みでもある。印象は個人的なものでありパーソナルなものだ。それ故に、その限りの人間的真実と誠実とを約束しているが、併しそれだけの主観的制限を脱することは出来ない。勿論《もちろん》どんなものでも、いやしくも夫々《それぞれ》の人間が身を以て当っている事柄と、主観的制限のついていないものはない。もしそんなものがあるなら、それは偽物であり嘘の世界のものだ。だが、そういう言葉が許されるのも、主観的制限を主観みずから何とかして出来る限り脱皮しようという努力と、無意識的にせよ組織的にせよ、試みた上でのことだ。主観的制限の裡に寝そべっていたり馳《か》け廻ったりしていいということには、勿論ならぬ。

印象が追跡された印象であると云った。点検され確かめられ念を押された印象だと云った。今このことは、印象が自分自身の主観的制約を脱皮しようとする努力を意味するのだということが判る。主観的な偶然性を消去するために、印象を繰り返し、つつきまわし、比較し、実験し、等々して見るのである。之によって自分の自分らしい個性ある印象が、次第に明白になって来る。印象の明白感と自明感とによって心内的実証が確立される。之で少くとも自分自身にとっては、出来るだけ客観的な印象となるわけだ。自分にとってだけは、主観の偶然性をそれだけ脱皮した(偶然性を主観に由来するというラプラース以来の古典的偶然論の誤りを今仮に度外視するとして)客観性と必然性とを、この印象は持って来るのだ。

もし批評というものが身辺的なものに止《とど》まっていていいならば、批評はこのような意義に於ける印象の内に終止してよいわけである。つまりこの場合は、所謂印象批評の上乗《じょうじょう》のものであるわけだが、勿論こういう印象批評であっても、批評のあり得べき一つの親しい様式として、大いに意味のあることは否定出来ない。もしこの意味での印象批評を身辺心境小説やその意味での私小説に存在理由があるように、所謂印象批評も一定の右のような条件の下に、それに相応《ふさわ》しい価値を持っているだろう。

だが、元来身辺小説やその意味での私小説の文藝道に於ける不満や不充分さと思われるものはどこにあるか。それは散文文学としての小説の要求を充分に充たすことが出来ないという点だ。恐らく韻文特に抒情詩ならば身辺的なものでよく、わたくし的なものでいいかも知れない。この韻文精神が抒情詩ならぬ小説というジャンルに適用されたために起きた矛盾か何かが、私小説に対する懐疑を産んだのだ。処《ところ》でこの身辺小説的精神が、そのままのアナロジーを以て、批評精神に持ち込まれて、それで充分であるという保証はどこにもない。小説さえ私小説に満足出来ないものがある。なぜというに、それは詩からは遠いからだ。して見ると益々《ますます》詩というジャンルから離れているだろうクリティシズムが、韻文精神にぞくする身辺性ばかりを以てしては満足出来ないのが、あたり前ではないだろうか。

要するに批評に於ては、それの身辺小説的なアナロジーとも云うべき「印象批評」はそれが仇名のものでなくて上乗のものであっても、決してクリスティシズムそのものの上乗であるとは云うことが出来まい。そこでは印象が、批評家の「自分」にとっては、充分に客観化され必然化されている。勿論これはこの批評家の「自分」なる個性が顕著になるということと少しも矛盾はしない。性格の特殊化なしに、ここで客観化も必然化も、一般に無意味だ。だが主観的印象の主観による整理検討、つまり主観的印象の印象自身の地表に於ける整理検討は、客観的であるにしても単にインターサブジェクティヴな客観性を出ることは出来ない。なる程内心的実証と直接印象的な接着味とを絶対唯一の守護神とすれば、これ以上の客観化は、単に上ずることであり、嘘であり、抽象であるとしか考えようはなかろう。だが私に云わせれば、印象の追跡に於ては、一種の抽象こそ、必要なのだ。従って又、印象そのものの身辺密着性に於てさえ、抽象ということが大切なのだ。この抽象が単にインターサヴジェクティヴな客観性を踏み越えさせ、内心的実証の必然性を超克した云わば世界的実証の必然性をば、批評の機能に齎すのである。

作品に対する極度に豊富な経験、それに基く理想的に陶冶《とうや》された人間的感受性、これは印象を模範的たらしめる条件であるが、そういうものが実際に望むことの出来ないユートピアに過ぎないばかりではなく、仮にそれに近い場合を仮定しても、そこからインターサヴジェクティヴな客観性以上の客観性を惹き出すことは出来ない。つまり一切の批評が印象だけに片づくような、そういう印象は、印象がどんなに理想的であっても不可能だというのだ。印象の追跡は印象への追随であると共に、そればかりではなくて、印象から距離をつくることであり、印象を直ちに疑うことであり、印象を仮構的に破壊することであり、印象をつきはなすことである。それがなければ印象は、少くとも真に客観的な方向へは、追跡されない。「印象批評」の上乗なるものと雖も、多少とも之をやらずには批評にならぬが、その自覚に於ては印象追随が取りも直さず印象追跡の凡てであるかのように想定されているようだ。

印象批評という言葉には三つの意味がある。一つは一切の批評は印象から出発するという根本事実をそういう言葉でやや不用意に云い表わすものである。第二は、即興的放言を以て批評に代えうると考える処の、括弧づきの所謂「印象批評」だ。之は仇名である。第三は、身辺私小説の持つ厳しさになぞらえ得るような上乗の印象批評だ。だがどの場合でも変らぬ点は、印象からの距離と印象からの抽象というのが如何に批評にとって重大かということへの、関心の不足であると云っていい。

印象の成立に、読者乃至批評家の教養がどんなに大きな役割を演じているかは誰でも知っている。色々の云い方もあろうが、要するに教養が印象を決めるのだ。印象の内には教養が融け込んでいる。それはそれでいい。だが、教養の内でもまだその時々の印象の内に解け込めずにいるものもあるのだ。印象や直覚や好みなどに解け込んでいない教養は教養でないと云って了えばそれまでだが、それは教養の教育的な過程を無視することになる。教養は身についたものでなければ本物ではあるまいが、併し身につくまでは大いに自他によって教育されたものなのだ。極端に云えば、教えたり覚えたりすることが先行して、時あって教養は初めて身につくことも出来る。教育のある人間が教養があるという常識は之を物語る。

この何でもないようなことは、意外に重大な個処であることを注意しなければならぬ。覚えた知識が何か、と云う。教え込まれたものは身につかないとも云う。それは嘘ではない、と共に真理の全体でもない。身についているものと教え込まれたものとの間の距離、背反、を問題にしないような身につき方は、嘘だ。教え込まれたもののために、身についているものを切り捨てることが誤りであると共に、身についたもののために、教え込まれたものを教え込まれたものだからと云って切り捨てるのも、大いに誤りだ。もしそれでいいなら結局身についた印象や直覚や好みの変化や進歩を理窟の上では否定することにならざるを得ない。なぜというに、印象や直覚や好みという、そうした直接的なものも、家庭や学校や友人や社会や又自分自身によって、計画や考案を通じて、教え込まれたものの無自覚の結果なのだから。直接な印象其他は実は直接的でない抽象作用の間接の結果であるという、印象の発育史を頭におくことが必要だと思う。

で印象に対しては、すでに印象にとけ込んで了っている教養ばかりでなく、まだ印象の肉となっていない仮定的な教養（生まな知識や常識やどっか他から来た理想や要求などを含めて）も、印象と大いに関係があるのだ。之は印象に対しては抽象的だ。印象からは一続きには行かない。距離がありギャップがある。之は印象自身にとっては決して親切なものとも限らないし、安易なものとも限らない。之は印象に対してフレムトなものだ。だが之は印象を変革し進歩させ成長させるものとなり得る。主観的印象同志をどんなに印象という媒質自身の中でつき合わせても出て来ないものが、この主体的な印象と非主体的な抽象との二つのフレムトなものを聯関づけるという労作から、初めて出て来る。つまり印象批評では出て来ないものが、印象に対するこの抽象を媒介にして出て来ることが出来る。之が印象自身と印象追跡とに於ける抽象力の働きだ。

公式や学殖というものも、批評に於ては印象からの抽象力として、一定の意義を有っている。公式主義やペダントリーのような弊害を理由にして、公式や教師的学殖の正常な役割を、観念的にゴマ化して了うことは許されない。――さてこうした印象批評の限界から、科学的批評と呼ばれているあの問題が発生するのである。批評が、印象の単にインターサヴジェクティヴにすぎぬ客観性を如何に突き破るか、又、これを突き破って普遍必然性を齎し得るような批評の処方は何であるかという、あの問題だ。

印象批評が何かしら判ったもののように考えられるに反して、科学的批評の方はあまりハッキリしている観念ではない。藝術乃至文学の社会的批評が科学的批評であるかのように考えられたこともある。そして之がマルクス主義的批評であるなどとも、説かれたことがあるし、そういうものとして反対されたこともある。今でもその余波は残っている。例えばいつか亀井勝一郎氏が、社会的常識で藝術を片づける私などがよろしくない、というような意味のことを書いたが、之は私の短所とも長所とも全く関係のないことで、如何にあてずっぽうな噂話しにすぎないかを示すものであるが、氏のような批評家がこういう当てずっぽうを書くのも、今云ったような「科学的批評」についての常識が余波として残っていることの、参考材料になることだ。

実を云うと、科学的批評という観念は、之をくさす人にとっても、之を提唱する人によっても、思ったほどハッキリしていないのではないかと思われる。批評が科学的であるとはどういうことなのか、批評の科学性とは何か。社会的認識とか、所謂思想性とか、社会科学的公式とか、藝術史的考察とか、そういうものらしいものがあれば科学的で、なければ科学的でない、とでも云うような、極めていい加減な観念ではなかったろうか。科学的な批評でないと云って非難する時もそうだが、又科学的批評だと云って非難される時もそうだ。更に又、科学的批評一向「科学的」でない、と云って皮肉る場合もそうだ。世間では何によらず科学的であるということが、即ち公式主義的であるとでもいうような、周章《あわ》てた常識が横行している。こういう常識にかかると、科学的批評とは即ち公式主義的批評だということになりそうだ。事実、所謂括弧づきの「印象批評」が存在すると同時に、之に劣らず括弧づきの所謂「科学的批評」も実在している。そこで之こそ科学的批評という奴だということになる。こうなると、科学的批評という観念自身がごく幼稚でありながら、意外に大人ぶった「科学的批評」批判も出来ようというものである。これは少し困ったことだ。

思うに批評が科学的であることの、最も手近かな特色は、（そして恐らく最も形式的な特色である）それが組織的で体系的だということにあるだろう。印象自身は必ずしもシステマティックなものではなく、まして印象の追跡の際に於ける印象相互の関係も、そのままでは組織的なものではない。処でここに何かしらシステムが働いていることが、取りあえず科学的な事情を齎す。尤も、どんな批評家でも、少くとも一人前の批評家ならば、必ず何等かのシステムを持っている。システムと云えば不動な屋台骨だろうなどと考えるのは下等な常識で、そんなものは組織力を持たないからシステムではない。だからみずから印象批評家を以て許す多くの優れた批評家も、実は、どこかに自分がいつも立ち還って来る或るシステムを持っている。そうでなければただ一言の批評も吐くことは出来ない筈だ。だから優れた意味のある批評は、その限り、たとい印象批評というレッテルが貼ってあろうとも、決して非科学的であるとは云うことが出来ない。

ただこういう非科学的でない処の印象批評の特色として、まず第一に、少なくともそのシステムを外に現わさない。外に現わさないばかりではなく、時とすると自分でもそれとして取り出すことが出来ない。自分で気づかないことさえある。（之はこの批評家自身を批評する場合には曝露されねばならぬものだ。）だからその限り、之を特に科学的批評と呼ぶ必要がないわけだ。——印象から距離を作り、印象を之と無縁なものへの媒介すると云ったあの抽象力が、このシステムによって動かされる最も目立った能力であるが、この抽象が自覚されていないか、外部へ紹介されていないか、夫《それ》は必ずしも科学的批評の名を必要とはしないのである。それを印象批評と呼ぼうと何と呼ぼうと、人々の自由だ。と同時に、之が科学的であることに対する反証にもならぬし、まして之が科学的批評一般への反対の足場にもならぬのだが。

さてシステムがどういうものかに従って、科学的批評にも色々の種類と段階とが出て来る次第である。かくされたシステムによるものは今も云った通り、かくされた科学性を結果する。科学性が匿されていようといまいと、印象を忠実に記録するという批評の目的にそえばそれでいいではないか、それ以上、それが科学的であるとかないとかは、批評にとっては無用の穿鑿で、目的を果した批評は、もし科学的ということが目的にかなったことでもあるなら、もうそれだけで科学的と云っていいではないか、と考えられるかも知れない。印象を忠実に受け取って忠実に記録したら、それが何より科学的ではないか、という一種の論法もある。併しこの議論は或る一つのことを忘れているようだ。

批評がなぜ科学的であることを要求されるかというと、批評が持っている或る特殊の啓蒙的教育的な用途に関するからだ。と云うのは、批評は読者代表が一般読者へ、作品を紹介し見方を先導することであって、つまり一つ一つ読書術を教えるという教訓性を脱し得ない文藝の一ジャンルと考えられる。すると教えるということと学び得るということとが、他の文藝ジャンルとは多少異る意味で、批評に要求される資格をなす。そこに特に批評の「科学性」への要求の一つがあるのだ。批評はどこかこれが先生味を持っている。老俳優も若輩の批評家を先生と呼ぶのである。批評家は教え得ることを要求される。つまりその意味での科学性を要求される。この教え得ることの材料となるものが、例のシステムである。システムを批評家は読者に教える。読む（或いは又書く）システムを。それが一種の教育可能性を持った普遍的客観性を結果する。例の抽象力はこういう風に働くのだ。

批評の科学性の最も手近かな特色であったシステムから、教育可能な抽象力を見出したが、この先生味の勝った（ペダンティックな）システムは、現に、藝術史乃至文藝史の学殖に基く体系の如きものだ。だからこの段階の科学的評論家は、アカデミックな藝術史家や史家としての文藝学者である。尤もただの藝術史家や史家としての文藝学者は、事実上、必ずしも評論はやらない場合が多いから、そのままでは科学的「批評家」ではない。こういうアカデミックな学殖を背景とした批評家が、だから初めて、この段階の「科学的」批評家であるわけである。

だが学殖を背景とすると云っても、この学殖だけで批評がやれるのではない。批評の対象はいつも現下の事物を以て正規とする。古代の作品でも之を直接に現下の作品との聯関を目標として省察するのが批評家だ。之に反して古代の作品を比較的に単なる古代の作品として省察するのが、文献学者や古典学者である。批評家の精神は時局性（アクチュアリティー）の精神であることを忘れてはならぬ。そうでないと、批評家と学校教師とを区別している特色が見失われるだろうからだ。

そこで又、科学的批評に於けるシステムの内容が、改めて問題になるのである。時局性の精神は、社会常識と可なり近いものだ。だから普通の社会常識を多少整頓しても批評のシステムは一応出来る。そういう常識式批評家も非科学的批評家であると云うことは出来ない。だが常識は遂に常識であって、特に科学的ではない。社会常識は社会認識にまで深められねばならず、その社会認識は現実性のある社会科学的認識にまで掘り下げられねばならぬ。だがシステムの規定がここまで来れば、この批評の科学性については、今は多くの人が知っているのである。世間で公式主義的な批評と呼ぶものの多くは、この内の一部分に含まれる。

藝術史的学殖がこの社会科学的認識と結びついた場合もあれば、結びつかない場合もある。前者は藝術社会学から始めて藝術の史的唯物論などを含む。後者は之に反して、精神史的な藝術史に終る。だがいずれにしても、まだそれでは藝術の批評ではない。科学的ではあるかも知れないが科学的批評ではない。批評は時局性の精神に立つ。単に藝術史が社会的聯関によって研究叙述されるばかりでなく、それが現下の藝術作品の時局的意義に結びつかなくては、科学的批評とはならぬ。即ち現下の作品の社会的産出とその藝術的（美学的）価値とを解明するシステムがなくてはならぬ。それがなくては、科学的批評ではない。

尤も、藝術的価値の精神史は云うまでもなく、藝術的価値の現下に適用されそうな任意のシステムは、生理学的生物学的なものであろうと心理学的なものであろうと、又文献学的古典学的なものであろうと、哲学的なものであろうと、科学的でないのではない。私は夫々の代表者を挙げることは省略するが、彼等が科学的でないとは云えない。システムをとに角ハッキリ持つ以上はである。そして又彼等が批評家でないとも云い切れない。美学的価値の尺度を確立しようとする限りはだ。だが、問題はその時局性の如何に関わる。真に時局的なリヤリティーを有つためには、明敏な社会常識と、之を深める社会理論の開発とがなくてはならぬ。そして初めて、批評は科学的となる。以て、批評の科学性に於ける時局性（アクチュアリティー）の意味を知るに足りよう。批評のシステムはアクチュアリティーの体系であることを必要とする。

そう云うと、最も印象批評的な放言と雖もアクチュアリティーを有つと云われるかも知れないが、真にアクチュアルな体系に於ては、社会的認識そのものがまず体系的でなくてはならぬ。そういうシステムが印象追跡の抽象力となる時、まず科学的な批評と一応云っていいようだ。

批評の啓蒙的特色を述べたが、併し科学的批評によって、批評家は何を教えようというのであろうか。システムを伝えるのだが、何のための批評のシステムだろうか。つまり批評は終局に於て何のために存在するのか。之は妙に大ざっぱな問題だが、廻避してはならぬ。処で私はこう考える。文藝なら文藝として、その批評の目的は、文藝的認識の反省を与えることにあると。認識の反省、認識に含まれる世界観や方法の抽出による省察、之が一般に批評＝クリティシズムの目標であろう。文藝（一般に藝術）も亦一個の認識の一大分野であるということ、一個の大きな思想の世界であるということ、（文藝は裸かの思想へ肉をつけたものではなくて夫《それ》自身思想を材料とし思想を形式とするものだ）之を明白な自覚の下に置いて、印象を組織立て省察を推進させることが、一般に文藝批評の目標であろう。否、これこそが科学的な文藝批評の建前である筈だ。——文藝が一つの認識であるということを自覚することが、文藝批評の「科学性」を保証する最後のものだと云ってもいいようだ。文藝を実在の認識と考えない処からは、何等の科学的批評も導かれ得ない。

もし文藝学というものがみずから認識論としての建前へ基かねばならぬとすれば、（文藝学が認識論につきるというのではない、それ自身が認識論を想定して出発しなければいけないだろうというのが私の主張なのだが、）文藝批評が科学的であるということは、つまりこうした文藝学を想定した批評でなくてはならぬということだ。そういう認識論と哲学（併しどういう立場に立つ認識論や哲学かは重大な点だが）を想定することが、批評を科学的であるとする感想の動機をば事実上なしているものではないだろうか。独り社会科学や、歴史科学との関聯ばかりではない、自然科学や、技術学との関聯に於ても、文藝作品（一般に藝術作品）の相貌を個々に明らかにすることは文藝を「認識」の一つと見る観点から以外からは導かれ得ないだろうと思われる。凡ての批評は文明批評である、文化の批評である、生活の批評である、と云われている。文藝批評が文明批評、文化批評、人生批評、の内に編成され得るのも、専ら文藝を一つの認識として検討する広汎義に於ける認識論を俟《ま》つ他ないと思うが、そうするためには、おのずから批評が科学的であるという相貌を呈せざるを得なくなるだろう。科学的批評の要求と、リアリズムの問題とが、必ず相伴って登場する理由が之だ。

さて以上は、批評の科学性という観念が持っている形式的な――システムということの要求から出発した――特徴にすぎない。実際の科学性の内容は、他にある。それは藝術的表象と科学的カテゴリーとの聯関にあると云ってもいい。そしてそこから導かれる思想上の一定傾向のことでもあるのだ。併しそれについて私はこれまで何遍か述べた。ここではただ、科学的と考えられるかというその形式について、少し検討して見ただけだ。そしてここでの私のさし当りの結論はこうである。藝術的印象は系統的な認識論を想定した上で追跡されるべきだ。それが批評の唯一の途だ。その名を科学的批評と呼ぶことは、案外人々のこの言葉に対する若干の期待に沿うているかも知れないのだ、と。

（一九三七・一二）

『戸坂潤セレクション』収録文一覧

初出紙誌、収録単行本、収録全集巻をあげた。全集とは、勁草書房から刊行された鶴田三千夫編『戸坂潤全集』。末尾の算用数字が巻数。一巻は一九六六年五月、二巻は一九六六年二月、三巻は一九六六年十月、四巻は一九六六年七月、五巻は一九六七年二月、別巻は一九七九年十一月の刊行である。

「性格」概念の理論的使命　『新興科学の旗のもとに』一九二八年十月号／『イデオロギーの論理学』、鉄塔書院、一九三〇年六月　…2

歴史と弁証法　『理想』一九三二年四月特輯号／『現代哲学講話』、白揚社、一九三四年十一月／旧版『現代のための哲学』、一九三三年二月、大畑書店　…3

日常性の原理と歴史的時間　『理想』一九三一年一・二月号／『現代哲学講話』／旧版『現代のための哲学』　…3

「文献学」的哲学の批判　『唯物論研究』一九三五年三月号／『日本イデオロギー論』、白揚社、一九三五年七月、増補版は一九三六年五月　…2

文化の科学的批判　『読書』一九三四年八月号／『日本イデオロギー論』　…2

日本倫理学と人間学　『歴史科学』一九三五年一月号／『日本イデオロギー論』　…2

偽装した近代的観念論　『唯物論研究』一九三四年十月号／『日本イデオロギー論』／原題「偽装した「近代的観念論」」　…2
「文学的自由主義」の特質　『進歩』一九三四年六月号／『日本イデオロギー論』／原題「「自由主義」の進歩性と反動性」　…2
批評に於ける文学・道徳・及び科学　『唯物論研究』一九三六年一月号／『思想としての文学』、三笠書房、一九三六年二月／原題「批評の機能」　…4
シェストフ的現象に就いて　『文学評論』一九三五年二月号／『思想としての文学』　…4
日常性について　『読売新聞』一九三四年九月六―九日／『思想としての文学』　…4
道徳に関する文学的観念　『道徳論』（『唯物論全書』）、三笠書房、一九三六年五月／「道徳の観念」のうちの第四章　…4
風俗の考察　『唯物論研究』一九三六年八月号／『思想と風俗』、三笠書房、一九三六年十二月／五節のみ初出不詳　…4
宗教における思想と風俗　『報知新聞』一九三六年十月一―三日／『思想と風俗』　…4
ブルジョア哲学とその宗教化的本質　初出不詳／『思想と風俗』　…4
日本の官僚　『労働雑誌』一九三五年七月号／『世界の一環としての日本』、白揚社、一九三七年四月…5
日本ファッシズムの発育　初出不詳／『世界の一環としての日本』　…5
文化の危機とは何か　初出不詳／『世界の一環としての日本』　…5

日本主義の文学化　『報知新聞』一九三七年一月十三―十五日／『世界の一環としての日本』／原題「本年度の思想界の動向」…5
和辻博士・風土・日本　『自由』一九三七年二月号／『世界の一環としての日本』／原題「和辻哲郎博士・風土・日本」…5
近衛内閣の常識性　『日本評論』一九三七年七月号／単行本未収録、平凡社東洋文庫『増補　世界の一環としての日本』2巻、二〇〇六年八月／原題「思想界から批判する」…5
ひと吾を公式主義者と呼ぶ　『中央公論』一九三七年八月号／単行本未収録、『戸坂潤選集　二巻　科学論　下』、伊藤書店、一九四八年四月…1
思想動員論　『日本評論』一九三七年九月号／単行本未収録、東洋文庫『増補　世界の一環としての日本』2巻…5
挙国一致体制と国民生活　『改造』一九三七年九月号／単行本未収録、東洋文庫『増補　世界の一環としての日本』2巻…5
一九三七年を送る日本　『改造』一九三七年十二月号／単行本未収録、東洋文庫『増補　世界の一環としての日本』2巻…5
所謂批評の「科学性」についての考察　『文藝』一九三八年一月号／単行本未収録…4

解説――批評の科学性

林《リン》淑美《シュクミ》

一　科学的精神

戸坂潤が生前刊行を計画して果せなかった本の題名は『科学的精神』だったという。自ら編んで組版も完了していたのを、「印刷間際に著者に対する禁筆令によつて、出版のはこびに至らなかつたものである。生前著者は右の校了紙を大事に保存していたのであつたが、不幸戦災にあつて焼失して了つた」と、『戸坂潤選集』二巻「科学論」下の「あとがき」にある。世に出るはずだった『科学的精神』は、三つの不幸に見舞われたと云える。一つは、引用にある禁筆令、これは一九三七年十二月に内務省から執筆禁止の内示を受けたことを指している。大森義太郎、岡邦雄、中野重治らとともに受けたこの措置は、発表禁止ではなく執筆禁止である。言論統制といってもその枠を超えた、実に無法なものであった。「序」で「時代の評論」と自ら名づけた『世界の一環としての日本』を一九三七年四月に刊行したのち、そして翌年元日の日付で刊行の『読書法』が発売禁止となったのち、戸坂潤の本は公刊が許されなかった。一年後この措置がゆるんでも変らない。不幸の二つめは、保存していた校了紙が焼失したという、日本の都市の殆どが焦土と化した戦災である。さらに三つめを加えるなら、一九四五年八月九日、敗戦のたった六日まえに戸坂潤が獄中で死んだことである。もし、国家権力が彼を死なしめなければ、戦後社会を迎えたであろう、この日本でもっともすぐれた哲学者は、おそらく『科学的精神』と名づけた本を刊行したにちがいない。『科学的精神』が蒙った不幸は、戦時下日本の不幸をその極みまで映している。それはまた〈科学的精神〉という精神が、圧殺し尽された日本の不幸をも映していて象徴的なのである。

『戸坂潤選集』一、二巻は、「科学論」上下巻として、古在由重、森宏一、本間唯一の編で、一九四六年八月、四八年四月に伊藤書店から刊行、引用は一九六六年五月に勁草書房から刊行の鶴田三千夫編『戸坂潤全集』一巻の「あとがき」も一部引いている。なお、以後『戸坂潤全集』は『全集』と、『戸坂潤選集』は『選集』と略記する。

『世界の一環としての日本』刊行後、戸坂は多くの「時代の評論」を書いて、それは『全集』五巻と、全集に未収録のものを増補した平凡社東洋文庫版『世界の一環としての日本』2で読むことができるが、それら以外の科学論で『科学的精神』に収録するつもりであったものを

『選集』『全集』は六篇あげている。その六篇は、「禁筆令」が出される以前だから、一九三七年四月以降十二月までに発表されたものである。本書に採った「ひと吾を公式主義者と呼ぶ」は、この『科学的精神』に収められるはずであった。三七年八月の発表である。

『世界の一環としての日本』は白揚社から刊行、『増補 世界の一環としての日本』1、2巻、平凡社東洋文庫は、林淑美編・校訂、二〇〇六年七、八月刊。

一九三七年・昭和十二年という年は、満洲事変が起きた一九三一年、アジア太平洋戦争開戦の一九四一年と並んで、その後の日本の不幸な道筋を定めた重大な年であった。それは単に、七月七日の蘆溝橋事件を経て、すなわち〈北支事変〉の勃発となった、その年であるというだけではない。大衆無産政党が得た議席数が世間を驚愕させたのはこの一九三七年四月の総選挙であった。前年下半期から続いて年が明けてからの史上稀に見る労働争議・小作争議の急増が反映されてのことだった。そこに現れたのが戸坂の書くように「民衆の反ファッショ的思想」（「昭和十二年上半期の日本 思想」『自由』一九三七年年七月号、本書不採録。なお不採録の注記がないものは本書採録文）であれば、六月四日に成立した第一次近衛文麿内閣の課題は、あるいは支配の照準は、当然民衆の自主的な政治的意思の剝奪、あるいは馴致に合わせられるだろう。彼らの課題は、普通選挙による議会をどう運営するかであり、あるいは国家利益に国民を一体化させるためにどう支配のシステムを高度化するか、ということになる。そこで恐らく蘆溝橋事件であり〈北支事変〉であったのだが、所期した通り、八月以降〈挙国一致〉の国民的同意を獲ることになる、同意形成システムである、いずれ大政翼賛運動につながっていく国民精神総動員運動が発せられたのも九月九日のことであった。こうして〈北支事変〉を画期に三七年半ば以降の日本社会は急激な構造的変化が進行することになる。この構造変化について、一九三七年の初めに展望した「日本ファッシズムの発育」(本書に採録したものは、発表年月日、紙誌をいちいち記さない)での戸坂の予想は見事に——不幸にも適中した。戸坂の予想を端的に要約すれば、三七年は「「日本」的ファッシズムの逐次的な発育であ」るとして、産業統制や議会政治の統制や検閲制度の拡充、文化の道徳問題化、日本主義者・自由主義者・文学者などのデマゴギーの生産、等々、〈北支事変〉自体についてはさすがに予想していないが、国民精神総動員運動から、三八年五月に施行の人的及び物的資源をすべて国防目的のため国が統制運用する国家総動員法に至る、日本社会の変化を漏れなく指摘している。こうした状況下において戸坂潤の云う〈科学的精神〉とは、どのようなものであったか。古田光は、戸坂潤が「あの昭和十年代のファシズムの嵐のなかで［中略］身をもって現実に責任をもった哲学とはどのようなものでなければならないかを示し」、その「批判活動の内面的な拠点となっていたものは」、「「科学的精神」であっ」て、それは「新しい「哲学」の観念にもとづいて展開されたものであり、その目標は科学的精神の思想的な確立と大衆的な発展にあった。」と書いている(『全集』一巻「解説」)。

指摘の通り、戸坂の云う〈科学的精神〉とは文化・思想のあらゆる領域を貫いてはたらくものであり、何も自然科学に限定されるものではないし、また社会科学のみを指すのでもない。戸坂は〈科学的精神〉とは「歴史的認識の精神である。事物をその実際の運動に従って把握する精神なのだ。」と「科学的精神とは何か」（本書不採録）で書いている。一九三七年四月号の『唯物論研究』に発表したこの論文の副題は「日本文化論に及ぶ」であった。戸坂が「科学的精神は単に科学研究の精神と云うには止まらず、まして又自然科学の研究の精神などに制限されるものではない。社会科学や歴史科学にこそ、又文藝其他にこそ、つまり一切の文化そのものにとってこそ、必要な精神が之だというのである。文化そのものの真の精神だ。」とも書く所以である（「一九三七年を送る日本」）。戸坂の思想の根本が〈科学的精神〉に貫かれたものであるといっても、この一九三七年・昭和十二年という年に、それを端的に題名とする本を作ろうとする意志は、この副題に顕著である。日本人の心を籠絡する復古主義的な日本文化論、その根本をなす日本主義思想、その背景にある歴史の捏造に〈科学的精神〉を対置しようというのである。

「昭和十二年上半期の日本 思想」は、全集未収録、平凡社東洋文庫『増補 世界の一環としての日本』2巻に所収。『世界の一環としての日本』刊行以後に発表された「一九三七年を送る日本」は、『全集』五巻に付論として収録。

先に述べた、民衆の政治動向が顕著だった一九三六年下半期から三七年半ばにかけての状況は、近衛内閣成立を機に潮目が変る。『科学的精神』の一篇のはずだった「ひと吾を公式主義者と呼ぶ」の末尾に付された擱筆年月日は、「一九三七・七」となっている。この日付は、蘆溝橋事件が発表された七月八日の前か後か、いずれにしても第一次近衛内閣成立の六月四日の後ではある。この文章は、自身の学問の方法について語ったいわゆるエッセイ風に見えて、実はこの潮目の変化に対応しているようだ。戸坂は公式を使ってもっと先の問題を解くのが科学的精神であるという。〈公式を使って先の問題を解く〉というのは、公式の適用にとどまらず「社会科学的公式の論理学的展開でなければならない」（『イデオロギーの論理学』「序」、本書不採録）。その展開に資するのはいつでも現実の把握であろう。科学的精神にもっとも反するものは、歴史の非歴史化である。歴史的行き詰まりを打開するために、非歴史的な体系をつくりだし、それを歴史的認識に代えようとすることである。

明治以降、国粋主義は危機のたびに発育してきたが、昭和になり「日本資本主義の危機に際会して、満洲事変や上海事変の喇叭の音と共に、今は津々浦々にまでその作用を」行渡らせていると戸坂は述べる（「ニッポン・イデオロギー」『歴史科学』一九三四年六月号、×印は伏字、本書不採録）。戸坂が「ひと吾を公式主義者と呼ぶ」を書いた時、危機は一九三一年の満洲事変や三二年の上海事変の時よりさらに増している。そこで戸坂は云う、「思想の具体化とはまず第一に考え抜くことと撚りをかけることだ。」と。この状況において目下何が必要とされているのか。古田光の云うように、戸坂の新しい哲学の「目標は科学的精神の思想的な確立と大衆的な発展にあった」のだから、戸坂は「科学的精神」をもって思索することの大切さを人々に示そうとしたのである。日本人のナショナリズムを刺戟して歴史を非歴史化する復古主義的なイデオロギーに対抗するために、科学的精神をもって思考に撚りをかけるための実践的な処方を人々に示したのが、この文章だったといえる。

『イデオロギーの論理学』は一九三〇年六月、鉄塔書院刊。「ニッポン・イデオロギー」は一九三五年七月、白揚社より刊行の『日本イデオロギー論』所収。『日本イデオロギー論』は三六年五月に初版に三篇を加えた増補版刊。二著ともに『全集』二巻所収。

二 〈北支事変〉と戸坂潤の理論

本書に採録した「近衛内閣の常識性」と「思想動員論」とは、蘆溝橋事件を挟んで前後に書かれた。「一九三七・六」と擱筆年月日が記されている「近衛内閣の常識性」は蘆溝橋事件以前の執筆でありながら、その後の日本を予見している。問題は、近衛内閣成立にあったからだ。この内閣の政策を戸坂は「国防絶対至上主義と、根本的な反民主主義とである」と評した。それにもかかわらず、なぜ近衛内閣に世間が好感をもつかを、戸坂の批評は問題にする。この内閣の、いかにも常識の意匠をまとった近代的な言論操作の心得をあげて、それを「近衛内閣の常識性」と呼んだのである。しかしそれは支配の常識であって民衆の常識ではない、「民衆は依然として、かかる支配者の支配的常識を、また自分自身の常識として服用すべきであろうか。」。国民が欺かれるのは、国民が「支配者の支配的常識」を自身の常識として「服用」してしまうからである。

七月七日に起きた蘆溝橋事件では、十一日に突然派兵決定の声明が出され何であったか。これによって局地的な衝突であった蘆溝橋事件が〈北支事変〉になり、すなわち日中戦争の開始となった。内閣をして事態収拾をやめさせるような迅速な派兵の決断を為させたものは何であったか。戸坂が注目する首相近衛文麿の行動がある。十一日の閣議のあと、近衛は素早く言論機関代表、貴衆両院議員、財界代表を招集して各界代表に〈挙国一致〉の協力を求める。新聞や通信社の代表も政党代表も、政府の方針遂行に協力する旨を述べ、社会大衆党党首の安部磯雄も「無論挙国一致の精神で進む」と述べた。これがすなわち翼賛体制への最初の一歩であったのである。

〈北支事変〉後の、擱筆年月日を「一九三七・八」とした「思想動員論」は、イデオロギー支配の理論化とその実際の分析をおこなった、きわめて重要でかつ先駆的な論考である。〈北支事変〉後の支配の側のイデオロギー支配の方策はこれまでの「統制」から「動員」に進化したもの、というのがこの論の大意だが、「民衆への下知的な働きかけ」から民衆に「政治的同類感」を催させる段階になったのが〈北支事変〉後であって、この進化を「統制」から「動員」へと表現したのであった。近衛内閣の「思想政策上の功績」である「国民を動員するに足るだけの政治的同類感」を催させること、これはつまり国民的合意を内面的に形成することに成功したということになる。戸坂が卓越しているのは、透徹した現状分析ばかりでなく、こうした近衛内閣の問題をイデオロギー理論として展開しているところにもある。それはこれまでの戸坂の画期的なイデオロギー理論の改訂作業が、その根柢にある。「政治的同類感」はイデオロギーの再生産を支えるものなのだ。これを後段で記す「風俗の考察」では、「安易快適感」あるいは「制度習得感」と表現している。

国民が「支配者の支配的常識」を自身の常識として「服用」し、結果された「政治的同類感」とは、国民の意識の変化のことであった。近衛内閣が誘引したこの人々の「政治的同類感」は、イデオロギー理論ではどう説明されるか。戸坂は端的に問題化して述べる。「なぜ併し、北支事変が、こうも強力に政治常識の首のすげかえを実行するだけのエネルギーを有てるのか。」。擱筆年月日を「一九三七・八」とした「挙国一致体制と国民生活」は、驚くべきイデオロギー理論の展開を——現代のイデオロギー理論の到達を先取りする——示すことになる。「あれ程膨大な軍事予算と国民生活安定予算との矛盾への注目は、国民の時代常識であった。「あれ程執拗であった例の国民的政治常識は、今では、少くとも社会の表面に於ては殆んど完全に、挙国一致というものへ席を譲ってしまった。」のである。「近衛内閣が挙国一致に相当成功したとすれば、夫は云うまでもなく、全く北支事変の賜物と云わねばならぬ。」（傍点は原文、以下同様）のだが、「さてこの常識、之は現下の反自由主義的時局にも拘らず、日本国民の基本的な政治常識につながっているものであり［中略］処が、その常識が改めて昨今急に、そのままは通用され得ないという新しい国民的儀礼に、取って代られて来たのである。」。つまり、この〈挙国一致〉は「新しい国民的儀礼」によるものだと云うのである。「恐らくそれは云わば著しく観念的な挙国一致ではないかと考えられる。」。ここで論じられているのは、〈挙国一致〉のイデオロギーである。

三 〈挙国一致〉のイデオロギー

「現実の実際の国民生活安定の代りに、国民は、生活の観念的な安定感を与えられる。夫が軽々に理解された「挙国一致」というものの現実であると見ねばならぬ。」

戸坂は、ここで問題を「現実の実際の国民生活安定」と「「挙国一致」というものの現実」が与える「国民生活安定」、という二重の現実を指摘することで解明しようとする。戸坂はこの「観念的な挙国一致」によって与えられた「観念的な挙国一致」を〈挙国一致〉を承認する「新しい国民的儀礼」と呼んだ。〈北支事変〉後の状況におけるこのような日本人の意識の急変を〈国民的儀礼〉と呼んだのは、人々が現実を誤って認識したり、戦争に対する虚偽の表象を盲信したりしたのではないということを指摘したものである。現実は十二年上半期になってさらに増し国民の困苦は続いている、戦争がそれをもたらしていることを人々はよく知っている、にもかかわらず人々が〈挙国一致〉を承認するのは、それによって「観念的な安定感」が与えられるからだ。そしてこの「観念的な安定感」は、現実を、現実そのもの自体ではなく、何か別の現実としてあらわされることを承認するようになる。

戸坂は前年二・二六事件の直前に書いた「挙国一致の擬装」（『エコノミスト』一九三六年二月号、本書不採録）と表題する論文で「「挙国一致」そのものが何物かの擬装なのである。」と書いたが、国民間の差異や利害の対立をまったくなくすのが〈挙国一致〉であるならば、真の〈挙国一致〉というものがあるはずもない。〈挙国一致〉とは戦争がもたらす現実を何か別の現実としてあらわしたものだと、戸坂は喝破しているのである。だから「何物かの擬装」としての〈挙国一致〉を支えるのは、擬装を擬装と知りながら、幻想を幻想と知りながら、〈挙国一致〉という擬装に順《したが》っておこなう人々の社会的活動によって、現実そのものとは別の現実がつくりだされること、そのことにある。〈北支事変〉後に生きる人々は、現実を誤認しているのではない、人々は、社会における自らの活動が〈挙国一致〉という別の現実をつくりだすことを知らないのである。戦争がもたらすであろう現実にたいする人々の誤認や盲信がないのに、〈挙国一致〉を人々はなぜ支持したか。そこには人間の意識における二重性と呼びうるようなものが働いている。こうした指摘が戸坂の論が提出した要点であり、「国民的儀礼」という言葉の意味である。この「国民的儀礼」は、アルチュセールのイデオロギー理論を敷衍したスラヴォイ・ジジェクの表現を借りれば「合理的な議論はやめて、何も考えずにイデオロギー的な儀式に従い、意味のない身振りを繰り返すことによって、頭をからっぽにしなさい。要するに、すでに信仰をもっているかのように行動しなさい。そうすれば、信仰は自然にやってくる。」（『イデオロギーの崇高な対象』鈴木晶訳、二〇〇〇年、河出書房新社刊）というようにして可能である。〈挙国一致〉という空想は信仰や儀礼の規範に則る諸個人における社会的活動、習慣や身振りによって社会的現実となる。ジジェクは「こうしたイデオロギー的改宗の手続きは、カトリック教徒だけに限定されるものではなく何にでも適用できる。」と続ける。そう、このような「手続き」は何にでも適用できるが、宗教的権威と同様な大義や倫理的規範があった方が、現実そのもの自体ではないなにか別の現実は、人々の意識によりたやすく訪れるし確乎たるものになる。戦後社会ならばそうした接着力のある大義は〈自由〉と〈民主主義〉ということになろうか。昭和十年代の日本で「国民生活安定」を代償にしてもなお従うだけの価値のある〈国民的儀礼〉（戸坂）や〈イデオロギー的な儀式〉（ジジェク）の基体にあるものは何か。

戸坂は「挙国一致体制と国民生活」の末尾でこう推測する。「国民生活の単なる観念的安定」である「今日の現実の「挙国一致」の体制」は、「現実の国民生活安定の代用品」であるのだからいずれ「国民生活安定という設題自身の廃棄になると私《ひそ》かに考えられ」ると。この予見が正しかったことは数年たってアジア太平洋戦争開戦後の日本が示すことになる。一九四一年以降、誰もが知る通り「国民生活安定」の「設題」などどこにもなくなり、国家は戦争に邁進し、国民は多くの犠牲を払い困苦に耐えながら国家を支持した。その時国民の挙国一致の「観念的安定」は、何が保証するのか。戸坂はこうした問いに答えている。

「処で、現実をこのように観念に換えるということは、或る絶大な信用の存在を意味する。金準備への信用のようなものがそこには必要なのである。そして挙国一致という信用が通用する銀行の地下室にあるものは何か。それが例の云わば戒厳令的な体制の金属的偉力であったのだ。」。挙国一致という信用が通用するという「例の……金属的偉力」とは、いうまでもなく天皇制のことに外ならぬ。「現実」を「観念に換える」というのは現実の二重化を言ったものであることを確認しなければならないが、そうすると日本の場合、なにか別の現実をつくりだす「金属的偉力」は天皇制であって、それが「国民生活安定」を代償にしてもなお従うだけの価値のある〈国民的儀礼〉（戸坂）や〈イデオロギー的な儀式〉（ジジェク）の基体にあるものなのである。

ここで断っておきたいことは、本書に収録された論文のどれにも共通して云えるのだが、検閲を配慮してのレトリックが多く見られることだ。表現は、それをそれとして名指しできないために迂遠になるが、それ故に魅力的なものになっていることも多い。しかし、字義通りに受取ってしまえば、反語や皮肉の表現を字義通りに受け取ってしまうのと同じような、正反対の読みになってしまうことに留意してもらいたい。レトリックは、戸坂の意図とはまったく逆に誤読される危険をいつも孕んでいる。天皇制を、信用が通用する〈銀行の地下室にある金属的偉力〉と表象するのも検閲向けレトリックの例なのである。

「挙国一致の擬装」は今日の問題社刊行『現代日本の思想対立』所収、一九三六年十二月、『全集』五巻所収。

四　日本主義の文学化――文化はイデオロギー

〈儀礼〉のイデオロギーは、しかし〈北支事変〉前後の戸坂の思索に初めて現れたものではない。一九三七年一月発表の「日本主義の文学化」で「日本の現状は最も深刻な対立におかれている。そういうことは庶民の生活の内に極めて簡単明瞭な矛盾となって現れている。」にもかかわらず、そういう「階級対立を良心的にもスッカリ忘れたり見て見ぬ振りが出来る程」のものが「「順応的」「妥協的」な一元主義のタイプのリアリスト達の一群を、一つのモードとして産み出している。というのが一九三六年あたりからの日本の文化現象だ。」とし「日本の現実における階級対立、経済上・政治上・社会上・また文化上・の階級対立、これを口の先で抹殺しようというのが、この一元主義的文化儀礼の本質だ。特に善良振る愛情主義的評論家などは、この際利用されるにおあつらえ向きなのだ。特に善良振る愛情主義的評論家達に至っては、最も役に立つだろう。」。

六月の近衛内閣成立と七月の〈北支事変〉以降喧しく鼓吹されるようになった〈挙国一致〉というのは——この言葉が現われたのは満洲事変の頃からだが——もともと国内を一元的に見せかける意思のことであった。〈日本はひとつ〉という文句は現在でもよく耳にするが、「一元主義的」というのはそういうことだ。「一元主義的文化儀礼」が「一つのモードとして産み出されている」のは、そしてそれが「一九三六年あたりからの日本の文化現象」だというのは、日本主義文化論の横行と、それを引用にあるようにおもに文藝評論家が唱導しているからだ。「特に善良振る愛情主義的評論家達に至っては」支配の「最も役に立つだろう」としているのは、文中にあるように小林秀雄を念頭においている。

たとえば、順応も妥協も、小林の文章の、以下のくだりからの引用であろう。「僕は大勢に順応して行きたい。妥協して行きたい。びくびく妥協するのも堂々妥協するのも、順応して自分を駄目にして了ふのも、生かす事が出来るのも、ただ日本に生れたといふ信念の強さ弱さに掛かつてゐると考へてゐる。」。国民みんなが「大勢」に「順応」し「妥協」すれば、挙国一致である。「日本に生れたといふ信念の強さ」があれば「順応」も「妥協」も立派な行いとなるのだから安心せよ――これが、日本の現実のあらゆる面での対立を「口の先で抹殺しよう」とする「一元主義的文化儀礼」の見本である。

小林秀雄は、これを一九三六年十二月の『東京朝日新聞』に、二十五日から五回にわたって連載した「文藝時評」の三回目、「批評家の責務――日本人の信念について」と題された文章に書いた。生前の小林はこの「文藝時評」を、全集に限らずどの本どの論集にも採録を許さなかったそうだ。さもあろう、「日本型ファッシズムの固有なイデオロギーたる日本主義」(「日本主義の文学化」)の文学的お先棒かつぎの代表として登録されるべき文章なのだから。幸いなことに、これは歿後刊行された『小林秀雄全集』の四巻に「文学の伝統性と近代性」として収録された。小林は「伝統はどこにあるか。僕の血のなかにある。」「社会の制約性は伝統の制約性に外ならぬ。民衆とは伝統の権化である。」と書く。小林の〈民衆〉は一九三〇年代の資本主義社会に生きている現実を捨象して、どのようにも変更されない〈伝統〉の中にのみ生きているようである。しかし〈伝統〉は歴史的現実において継承されるものであるし、〈民衆〉は社会的実在のものであるのだから、「民衆とは伝統の権化」と云うのは、小林の夢想によって清められ仮構された文学的表象である。概念を無視し文学的表象で替えるのが戸坂の編み出したタームである「文学主義」の特徴である。「今日の文学者的な文化上の自由主義者程、日本ファッショ化の過程にとって有益なデマゴーグはないのである。」(同前)と戸坂が述べる所以である。が、これについては、のちに触れる。

冒頭で触れた「ひと吾を公式主義者と呼ぶ」で〈科学的精神は一切の文化そのものにとって必要な精神〉と、戸坂潤は書いた。一九三七年七月に書かれたこの論文の要めは〈日本主義〉やそれと思想的に共振する〈文学主義〉に対抗するための〈科学的精神〉の強調であった。ではその非科学的な〈日本主義〉の拠りどころである〈国史〉はどのようなものか。

文部省が、日本の国體についての公式な解釈書として一九三七年三月に刊行し中等学校・師範学校他に配布した冊子『国體の本義』の「第一章　大日本国體一節肇国」によれば、「我が肇国は、皇祖天照大神が神勅を皇孫瓊瓊杵ノ尊に授け給うて、豊葦原の瑞穂の国に降臨せしめ給うたときに存する。而して古事記・日本書紀等は、皇祖肇国の御事を語るに当つて、先づ、天地開闢・修理固成のことを伝へてゐる。」。初代の天皇とされる神武天皇は、この高天原《たかまがはら》より地上に降臨した瓊瓊杵尊《ににぎのみこと》の曾孫だとし、即位は紀元前六六〇年とされる。紀元節の二月十一日が、明治六年に神武天皇即位の日とされたのは、『日本書紀』に干支で記された日を太陽暦に換算したものである。これが〈国史〉による国の肇めの基本である。戦前の日本の紀年は、これを元年とした。当時は、皇紀とか神武暦ともいってカレンダーや手帳にも記されたのだが、むろん、神武天皇即位は神話での架空のことであり、暦の換算も実は不可能だと言われている。しかしこれが大日本帝国の〈正史〉なのである。たとえば一九四〇年は皇紀二六〇〇年にあたり盛大に祝われた。紀元前六六〇年の成立といえば、エジプト、中国などに続く古代国家があったことになる。これは驚くべきことである。日本列島で、国と呼ばれるような組織が出来たのは紀元後四〇〇年頃というのが常識なのだから。さらに驚くべきことは、この〈国史〉の非科学的精神は、実は二一世紀の現在も受継がれている。戦前の「紀元節」を改めて一九六六年に制定された「建国記念の日」、二月十一日の国民の祝日のことである。

そして、これまでに見てきたようにこの頃「日本文化」がしきりに喧伝されるのは、たとえば『国體の本義』の「第二 国史における国體の顕現 五、国民文化」において「我が国の文化は、肇国以来の大精神の顕現である。」とし「我が国に於ける一切の文化は国體の具現である。」というような文化強調の政策が背景にある。『国體の本義』の文化論の特徴は、自国の文化は自前のものでその発生に他民族の影響はなく、したがって純粋なものであるという考えである。「国史家始め多くの日本人は、今日でも動《やや》もすれば日本文化なるものの、最初からの存在を肯定し」自覚的に「外国文化を選択し同化しつゝ、今日の発達を来したと解釈せんと欲する傾きがある」が、これは「謬想」であり「歴史を仮装したもの」と断じたのは、大正十一年の内藤湖南である。「日本文化とは何ぞや」（其一『大阪朝日新聞』一九二二年一月五日—七日。引用は『内藤湖南全集』第九巻）と題された湖南のこの有名な日本文化論は、〈国史〉の荒唐無稽を歴史家として正す意図もあったと推測するが、「日本民族の国家成立は、殆ど高句麗と同時代である」とか「支那文化が最初に日本民族に及んだ時代は、未だ日本民族は国家らしき団体を形成して居なかつたと断言するを得る。」などの記述は、大正期だから可能だったのだろう。

というようなわけで、戸坂は「ファッシズム・イデオロギーの特色の一つが、何より文化呼ばわりを好むという点にあることは、見逃されてならぬ点だ。」と、「文化の危機とは何か」で強調する。『世界の一環としての日本』が、三部構成のうちの第二部を「日本の文化現象」としているように（一部は「日本の社会現象」、三部は「日本の報道現象」）、戸坂は文化批判に力を注いだ。文化という観念がドイツ哲学に由来するものである、ということから筆を起した「文化の危機とは何か」は、「文化をイデオロギーとして社会科学的に批判する立場」において批判方法の定式を述べた『日本イデオロギー論』所収の「文化の科学的批判」（『読書』一九三四年八月号）とならんで〈文化〉を論じるに必須の文献であろうと思う。日本の文化観がドイツのそれを受継いでいることを示唆しながら、「アーリヤ文化の宣揚となりユダヤ人文化の排撃」となるドイツの文化強調を「驚くべきバーバリズム」とし「このドイツ文化が正にドイツの非文化・反文化・となる」と書いたのは、ドイツ文化批判に借りての日本ファシズム文化批判なのであった。

五　「思想の科学」――日本主義・ファッシズム・自由主義思想の批判

戸坂潤の〈科学的精神〉に基づく批判は「現代の時事的又原則的な問題を哲学的に取りあげよう」（『現代哲学講話』「序」、本書不採録）とするものだ。そうであればこそ、哲学は〈思想の科学〉として現代において生きた意義を持つことができる。戸坂が「思想なるものに就いての科学、思想の科学が哲学というものだ」と書いたのは「哲学の現代的意義」（『唯物論研究』一九三七年十、十一月号、本書不採録）の前半の章、「思想の科学」と題された論文であった。後半の章は「クリティシズムと科学的精神」と題され、「思想の科学であるものは、現実の諸思想の生きた法則を探求する」と書いた。

一九二九年の処女単行本『科学方法論』（岩波書店刊）以来の、学問が実践的世界に対してその方法となること、哲学という学問の新しい領野を拓こうとする思索の試みの中心となる言葉が〈思想の科学〉だからである。「哲学はここで、単に一つの専門領域の科学としてばかりではなく、それよりも先に、進歩的で統一的な世界観として、時代の本当に科学的な批評の道具として、役立つことが出来、また役立たねばならない。」とあるのは『現代のための哲学』の「序」（一九三三年二月、大畑書店刊、本書不採録）であるが、これが〈思想の科学〉の意味である。この言葉が戸坂の著作で初めて見えるのは、管見で云えば『現代哲学講話』に収められた『経済往来』一九三二年九月号発表の「京都学派の哲学」（本書不採録）だが、一九三七年後半になってしばしば〈思想の科学〉の意義が強調されるのは、これまで述べたような〈科学的精神〉が一層貫かれねばならない危機を日本が迎えて「現実の諸思想の生きた法則」を広く知らしめることが焦眉の事であったからであろう。「思想の科学としての哲学が、現代に於て占める役割、それを云い表わすものが、科学的精神である。」という記述から敢て乱暴に云ってしまえば、〈思想の科学〉に比して〈科学的精神〉の方がより実践性が勝っていると云えようか。この一文のある「哲学の現代的意義」は本書には採録できなかったが、是非読んでもらいたい論文である。

『現代哲学講話』は一九三四年十一月、白揚社刊、『全集』三巻所収。「哲学の現代的意義」は単行本未収録、『全集』編者が三巻の『認識論』の付論として収録。『現代のための哲学』は『現代哲学講話』の旧版、以下本章であげた論文は特に断らない限り『全集』二巻所収。

〈思想の科学〉というパラダイムにおいて達成した戸坂潤の理論は、唯物論哲学の有効性を示すものでもあった。〈思想の科学〉が、まとまった形で読める最初は、本の副題を「現代日本に於ける日本主義・ファッシズム・自由主義・思想の批判」とした一九三五年刊行の『日本イデオロギー論』であった(初版には副題が付されていないが)。〈思想の科学〉がもっとも重視したのは、現代文献学と観念論の批判であっただろうし、この著作が明らかにしたのは、日本主義・ファッシズムが文献学の無組織的適用であり、自由主義が観念論の一形態であるということであった。文献を扱って書誌学とテキスト・クリティックを主とするのが文献学であり、そのテキスト解釈の方法と理論を扱うのが解釈学だが、現代日本の文献学批判をなすために、その思想的淵源を明らかにした「「文献学」的哲学の批判」は、第一編「日本主義の批判とその原則」の筆頭の論文であった。その主眼を、現代日本の思想的趨勢についてまとめた序説「現代日本の思想上の諸問題」(書下ろし、本書不採録)で辿ってみる。何故現代日本の支配のイデオロギーは文献学を必要としているのか。日本主義には「多くヨーロッパのファッシズム哲学が利用されて」いるが、日本主義の「唯一の依り処は、国史というもの」であるので、「外来思想のメカニズムによっては決して辻褄の合った合理化」を得られない、「そのために必要な哲学方法は、ヨーロッパ的全体主義の範疇論や何かではなくて、正に例の文献学主義以外のものではな」い。ハイデッガーを指して「ドイツの最近の代表的な哲学が露骨な文献学主義」になっており、それは「解釈学乃至文献学からその歴史用の用途を抜き去り」「非歴史的な哲学体系」を構想したものだ。日本のファシズム哲学はハイデッガーの非歴史化に倣うように「文献学的意義しか持たない古典を持ち出し、之に基いた勝手な結論で以て現実の実際問題を解決出来る」と説く。現下の問題は、文献学主義と解釈学を応用しての復古主義・国史である。日本主義の古典は、むろん記紀のことであり、儒教・仏教の古典である。

戸坂はこの「「文献学」的哲学の批判」で現在の課題は「現下の哲学的観念論とそれのありと凡ゆる社会的・文化的適用とに対して、技術的に科学的批判を行うのに実地に役立つ諸原則を求めること」として、その諸原則を、言葉の説明は事物の説明にならぬ、古典は実際問題の解決の論拠とはならぬ、古典的範疇はそのままでは論理をなさぬ、などをあげている。こうした諸原則のもとで論じたものが、紀平正美や権藤成卿や北一輝など日本主義者諸家の言説等、日本アジア主義や日本農本主義等を扱って日本主義思想がいかに没論理的で薄弱な観念体系であるかについて論じた「ニッポン・イデオロギー」（前出）、復古主義の反動の秘密は、社会の現実上の現代化を、観念的に原始化するとした「復古現象の分析」（『改造』一九三五年五月号、本書不採録）などである。

第二編「自由主義の批判とその原則」の筆頭論文である「偽装した近代的観念論」は、観念論とその現代的形態を明らかにして、とりわけて戸坂の超凡さが見られる論である。物質の代りに観念から出発するというのが観念論一般の意だが、戸坂は云う、近代的観念論は好んで偽装すると。今は観念論の抜け殻が大きく観念論と銘打たれ、抜け殻を脱いだ蝉は偽装した観念論となってすでに他の樹に止って鳴きながら、その抜け殻を観念論と非難する。偽装した観念論は文献学の方法である解釈学となって現れる。この「解釈」のメカニズムは、解釈する「事実の意味」が、「もはや事実の意味であることを止めて、単なる意味だけとなり、かくて意味が事実に代行し、現実の事実は却って意味によって創造された事実とさえなる。」というものだ。さらに「文学主義」――この重要なタームについては後に述べるが――とその政治的表現である「文学的自由主義」となって現れる、これが戸坂の自由主義批判につながるのである。

自由主義は経済的自由主義として発生し、そして政治上の自由主義となったが、「現在の日本などでは、自由主義と云えば、政治上の自由の問題などとは無関係に〔中略〕政治的範疇ではなくて文学的範疇になっているのである。云わば文化的自由主義が自由主義の唯一の故郷となっている。」だから「自由主義を政治上の問題としてばかり見ていて、之を文学的イデオロギーの問題として見ないとすると、少くとも今日の自由主義者の心事を暴露することは出来ない。」とする（「「文学的自由主義」の特質」）。

戸坂の、西田幾多郎批判、和辻哲郎批判は定評のあるものだが、こうした文学的文化的自由主義批判の一環でもある。「「無の論理」は論理であるか」（『唯物論研究』一九三三年四月号、本書不採録）での「無の論理は、事物そのものを処理する代りに、事実のもつ意味を処理する」ものだとし、「世界の解釈に止まろうと欲する無の論理こそは、最も徹底した純正形而上学・観念論である。」としたのが西田批判。「日本倫理学と人間学」での和辻批判は「国語的文義解釈を手頼りにすること」で「いつの間にか「日本倫理」や「東洋倫理」を結果」したとし、「ドイツに於てはヒットラー主義へ、日本に於ては日本主義倫理学へ、之が解釈学に潜んでいる自由主義」であり「つまり和辻式倫理学は、自由主義哲学が如何にして必然的に日本主義哲学になるかということの証明の努力」だとする。「自然を人間学化し、解釈学化し、かくて又それを主体化し」て日本的風土を見出した「和辻博士・風土・日本」も、風土を論じると——「解釈」すると——必然的に日本主義になるということの「証明の努力」と云えよう。

「「文学的自由主義」の特質」の自由主義批判は、しかしこの時代にだけ有効なのではない。「今日の自由主義者の個人主義は［中略］事物を個人を中心にして考える。社会であろうと歴史であろうと自然であろうと、又そこに行われる一切の価値評価に就いてであろうと、個人という存在が判定の立脚点になる。」。そして、戸坂はこの「個人」は「「人間学」的な範疇」であるという。では、彼らの「人間学」とはいったいどういうものか。こういう「人間」は「自然や歴史や社会から説明されるのではなくて、逆に、自然や歴史や社会が、この人間から説明されねばならぬ。そうした方がより文学的に忠実でより哲学的に深刻だと、自由主義者達は考える。」。そう考えることが誰を利することになるかは明瞭である。このように人間存在を超社会的・超歴史的なものとするための思考は、連綿として現代も強力に存在する。

六　思想と風俗

『思想と風俗』の序説と云える「風俗の考察」は、独創と卓見に満ちた戸坂潤の著作のなかでも屈指の論文であり、日本の哲学、社会科学の分野でもっとも高い達成を見せている。それはまず「思想は風俗の形を取ることによって、社会に於ける肉体的なリアリティーを有つことが出来る。」という「序」（本書不採録）のなかの定立的な一文の、思想という抽象的な価値の高いとされているものと、風俗という具体的で卑近とされているものとの非中立的な対立を打破していることに示されている。まず戸坂は風俗という概念を理論的なカテゴリーとして仕立てるための作業をおこなう。風俗は、宗教・道徳・法などとならんで上部構造に属するが、しかし「社会の物質的基底とその上部という普通の社会科学的段階づけ」では――つまり通常の上部構造論では説明できないと述べ、それは制度内で教育された人間の意識の「制度習得感」に伴うものだからだという。「制度と制度習得感としての習俗が、一見片々たる細々した手廻り品や言葉身振りにまで細分されて捉えられた場合が」風俗であり、これは「歴史的な自然性」をもったひとつの制度であるとともに、「同時にその制度が概略の大衆の意識にとって安易快適（アット・ホーム）であるものだ。なぜ安易快適かというと、「風俗が道徳にぞくする」

からだ。風俗は「単に世間が皆そうしているという事実だけではなくて、この事実が社会的強制力を持っており、そして道徳的倫理的権威と、更にそれを承認することによる安易快適感を惹き起こしつつあるもの」であるからだ。「するとこの場合の風俗は明らかに上部構造としてのイデオロギーの一部にぞくすると云わねばならぬ。」のだ。風俗も、「手廻り品や言葉身振り」までイデオロギーだという、これはイデオロギー概念の改訂を世界の知性が試みるようになった第二次世界大戦後よりずっと前になされた先駆的なイデオロギー論であることを確認しなければならない。恐らく戸坂はイデオロギーを維持・保存、再生産の問題としても捉えているのだ。それは〈制度習得感〉〈安易快適感〉という、ちょっと妙な語を戸坂が造語している点に明瞭に現れている。

戸坂の理論では、風俗と風俗が属する道徳の制度は、制度習得感・安易快適感と揃いのものなのであり、道徳や風俗の制度が曖昧なぶん、よりその維持・保存の仕組みは独自なのである。このことは、先にあげた昭和十二年の『日本評論』に発表した「思想動員論」のくだりに論じられている。これは、〈北支事変〉後の支配の側のイデオロギー支配の方策はこれまでの「統制」から「動員」に進化し、民衆に「政治的同類感」を催させる段階になったというのが大意だが、「政治的同類感」はイデオロギーの再生産を支えるものと二章で述べた。動員の成功の結果がどうなるかについて、こう書いている。

「だがもし一旦、実際に思想動員が実行されたとするなら［中略］その動員の状態は恐らく、何よりも確実に半永久的な物として効果を止めざるを得ないのが事実だろう。［中略］議会が自由討論の意思を恢復することによって政治的動員の一部分が解消され得るように、そういう具合には思想動員は解除になることが出来ない。［中略］そういう思想なるものの動員は、一旦実行されたが最後、そう容易に動員解消にはなり得ない。いや動員解消になっても、動員によって発育した限りの思想自体は殆んど解消にはならぬ。ばかりではない、その思想はその後も或る程度まで動員された方向に向かって依然として益々組織的発育を遂げて行くだろう。その点思想動員が産業動員や交通動員などと異る処だ。」

イデオロギーが「その生命の直接のコンテキストの外で生きながらえ」るのはなぜか、と問うたのはアルチュセールだが、同じ問をこの引用文に見ることができる。この実例に日本では敗戦直後の日本官僚とGHQの共同制作による戦後体制があげられるだろう。

思想動員がひとたび実行されたなら、動員が解除されたとしても思想自体は解消にならず半永久的に効果をもつのは、道徳が関係するからである。イデオロギー理論の改訂のために道徳に関する理論が必要となる。イデオロギーが道徳によって再生産されるからだ。『思想と風俗』の半年前に刊行された『道徳論』に「道徳の観念」という論文がきわめて独創的なものとして書かれなければならなかった所以である。

しかしその前に『思想と風俗』が第三部として、七本の論を収め「宗教風俗」の項を設けたことに触れよう。大本教が一九三五年に不敬罪などで弾圧を受けたことに示されるように、この頃は新宗教または新興宗教と呼ばれる宗教の乱立時代であった。戦後に拡大した主要な新興宗教は神道系、仏教系合わせておおむねこの時期の創立であると云ってよいだろう。その社会的背景を「不敬を生んだものはほかならぬ敬虔の社会的強制そのものなのだ。——要するに類似宗教の一切の害悪は、現代における一切の宗教主義の単なるカリケチュアに帰するにほかならない。だから眼くそが鼻くそを笑うことは出来ない筈である。」としたのは「宗教における思想と風俗」だ。「鼻くそ」が類似宗教だとして、それを笑う「眼くそ」は「現代における一切の宗教主義」、すなわち神権化された天皇制の「敬虔の社会的強制」である。そしてこれを現代の観念論と結びつけたのが、「ブルジョア哲学とその宗教化的本質」である。たとえば非合理主義に赴く神学的な西田哲学などを指して「ブルジョア観念論の宗教化を、模倣するものが所謂新興（インチキ）宗教の多数であることは、もう少し注目されてもいい」とした新興宗教論は、純然たる現象に還元できない現実的存在の、雑多に混合する機能として現前する風俗を論じて、〈思想と風俗〉にふさわしい材料と云えよう。

『道徳論』所収の「道徳の観念」は第四章の「道徳に関する文学的観念」のみを本書に収録した。「道徳の観念」における独創性は、道徳の観念を四段階に分けてそのもっとも高次な段階を「道徳に関する文学的観念」としたことにある。この段階は「道徳の観念」の章分けに対応している（第一章「道徳に関する通俗常識的観念」、第二章「道徳に関する倫理学的観念」、第三章「道徳に関する社会科学的観念」）。「文学的観念」としての道徳は、通俗道徳への批判者であるために、通俗道徳の道徳観でいえば、それはもはや道徳ではない。「道徳を納得的に否定し得るものは、一種の道徳の他にはあり得ない。モラルは少くとも現在、事実上そういう一種の道徳の観念だ」と述べ、モラルと呼ぶべき道徳の新しい概念——旧道徳にたいする新道徳という意味ではない——を創ろうとしたのである。「個人とは社会科学的概念だ。之は史的唯物論によって片づく。之に反して「自分」とは文学的表象だ。之は一切の文学的又実に道徳的なニュアンスとフレクシビリティーとを有っているだろう。」

戸坂にとって、道徳の批判者としての——道徳を解体するものとしての〈道徳＝モラル〉という道徳の新しい概念とは、科学と文学との関係、「個人」と「自分」との関係、社会的存在と自己意識との関係のうちに横たわる問題であった。「道徳とは、要するに社会に於ける制度と夫が社会人の意識に課する処の社会規範とになる」（「道徳に関する社会科学的観念」）のであって、この場合の「社会人の意識」とは、社会的生活をする社会的個人の意識のことであり、この社会的個人の意識が、安易快適感や制度習得感また政治的同類感によって制度の側に簒奪されてしまうのならば、簒奪されない「自分」における意識の理論が要求されるのである。「個人」の場ではなく、「自分」の場におけるものを、〈道徳に関する文学的観念＝モラル〉と戸坂は名づけたのである。「科学的概念が文学的表象にまで拡大飛躍すること」で得られる、この「自分」にとって「社会の問題は所謂社会問題や個人問題としてではなく、彼の一身上の問題となる。〔中略〕一身上の問題は却って正に社会関係の個人への集堆の強調であり拡大であった。〔中略〕今や、自分＝モラル＝文学は一続きの観念なのである。社会の問題が身についた形で提出され、自分一身上の独特な形態として解決されねばならぬということが、文学的モラルを社会科学的理論から区別する処のものだ。」。

ブルジョア倫理学は、社会的個人から社会を抜き取ることによって人格の自律なるものを仮構したが、戸坂が問題にした「自分」とはむろんこのような超歴史的な概念ではなく、問題は、社会的個人から「自分」なるものへの通路を社会科学の方法を読み直すことによって創りだすことなのである。そしてこの「自分」と「モラル」は、文学において追求されるものであるということ。

『思想と風俗』は一九三六年十二月、『道徳論』は一九三六年五月、ともに三笠書房刊、ともに『全集』四巻所収。『道徳論』は『唯物論全書』の一冊で岡邦雄と共著。

七 〈思想としての文学〉――戸坂潤の文学論

『思想としての文学』の「序」（本書不採録）で、戸坂は文学への篤い信頼を語る。文学は「文藝を浸潤し、更に広く他様式の藝術的表現全般を貫徹し、それだけでなく哲学乃至科学にまで聯関せねばおかぬ処の、或る脈々たる生きた真理を、世間では文学と呼んでいるのである。之は勝義に於て、思想と呼ばれているものに他ならない」、文学の「搏動する思想は、色や形や音に固有な表現様式の下に於ても、それに拘らず、常に言葉の影像を以て云い表わされ、又は言葉の影像へ飜訳され得る、［中略］言葉の影像とは、そういう種類の普遍性を有っているものだ。」。

『道徳論』の前著『思想としての文学』の巻頭論「批評に於ける文学・道徳・及び科学」は、文学の力をイデオロギーの理論から証したものとして、他に例を見ないものであるように思う。その文学の力が力であるためには、表象の偏愛が相対化されねばならない。「この表象なるものがその合理的な核心とは関係なしに、馬鹿馬鹿しく全般化され誇示されて、みずからナンセンスへ導くという」ことがある、それは観念論への道である。概念は人間の経験を通じて「歴史的に発達した認識の諸成果であ」るのだから、これを斥けてはならない、もっと悪いのは

「概念の代りに表象を動員しようとしたり、概念と表象とを一緒くたにして混成チームを造り上げたりすることだ。科学的理論の代りに妄想の体系をでっち上げたり、理論的分析の中に、平気で詩的文学的な観念連合の一鎖をはめ込んだりするのである。科学的概念で分析する代りに文学的表象で科学的結論を出そうとしたり、科学的概念で或る程度まで行くと、それから先は、何の云いわけもなしに、急に文学的表象へ話しを切りかえて了ったりする。――今日の形而上学［中略］がなぜあんなに文学的な美しさを持っているか、そしてなぜ、にもかかわらず信用出来ないかは、今のこのやり口からよく説明がつく。之は論理上の文学主義とも云うべきもので、概念の代りに表象を愛するというあの人間的偏愛の上に成り立つ処のものだ。云うまでもなく文学自身について云えば、この文学主義が特に著しい。」。

　これが戸坂の独自のタームである〈文学主義〉というものの要点である。だからと云って文学的表象を斥けているのでは無論ない。〈科学的精神〉は「文学的表象によって描き出される具体性にまで、延長され高められ深められ」た地点に正しく実現する。「と云うのは、そういう要求は他ならぬ一身上の、それ自身すでに道徳的・文学的な要求なのである。科学的探究は文学的探求にまで追いつめられねばならぬ。それが認識というものの意味だ。ここに初めて、文学的表象による示唆や想像や誇張や象徴が、科学的に必要となるのである。」――約めて云って「科学は自然と社会とを探究する、文学は道徳＝モラルを探究する。」。

この論文は科学的概念と文学的表象とのあいだに通路を設けることによって「個人」と「自分」とに関する理論を創りあげようとしたものだが、そのために必要だったのが、「性格」に関わる理論であった。

『思想としての文学』は一九三六年十二月、三笠書房刊、『全集』四巻所収。

八　歴史的時間と「性格」概念

「文学的表象は文学的具体性を得るためには却って一つの抽象的結合を必要とする。夫が恰も、先に云った性格というものに他ならぬのである。」

引用文中の「性格」は「「性格」概念の理論的使命」で戸坂が概念化したものである。これが収録された、一九三〇年に刊行された『イデオロギーの論理学』の「序」（本書不採録）は「今吾々にとって必要なのは、思想の論理学なのであり、それが「イデオロギー」の論理学なのである。」とし、収められた文章は「社会科学的公式の論理学的展開」であり、「論理上の問題を解くための公式として利用される」ことを望む、「最初の文章「性格概念の理論的使命」は、之等の公式を導き出すための下準備に外ならない。」と書いている。この下準備は、のちに続く戸坂の豊かな思索と厖大な理論的業績の下準備でもあったろう。性格概念のもつ理論的使命は、論理的とされる序列と現実の歴史的序列との間の問題を焦点化することにあったと云っていい。戸坂はこれを「本質」と「性格」とが対立的な概念であることから始めて、こう述べる。「本質概念」は、「事物それ自身に具わっている処の、根本的な性質」であって、対象Aの本質がαとなって現れたりβとなって現れたりすることはできない、「本質」は「本質を見出した人々」との関係を「終局のテロスに於てこの関係を脱却して、みずからを成立せしめ」る、したがって「それは人々にとって彼方にある」。しかし「性格概念」は、対象Aが「人々にとって、αとして或いは又βとして現われ得る」のであって「性格は之を与える人々への関係を、その終局のテロスに於ても脱却しない処に、特色を有つ」。

戸坂の提起する「本質概念」と「性格概念」との違いは、αを本質とする対象A――したがってβやγ以下を除去する――と、αとβ以下γやδやらで構成される現実的対象をαをもってβ以下を代表させてαという性格をもつ対象A、との違いである。そして両者の人々との関係は、「本質概念の目的は――理念は――人々への関係を切り離す処に、之に反して性格概念の目的は之を最後まで持ち続ける処に、夫々の面目を現わしている。性格は人々への関係を含むことによってのみ成立する概念である。」。このようにして時代の性格は「之を理解する人々の性格に相関的」なのである。だから「性格」は方法的であり「常に実践的」なのである。

この〈性格〉の実践性は、歴史的時間におけるわれわれの実践性と連動する。「日常性の原理と歴史的時間」は、こう述べる。「吾々が生活しているのは歴史的時間に於ける現在、現在という一つの時代、正に現代なのである。」。一つの時代である「現代は有限な〔中略〕長さを持った、併しその長さが常数ではなくて歴史的時間の性格の函数である処の、特異な一時代である、「何故特異な一時代であるか。歴史的時間という全体のもののアクセントが茲にあるからである。歴史的時間の性格が茲にその集約点・焦点を持つからである。歴史的時間の立体は此処を中心とする」、そういう「現代のもっている原理的意味は今日の持っている原理的意味である。それは今日の原理——日々の原理である。こうして歴史的時間は「日常性の原理」に支配されることになる。」。

〈歴史的時間の立体は此処—現在を中心とする〉、このような表現で戸坂潤の云わんとしたことは、現在とは単に歴史的生成の結果の一つではない、ということであった。歴史的時間とは人々の、われわれの、生活の時間であって、われわれは現在という一つの時代—現代において生活している。歴史的時間の性格の「集約点・焦点」である現在がこのように認識されるのであれば、現実的諸関係を現実化する日常こそ、無限の多様をもつ時代のなかの社会への理論的実践を生み出す母胎となるのである。「もしその人を思いその時代を思うことのできるほどの読者であれば、この論文を深い感動と感慨なしに読み了えることはおそらくできまい。」と書いたのは小松茂夫だった(『全集』三巻「解説」)。歴史的時間と性格概念とを相関させた二つの論「「性格」概念の理論的使命」と「日常性の原理と歴史的時間」とは、合わせて読まれるべきものであり、また「日常性について」「歴史と弁証法」という論文が別箇に書かれた所以である。

『イデオロギーの論理学』は『全集』二巻所収。「日常性の原理と歴史的時間」「歴史と弁証法」は一九三四年十一月白揚社から刊行の『現代哲学講話』所収、『全集』第三巻所収。「日常性について」は『思想としての文学』所収。

本書の収録文でもっとも遅い発表は「所謂批評の「科学性」についての考察」である。科学的批評はどうあるべきか、ということについての基本を述べたもので、たとえば批評は「主観的印象」から始まるが、しかし「主観的制限の裡に寝そべっていたり馳け廻ったりしていいということには、勿論ならぬ。」、その印象を直ちに疑え、印象を仮構的に破壊せよ、これが如何に批評にとって重大かと教える。この「主観的制限」は〈自意識〉と言い換えてもよいだろう。もし人が批評的仕事に携るのであれば、読むべき文章だ。一九三八年一月号の『文藝』に掲載されたもので単行本には入れることができなかった。というのは本稿の一で述べたが、一九三七年十二月に内務省から執筆禁止の内示を受けたからだ。『文藝』掲載は発表可能のぎりぎりの時機であっただろう。このエッセイの末尾に付された擱筆年月日は「一九三七・一二」、著作家としての生命が断たれようとするその時、寸刻を争って決して短くない批評論を書く胆力は何に鼓舞されたものか。繰返せば、〈科学的精神〉が一層貫かれねばならない危機を日本が迎えて、思想家としての責務を痛感していたからに相違ない。

「所謂批評の「科学性」についての考察」は単行本未収録、『全集』編者が四巻の『思想としての文学』の付論として収録。

戸坂潤は一九〇〇年・明治三十三年九月二十七日に東京で生まれた。幼少期を過した石川県羽咋郡の母の実家である戸坂家はこの地方でも有数の旧家だったという。開成中学、第一高等学校を経て京都帝大文学部哲学科に入学、数理哲学を専攻し、一九二四年大学院に進学した。二八年頃から多くの論文を発表し始め、三一年に法政大学講師となって東京に移り、旺盛な批評活動が始まる。しかしなんといっても戸坂潤の仕事は、唯物論研究会を舞台に、あるいはその外縁で多くが実現した。岡邦雄、三枝博音らとともに三二年十月創立した「唯物論研究会」は、その規約の第一を「現実的な諸課題より遊離することなく、自然科学、社会科学及び哲学に於ける唯物論を研究し、且つ啓蒙に資するを目的とす」(『唯物論研究』一九三二年十一月創刊号)として、各分野・諸科学の唯物論的基礎を模索する専門家の研究団体であると同時に大衆への文化的訓練をその目的にしたのであった。この「啓蒙」は知識人の余技的な発想からきたものではない。唯物論研究会の創立の頃から、いずれ大政翼賛会へと展開する猛烈なイデオロギー攻勢の国家の側のプログラムが緒についていたし、三三年には、三月の弾圧によってプロレタリア文化運動の多くの働き手が逮捕され、実質的な活動を封じられた。日本プロレタリア作家同盟もプロレタリア科学研究所も次々に事実上解体する。こういう状況において唯物論研究会は、日を追って声高に鼓吹される日本主義への唯一といっていい対抗文化創出の運動体であったのである。

唯物論研究会は、日本共産党の強い指導下にあったプロレタリア文化運動のようであってはならなかった。その創立は弱体化したプロレタリア科学研究所の代替組織として当初発案されたと官憲側の資料にあるが、もしそうであれば戸坂らの努力は、文化運動の責めを果たすための合法性をどのように確保するか、というところにあっただろう。その唯研の解散は一九三八年二月、存続した六年の間発行した機関誌『唯物論研究』と後継誌『学藝』を合わせた全七十四冊が、彼の文化運動の実践の証であったし、戸坂が専断的にプランを立てたという、三五年から発行され始めた『唯物論全書』『三笠全書』全六十六冊もその証となるだろう。その刊行状況を見れば多くの読者をこの全書がもったことを示している。政治的活動を避けることで辛うじて保った合法性との兼ね合いのなかでラディカルな闘いを極限いっぱい示したのが、戸坂潤と唯物論研究会であったのである。そして戸坂潤の著述は、この苦しい時代において一九四一年まで続けられ、三八年以降、『全集』第一巻、別巻合わせて数篇収録され、それ以外の全集未収録でも私の調査の限りでいえば、四十篇以上の文章がある。この時点で、僅か十年ほどの、しかしきわめて豊かな実りを日本人に贈った戸坂潤の執筆活動は終った。そして治安維持法はどのような合法性をも認めないよう数次にわたって改訂され、近代法とは似ても似つかない面妖なこの悪法によって、日本でもっともすぐれた哲学者戸坂潤は獄中で死んだ。敗戦のたった六日まえの一九四五年八月九日のことであった。

本書に採録した論文は二十六篇、戸坂潤の厖大な著作の中からたったこれだけのものを選ぶのは困難を極めた。戸坂潤という稀有な実践的哲学者が為した高い達成、唯物論哲学の新たな地平を示した傑出した仕事を通観するのは無理としても、輪郭だけでも示すことができたらという思いで作業をおこなった。勉強を始めた頃の私を云えば、戸坂潤を読むことは、学ぶことの楽しさ、思考の方法を教わる喜び、論理の世界を希求する感奮の自覚をもたらすものであった。本書がそうしたことに少しでも役立てばと願う。

なお、本書に収めた論文の底本は当該論文が初めて収録された単行本を用い、単行本未収録のものは初出誌を用いた。また、採録文の選定にあたっては平凡社の保科孝夫氏の公平な規準があったことを付け加えておく。

この解説文については、拙著『昭和イデオロギー』（二〇〇五年八月、平凡社）所収の「表象された国民——昭和十二年の意味」、平凡社東洋文庫『思想と風俗』(二〇〇一年十一月刊)の拙解説、平凡社東洋文庫『増補世界の一環としての日本』1、2巻(二〇〇六年七、八月刊)の拙解説を参照されたい。

[著者]
戸坂潤（とさか・じゅん）
1900年、東京市生まれ。京都帝国大学文学部哲学科卒業。同大学院進学。1932年、唯物論研究会の創立メンバーとなりこの会をリード、機関誌『唯物論研究』『学藝』の発行、また『唯物論全書』『三笠全書』立案など、旺盛な言論活動を展開した。1945年8月9日、敗戦直前に長野刑務所で獄死。『日本イデオロギー論』（岩波文庫）、『思想と風俗』『増補 世界の一環としての日本』2巻（以上、平凡社東洋文庫）、『戸坂潤全集』5巻＋別巻1（勁草書房）がある。

[編者]
林淑美（リンシュクミ）
1949年、東京生まれ。立教大学大学院文学研究科博士課程単位取得退学。元立教大学教授。博士（文学）。専攻、日本近代文学・思想。著書に、『中野重治 連続する転向』（八木書店）、『昭和イデオロギー』『批評の人間性 中野重治』（以上、平凡社）、戸坂潤『思想と風俗』（校訂）『増補 世界の一環としての日本』（編・校訂。以上、平凡社東洋文庫）などがある。

平凡社ライブラリー 863
戸坂潤《とさかじゅん》セレクション

発行日…………2018年1月10日　初版第1刷

著者……………戸坂潤
編者……………林淑美
発行者…………下中美都
発行所…………株式会社平凡社
〒101-0051　東京都千代田区神田神保町3-29
電話　(03)3230-6579［編集］
(03)3230-6573［営業］
振替　00180-0-29639

印刷・製本……藤原印刷株式会社
ＤＴＰ…………平凡社制作
装幀……………中垣信夫

ISBN978-4-582-76863-3
NDC分類番号121.6　B6変型判(16.0cm)　総ページ496

平凡社ホームページ　http://www.heibonsha.co.jp/